贵阳社会治理体系和治理能力发展报告

贵州大学贵阳创新驱动发展战略研究院

连玉明◎主编

REPORT ON
SOCIAL GOVERNANCE SYSTEM &
GOVERNANCE CAPACITY DEVELOPMENT
OF GUIYANG

当代中国出版社
Contemporary China Publishing House

图书在版编目（CIP）数据

贵阳社会治理体系和治理能力发展报告 / 连玉明主编.
—北京：当代中国出版社，2014.11
ISBN 978-7-5154-0543-8

Ⅰ.①贵… Ⅱ.①连… Ⅲ.①社会管理－研究报告－贵阳市 Ⅳ.①D677.31

中国版本图书馆CIP数据核字(2014)第252661号

出 版 人　周五一
策划编辑　李一梅
责任编辑　李一梅
责任校对　方　宁
装帧设计　胡　凯
出版发行　当代中国出版社
地　　址　北京市地安门西大街旌勇里8号
网　　址　http://www.ddzg.net　邮箱:ddzgcbs@sina.com
邮政编码　100009
编 辑 部　（010）66572264 66572132 66572154 66572434
市 场 部　（010）66572281或66572155/56/57/58/59转
印　　刷　北京宝昌彩色印刷有限公司
开　　本　787×1092　1/16
印　　张　22印张　388千字
版　　次　2014年11月第1版
印　　次　2014年11月第1次印刷
定　　价　92.00 元

致予授权获得并阅读本报告的人士

1. 阅读者理解。贵阳社会治理体系和治理能力发展报告是贵州大学贵阳创新驱动发展战略研究院中长期研究的核心项目。本研究报告所涉及的文献、资料、数据、调查和结论，源自贵州大学贵阳创新驱动发展战略研究院课题组，不代表国家、政府及其附属组织的观点，也不代表本研究机构及其学术委员会成员或者他们所代表的专家组、顾问团以及关联机构的观点。本研究尚未形成最终结论。本研究机构对其他任何机构和个人引用其中资料和信息引起的后果不承担任何责任。本研究所附属资料和信息，并不代表本研究机构的任何部门对任何地区的法律地位的看法。

2. 阅读者知悉。本研究报告是关于贵阳社会治理体系和治理能力发展报告的阶段性非保密成果摘要。本研究报告课题组将定期围绕贵阳社会治理体系和治理能力的基本状况进行定性、定量、定位和定策研究，并陆续公开研究成果。关注贵阳社会治理体系和治理能力研究的相关最新信息，请登录网站或向课题组咨询，中政网 www.ccgov.net.cn。

3. 阅读者同意。本报告版权归贵州大学贵阳创新驱动发展战略研究院所有，本报告中，对于引用和综述相关著名学者的观点及文献，均已对引述文字注明出处，属于在著作权法限制范围之内，系合理引用。

I n s t i t u t e 研究机构

贵州大学贵阳创新驱动发展战略研究院（Guizhou University - Guiyang Institute for Innovation-driven Development Strategy）成立于二〇一四年一月。由中共贵阳市委、贵阳市人民政府批准，贵阳市、贵州大学、北京国际城市发展研究院、中国银行贵州省分行共同组建的跨学科、专业化、开放型非营利性智库机构，是市委、市政府的重要思想库和智囊团。按照“高站位、抓重点、接地气、谋长远”的办院方针，强化京筑互动工作机制，成为开放式协作创新平台、专业化决策咨询平台、信息化成果转化平台和国际化合作交流平台。

北京国际城市发展研究院（IUD-International Institute for Urban Development，Beijing）成立于2001年，是中国政府批准设立的中国首家从事城市发展研究的跨学科国际化非营利组织。IUD以城市价值链理论为指导，以发现城市价值，提升城市品质为宗旨，围绕城市发展全过程，开展城市决策与预测研究，建立全球化学习网络，实施城市战略设计和行动计划。并以此为基础，构建对21世纪中国城市发展产生积极影响和推动作用的决策信息和智力支持系统。

首都科学决策研究会（Capital Association for Scientific Decision-Making）是由首都科研机构及专家学者联合发起设立的从事科学决策研究的非营利社会团体。研究会本着“服务决策，服务发展，服务民生”的宗旨，建立决策信息和智力支持系统，以推动决策科学化和民主化进程。其核心战略重点是聚集相关专业研究者，发挥新政策、新科技、新舆论的首创精神和积极作用，通过广泛传播研究成果为领导者提出可供选择的科学决策方案。

IDM

《领导决策信息》周刊（IDM）是一份为中高级领导决策提供信息的专业化期刊。它以“为中高级领导决策提供最新、最重要、最有用的信息”为宗旨，以“权威性、超前性、指导性，独家独特独到；准确性、科学性、实用性，可信可用可存”的特色和风格深受党政界、知识界、企业界决策者的支持和认可，被誉为“中国决策白皮书”。

北京市社会发展研究中心（Beijing Social Development Research Center）是根据中共北京市委指示精神，由中共北京市委社会工作委员会和北京市社会建设工作办公室批准成立的跨学科、开放型、非营利性智库机构，是首都社会建设研究基地，具有独立法人资格。本中心以首都社会发展重大现实问题为主攻方向，加强对首都社会建设全局性、战略性、前瞻性的研究和咨询，是首都社会建设领域的重要思想库和智囊团，为促进首都社会建设提供智力支持和决策服务。

北京海峡两岸社区发展研究中心（Community Development Research Center on Beijing & Taiwan）是由中共北京市委台湾工作办公室、北京市人民政府台湾事务办公室和中共北京市委社会工作委员会、北京市社会建设工作办公室批准成立的开放型、专业化、非营利性公共服务平台，是从事海峡两岸社区发展研究，推动交流与服务的社会组织，具有独立法人资格。本中心的任务是开展海峡两岸社区发展研究、交流、互访、培训和服务，旨在促进海峡两岸社区交流与合作，更好地服务海峡两岸和平发展大局。

中政网（www.ccgov.net.cn）是专为国内中高级领导提供决策信息服务的门户网站，是《领导决策信息》周刊指定的官方网站，是北京国际城市发展研究院、首都科学决策研究会和领导决策信息杂志社的网络门户，是中国政务信息内容提供商，是政府信息化的战略合作伙伴。

国际城市论坛（ICF）是国际城市论坛基金会发起并组织的中国城市面向世界最具前瞻性、权威性、开放性的非官方非营利性组织。它集高层对话、学术研究、成果发布为一体，是促进中国与世界各国城市形成长期稳定的新型伙伴关系而建立的公共平台。国际城市论坛定期举办年会、城市峰会和大讲堂公益活动，评选“中国城市管理进步奖”，推广“国际访问学者计划”和“中国城市科考计划”，出版“中国城市价值研究系列报告”，并通过网络化方式，推进地方政府官员、专家学者、企业家与论坛彼此的联系，高度重视论坛的后续行动和长期服务，积极稳妥地向机制化方向发展，独立或合作开展有助于实现论坛宗旨的各种活动。

《贵阳智库报告》编辑委员会

《贵阳社会治理体系和治理能力发展报告》课题组

主　　编　连玉明

副 主 编　李嘉宁　朱颖慧

核心研究员　连玉明　李嘉宁　朱颖慧　宋　青　冯真书　胡海荣　张　涛　胡　凯　秦坚松　王新江　刘新鑫　张俊立

助理研究员　高　创　李　雪　叶梁婕　贺　羽　宋希贤　江　岸　张　清　卢应春　文　慧　范贤昱　陈惠阳　赵宝芹　刘　志　孙文超　张　南　冯　羽

图片编辑　楼乐天　周　锐　储　越

数据分析　张　涛

资料统筹　高　创　宋希贤　江　岸

设计总监　胡　凯

技术编辑　闫会军　张照荷　赵　熙

学术秘书　李瑞香　王叶琦

User Guide 使用说明

本报告对于各级党委、政府部门、公检法机关、大专院校、科研院所、关注及研究社会治理体系及治理能力建设的广大社会人士具有咨询、研究和文献价值。在报告的撰写过程中，我们始终秉持客观的态度、专业的精神和科学的方法，并力求把一些专业术语解释得更通俗易懂。以下是本报告的使用说明。

章节设置

本报告共五章。第一章重点介绍了社会治理体系和治理能力建设的理论背景、时代背景。第二章从贵阳市经济社会发展的新阶段新特征、社会建设和社会治理的新任务新要求、贵阳社会治理体系发展的新经验新启示等方面介绍了贵阳社会治理体系和治理能力的发展形势。第三章围绕“抓好一个主题，整合两大资源，坚持三管齐下，推动四个强化，提升五种能力，深化六种改革”重点分析了贵阳社会治理体系和社会治理能力发展思路。第四章从群众工作创新新经验、城市社区体制新探索、农村社会治理新突破、流动人口服务管理新举措、特殊人群管理新工程、老旧小区改造新模式、虚拟社会治理新方式、诚信体系建设新实践、“两严一降”工作新成效、党风廉政建设新使命十个方面对贵阳社会治理体系和治理能力发展实践进行了梳理和介绍。第五章对贵阳市十个区县以及贵阳市市委统战部、检察院、市司法局、民宗委、市妇联五个部门在社会治理体系方面的创新经验进行回顾和总结，以期为其他地区的社会治理体系和治理能力建设实践提供借鉴和参考。

研究背景

本报告从党的十八届三中全会将推进国家治理体系和治理能力现代化作为全

面深化改革的总目标这一宏大背景切入，同时，对当前转型关键期、改革攻坚期出现的新的社会需求、新的社会矛盾、新的社会现象做了分析，梳理了社会治理创新过程中面临的十大难点问题，进而对社会治理在国家治理体系和治理能力建设中的重要地位与作用做出阐释。在这一背景下，报告对贵阳市近年来在社会治理方面进行的诸多探索和实践展开探讨与总结。

数据图表

本报告第二、第三章中，采用了图表形式对贵阳的相关数据进行系统的梳理，从横向和纵向进行比较，以向读者全面客观地展示贵阳的发展现状。本报告数据援引范围主要来自国家统计局、贵州省统计局、贵阳市统计局历年的统计年鉴，或统计公报及相关年度政府工作报告，其中的主体部分为贵州省及贵阳市相关统计年鉴及统计公报等。对于无法获得或者不完全符合统计标准的数据，在替代使用中都进行了情况说明。

案例情况

为全面、生动、详实地展示贵阳社会治理的创新实践和经验，本报告对贵阳市十个方面、十个区县、五个部门的实践经验进行了梳理和总结。受报告篇幅所限，只选取了贵阳市及区县创新社会治理方面的部分亮点工作，并不代表贵阳市社会治理实践的全部内容。

附件说明

本报告中涉及大量贵阳市社会治理方面的政策文件。为避免读者在阅读过程中产生疑问，对于报告中反复提到的政策文件、工作方案等内容，报告将其全文或者摘要进行汇总，并以附件的形式附于报告最后，以方便读者阅读、使用。

P r o l o g u e 序

《贵阳智库报告》总序

贵阳，一颗镶嵌在中国西南云贵高原上的璀璨明珠。近年来，贵阳全市上下大力弘扬“知行合一、协力争先”的城市精神，坚定不移走科学发展路、建生态文明市，大力实施创新驱动发展战略，开创了贵阳发展的新局面，贵阳的发展已经站在了新的历史起点上。

贵阳具有“空气清新、气候凉爽、纬度合适、海拔适中”的生态优势，2007年贵阳市提出了建设生态文明城市的奋斗目标。生态文明城市建设的成果丰硕，2013年贵阳市的森林覆盖率提升到44.2%，饮用水达标率为100%，空气质量优良天数达76.2%。贵阳市2007年被中国气象学会授予“中国避暑之都”称号；2008年被国家建设部授予“国家园林城市”称号；2009年被国家环保部列为全国生态文明建设试点城市；2009年被国家发改委列为全国首批低碳试点城市，并被评为十大低碳城市之一，成为唯一入选“中国循环经济典型模式案例”的省会城市；2012年1月国务院2号文件提出把贵阳建设成为全国生态文明城市，同年12月国家发改委批复《贵阳建设全国生态文明示范城市规划》；2013年1月，党中央、国务院同意举办生态文明贵阳国际论坛。如今的贵阳，正朝着建成“生态环境良好、生态产业发达、文化特色鲜明、生态观念浓厚、市民和谐幸福、政府廉洁高效”的生态文明城市目标阔步迈进。

但必须承认，贵阳还处于欠发达、欠开发的阶段。与发达地区相比，贵阳的经济社会发展还有一定的差距。由于特定的地理位置和复杂的地形地貌，贵阳宝贵的生态环境十分脆弱，容易受损并且难以修复。要加快发展就有可能破坏赖以生存的生态环境，要摆脱贫困落后又必须加快发展。如何解决好这个矛盾，是摆在贵阳的决策者面前的重大课题。我们认识到，坚持守住加快发展与保护生态两条底线，是市委、市政府不可推卸的责任，也是全市 450 万人民的共同期盼和愿望。基于此，贵阳最终选择了科技引领发展、创新驱动发展的战略路径，以期走出一条欠发达城市经济发展与生态改善双赢的路子。

面对世界科技革命和产业变革历史性交汇、抢占未来制高点的竞争日趋激烈的形势，面对国内资源环境约束加剧、要素成本上升、结构性矛盾日益突出的挑战，科学技术越来越成为推动经济社会发展的主要力量，创新驱动是大势所趋。创新驱动的推进和实现，有赖于资源输入、内生动力、政府平台和市场机制的共同发力。实施创新驱动发展战略是一项系统工程，涉及方方面面的工作，需要做的事情很多，但首先取决于决策的科学化。

当今世界，发挥智库在推进经济社会发展中的作用，为科学决策提供战略咨询、为创新驱动提供内生动力，已成为一个国家和地区软实力的重要标志。在这样的形势下应运而生的贵州大学贵阳创新驱动发展战略研究院，是一个跨学科、专业化、开放型的非营利性智库机构，是市委、市政府的重要思想库和智囊团。它的重要责任之一，就是关注贵阳创新驱动发展的路径和战略选择，对贵阳经济社会发展中出现的全局性、综合性、战略性、长期性问题进行研究，并为市委、市政府决策和贵阳中长期发展规划的制定提出建议和意见。贵阳研究院的成立，搭建了一个既为党委、政府宏观决策和城市发展服务，又为企业发展提供解决方案的战略协同创新平台，将有力推进科学决策、民主决策的机制创新，进一步把科研机构与经济社会发展更加紧密地结合起来，实现合作共赢。

贵阳研究院立足贵阳实际，围绕如何当好“火车头”、“发动机”，如何统筹“疏老城、建新城”，如何推进“强科技、重创新”，如何强化“创平安、促和谐”，如何实现“百姓富、生态美”等重大问题，组织多方力量研究编写的《贵阳智库报告》，是对贵阳市发展现状的一次全面“把脉会诊”。《贵阳智库报告》紧密结合贵阳市经济转型与社会治理的实际需要，按照“奋力打造贵阳发展升级版”的总要求，围绕贵阳建设全国生态文明示范城市、在全省率先实现全面小康的总目标，针对贵阳市经济社会发展中的重大问题提供理论支撑、路径支撑、政策支撑和经验支撑，对贵阳经济社会发展的科学决策、科学规划、科学管理必将起到重要的助推作用。

陈刚

2014年6月25日

（作者系贵州省委常委、贵阳市委书记）

Prologue 序

健全社会治理体系 提升社会治理能力

贵阳作为西部欠发达的省会城市，底子薄、基础弱，一方面是转型升级、科学发展的任务重，另一方面是社会矛盾、社会问题凸显，社会治理的压力大，全面建成小康社会的任务十分艰巨。在这样的条件和形势下，如何在坚守经济发展和生态改善"两条底线"的进程中推动基层社会治理创新，是一个必须直面的问题。

近年来，贵阳市按照"民生优先、基层在先、服务为先"的要求，坚持以群众工作为总揽，创新群众工作体制机制、搭建群众工作平台、改进群众工作方法，形成了"贵阳模式"，创造了"贵阳经验"，得到中央、贵州省委的充分肯定和群众的普遍认可。

服务民生是社会治理的出发点，也是落脚点。在发展任务重、财力很有限的情况下，贵阳市着眼于维护好、实现好最广大人民群众的根本利益，每年民生支出占财政支出的比重在65%以上。特别是着力解决老百姓反映强烈的"用水难、收入低、上学难、出行难、看病难、养老难、治安差、住房难、买菜难买菜贵、活动空间少""民生十困"，全力解决老旧小区灯不亮、水不通、气不畅、环境差等问题，夯实了民生基础，提升了市民幸福指数，社会建设工作取得了长足进步。

党委领导、政府负责、社会协同、公众参与、法治保障，是适应形势发展需要的科学有效的社会治理体制。贵阳市改进政府提供公共服务方式，加强基层社会治理和服务体系建设，增强城乡社区服务功能，建强社区综合服务平台，构建"横到底、纵到边"的群众工作网络，充分发挥群众参与社会治理的基础作用，有效有力地保障了社会大局和谐稳定。2013年，全市信访化解率达到96.4%，初信初访基本全部化解，未发生影响重大的群体性事件；群众安全感和幸福指数分别达到 94.2% 和 91.78%，实现了社会公正、人心安定、长治久安。

当前和今后一个时期，贵阳经济社会发展呈现市场化进程加快、城镇化进程加快、信息化进程加快、对外开放进程加快的新特征，尤其是党的十八届四中全会提出了“加快保障和改善民生、推进社会治理体制创新法律制度建设”，使社会治理工作面临新要求新挑战。面对新的形势，贵阳作为全省经济社会发展的“火车头”“发动机”，理应在推进社会治理体系和治理能力现代化进程中“走前列、作表率、做贡献”，推动社会治理规范化、制度化和法治化，提高社会治理科学化、法治化水平，保持社会秩序良好、人民安居乐业。

一叶知春秋，滴水见沧海。贵阳正在深入推进基层社会治理创新的道路上不断前行。良策善治的贵阳、社会共治的贵阳、厉行法治的贵阳，将更加突出系统治理、依法治理、综合治理、源头治理，奋力走出一条欠发达城市经济发展与生态改善的“双赢”之路，实现在全省率先全面建成小康社会的宏伟目标。

王保建

2014 年 11 月 1 日

（作者系中共贵阳市委副书记、市委群工委书记）

C o n t e n t s 目录

Part

1

Background of the social governance system & governance capacity development

社会治理体系和治理能力发展背景 >

甲秀楼

国家治理体系和治理能力是国家制度和制度执行能力的集中体现。党的十八届三中全会将“推进国家治理体系和治理能力现代化”作为全面深化改革的总目标，其中，社会治理是重要内容。创新社会治理体制，改进社会治理方式，提高社会治理水平，增强社会发展活力是实现国家治理体系和治理能力现代化建设的重要路径，也是当前应对和解决我国转型发展时期新问题、新矛盾、新现象的有效方式。

一、从管理转向治理是现代社会发展的必然规律

（一）治理理论为破解政府与市场双重失灵提供新方式

治理（governance）源于拉丁文和希腊语，原意为控制、引导和操纵，主要用于与国家公共事务相关的管理活动和政治活动中。在关于治理的各种定义中，联合国全球治理委员会（CDD）的定义最具代表性。按照该委员会的界定，治理是指“各种公共的或私人的个人和机构管理其共同事务的诸多方法的综合，是使相互冲突的或不同利益得以调和，并采取联合行动的持续过程”。这一定义表明，治理有四个基本特征：一是治理不是一整套规则，也不是一种活动，而是一个过程；二是治理过程的基础不是控制，而是协调；三是治理既涉及公共部门，也包括私人部门；四是治理不是一种正式的制度，而是持续的互动。很显然，治理超越了传统官僚制和民主制的领域，把公共事务的管理看成是多元主体参与和多方责任共担的过程，同时也是一个多种机制共振和多种资源整合的过程。

关于治理理论的研究和实践最早兴起于西方国家，是在20世纪90年代后期，西方社会为应对市场失灵和政府缺项而产生并发展起来的。对于市场和政府的作用，西方国家都曾有过长期信赖的历史，但市场和政府的作用都不是万能的。“市场失灵”问题不可能在市场体制内找到解决的办法，于是政府作为纠错者被推向前台；然而政府过度地涉入经济领域影响了经济发展的活力，无限度地向社会领域渗透缩小了人们的自由发展空间，其结果导致社会的制约功能急剧衰退。正是在这一背景下，治理作为配置社会资源的新方式出现，成为政府、第三部门与非营利性组织等社会力量实现良性互动的有效路径，为破解政府与市场双重失灵提供了新的方式。

研究治理理论的权威学者对治理的论述

权威学者	重要论述
詹姆斯·N·罗西瑙	治理是一系列活动领域里的管理机制，它们虽未得到正式授权，却能有效发挥作用。与统治不同，治理指的是一种由共同的目标支持的活动，这些管理活动的主体未必是政府，也无须依靠国家的强制力量来实现。
罗伯特·罗茨	列举了六种关于治理的不同定义：一是作为最小国家的管理活动的治理，它指的是国家削减公共开支，以最小的成本取得最大的效益。二是作为公司管理的治理，它指的是指导、控制和监督企业运行的组织体制。三是作为新公共管理的治理，它指的是将市场的激励机制和私人部门的管理手段列入政府的公共服务。四是作为善治的治理，它指的是强调效率、法治、责任的公共服务体系。五是作为社会—控制体系的治理，它指的是政府与民间、公共部门与私人部门之间的合作互动。六是作为自组织网络的治理，它指的是建立在信任与互利基础上的社会协调网络。
格里·斯托克	将目前流行的治理理论概括为五种主要观点：一是治理意味着一系列来自政府但又不限于政府的社会公共机构和行为者。二是治理意味着在为社会和经济问题寻求解决方案的过程中存在着界限和责任方面的模糊性。三是治理明确肯定了在涉及集体行为的各个社会公共机构之间存在着权力依赖。四是治理意味着参与者最终将形成一个自主的网络。五是治理意味着办好事情的能力并不仅限于政府的权力，不限于政府的发号施令或运用权威。
俞可平	治理一词的基本含义是指官方的或民间的公共管理组织在一个既定的范围内运用公共权威维持秩序，满足公众的需要。治理的目的是在各种不同的制度关系中运用权力去引导、控制和规范公民的各种活动，以最大限度地增进公共利益。所以，治理是一种公共管理活动和公共管理过程，它包括必要的公共权威、管理规则、治理机制和治理方式。

（二）社会治理实现了四大转变

在经济转轨、社会转型的过程中，由于政府、市场和社会的关系没有彻底厘清，政府越位、缺位和不到位，往往会导致公众基本的公共服务得不到保障，不能公平分享发展成果等问题。正是基于这样一个背景，2013 年 11 月，党的十八届三中全会审议通过了《中共中央关于全面深化改革若干重大问题的决定》，其中共 24 次使用“治理”一词，如“提高社会治理水平”“创新社会治理体制”“推进国家治理体系和治理能力现代化”“改进社会治理方法”“加快形成科学有效的社会治理体制”等。以此为标志，我国社会建设进入了由社会管理向社会治理转变的新阶段。这一变化适应了社会发展新形势和人民群众的新期待，为我们解决社会治理问题提供了新的思路。

就社会管理来说，有广义和狭义之分。广义上，“所谓社会管理，就是把社会看作一个有机整体，通过运用计划、沟通、协调、控制、指导等手段，使社会系统协调有序、良性运行的过程”。狭义上，“社会管理是政府和民间组织运用多种资源和手段，对社会生活、社会事务、社会组织进行规范、协调、服务的过程，其目的是为了满足社会成员生存和发展的基本需求，解决社会问题，提高社会生活质量”。社会治理理论强调多元的分散主体达成多边互动的合作网络。与“管理”相比，“治理”更具有建设性，更具有人文色彩、法治色彩，更加顺应“以人为本”的需要，核心是强调治理主体的多元化。具体来说，从社会管理到社会治理将实现以下四大转变：

1. 治理理念从政府本位到社会本位转变

从社会管理到社会治理，体现管理理念从政府本位到社会本位的转变。社会管理是党政力量积极组织社会、服务社会、管制社会的过程，更多地体现政府对社会的要求、意志和判断。社会管理实质上是一种管制行政而不是服务行政，体现的是一种“政府本位”的执政理念。在这种理念下，社会的发展严重依赖政府力量的推动，社会的组织方式缺乏自主性。社会治理理念强调“权利社会”与“社会本位”，要求“政府本位”让位于“社会本位”，要求政府与社会共治。这种理念主要表现为：坚持社会公平正义，促进人民群众享有基本公共服务；维护公众各项基本权利，切实保护社会弱势群体的利益；培养公众的参与意识和参与能力，促进公共参与的发展，

治理之道的变迁

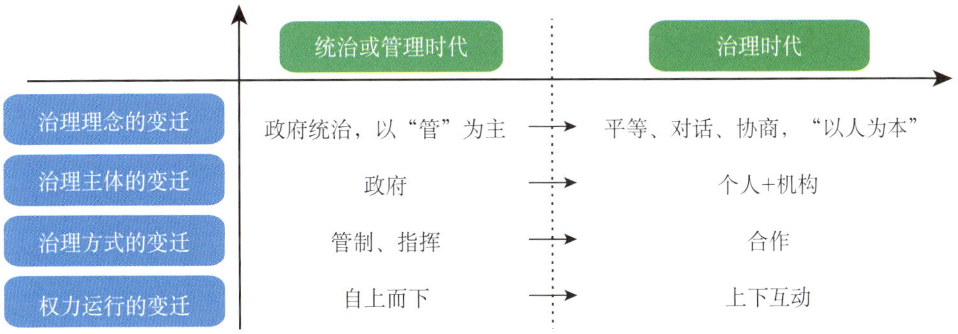

等等。社会治理还强调自治与服务，要求政府恰当退出，推动有限政府和服务政府的建立，给社会腾留空间。

2. 治理结构从一元主导到多元共治转变

社会管理与社会治理是特定发展阶段不同的管理模式。社会治理模式的变革在于社会转型过程中政府、市场、社会三者间关系的变化。从社会管理到社会治理，呈现出从一元主导到多元共治、从集权到分权、从人治到法治、从管制到服务的变迁历程。社会治理模式的最大特色是涉及政府、市场以及公众的多元结构和多中心治理模式。这一变化意味着，政府不再只是治理的主体，而且也是被治理的对象；社会不再只是被治理的对象，也是治理的主体。从权源方面来说，即政府应开放决策，将一部分权力让渡给社会公众，让公众参与决策，政府与公众形成互动和协同。从运作方面来说，是从单向的、强制的、刚性的管理运作模式，转化为复合的、合作的、包容的治理运作模式。和社会管理相比，社会治理是实行以政府权威为主导、市场机制与公民参与相结合的模式，即在坚持政府权威作用的基础上，强调政府与社会的合作，强调市场机制的积极引入，从而建立起政府、市场、社会三维框架下的多中心治理模式。

3. 治理方式从管控防范到协商合作转变

社会管理的主要内容是政府管理社会，一些地方和部门甚至将政府管理社会理解为防范、管控社会，包括所谓的防控横向到边、纵向到底等。一些地方和部门将政府管理社会理解为政府对社会组织和社会成员通过政治动员和行政命令方式达到管理的目的，对方只有服从和配合的义务而缺少应有的权利。社会治理则强调多元主体通过协商协作方式实现对社会事务的合作管理，强调多元主体之间协商协调的持续互动过程，倡导政府社会管理的透明化、法治化和利益相关方参与社会政策决策。在内容上，社会治理倡导社会自治和参与式治理，强调尊重社会成员的权利，主张激发社会成员的权能，使社会成员在社会治理过程中拥有发言权和影响力。在社会治理中，社会成员和社会组织不再是单纯享受社会服务的被动对象，而是需求的表达者、项目的选择者和服务的供给者。从执政方式看，社会管理与社会治理都要发挥党政的主导作用，社会管理是管理型社会治理方式，追求效率与公平的价值，实行党政社会的主体管理结构；社会治理是治理型社会治理方式，强调治理主体的多元化，要求各主体为实现公共利益而相互合作、权责分担、共治、共建、共享。和社会管理相比，社会治理的方式实现了从平面化向网络化转变。换言之，政府不再一权独大，依靠传统的统治权威对社会公共事务实行单一向度的管理，而是以公共服务精神为纽带，通过社会合作网络，将不同的公共服务主体联系在一起，通过灵活的组织结构和良好的分工协作，即建立在广泛协商基础上的合作关系，实现社会公共事务的共同治理。

4. 治理目的从维护稳定到共同发展转变

社会管理的根本目的是维护社会秩序、促进社会和谐、保障人民安居乐业，为国家发展营造良好的社会环境，在管理模式下，服务的思想就会显得不够。而社会治理的目的不仅仅是为了维护社会的和谐稳定，更重要的是要协调国家、集体、个人之间的关系，实现多元利益主体之间的利益均衡，体现在对政府以及其他组织与公民关系的认识上，公众和社会组织作为政府行政行为或者市场行为的相对方，享有参与权和发言权。因此，相对于社会管理，社会治理强调提高社会的效率不应该成为最终目的，在效率实现的基础上要体现社会公正，保障和实现公民的基本权利，追求人的全面发展应该成为公共行政的最终目的。

（三）社会发展的内在动力推动社会管理向社会治理转变

人类社会的发展是有其自身发展规律的。同自然规律一样，社会规律也具有客观性、普遍性、重复性，不能创造，不能消灭，不能改造。但是，自然规律发生作用是盲目的，而人类社会则是由社会活动的主体——人组成的，社会规律要通过人的活动才能发生作用。生产力与生产关系、经济基础与上层建筑两大矛盾是推动社会发展的一般规律，具体来讲就是生产力决定生产关系，生产关系反作用于生产力；经济基础决定上层建筑，上层建筑反作用于经济基础，这两大矛盾的不断运动和发展是推动社会发展的内在动力。

1. 现代社会的基本特征要求社会建设实现从管理到治理的转变

在传统社会，单一的经济结构决定了简单并相对稳定的社会结构，也就决定了单纯的管理手段就可以确保社会的稳定发展。在 20 世纪最后 20 年中，经济的市场

化浪潮和政治的民主化浪潮横扫全球。一方面，市场经济打破了旧的社会关系、社会结构，建立了新的社会关系与结构，人们的思想观念与生活方式也相应地发生了变化。市场化是一个动态综合的过程，有时表现在政府参与经济活动的比重减少、非国有经济的发展、生产要素的流动性加大等方面；有时表现在法治化进程、政府职能的转变、国际参与程度的提高等方面。在市场化背景下，社会结构阶层化和利益关系市场化构成社会群体矛盾与冲突的基本特征，而整合日益分化的社会结构，正确处理市场化背景下权力和权利的问题，将是新时期中国社会治理面临的新挑战。中国社会治理转型，正是以市场化转型为根源的。另外，民主化浪潮使传统管理手段土崩瓦解。在民主化的浪潮之下，人们享有的自由空间有了空前的扩大。在民主制下，只有个人才是自身利益的最佳判断者，一旦公共权力机构的决策和行动关系到公众个人的切身利益，公众应该有过问和参与的机会。所有的政治架构和权力职位向所有公众和社会团体开放，而且其参与治理国家的机会应该是平等的，而不应是少数人的特权。所以，民主化使国家的治理体系和治理能力得到普遍认同，民主过程也增强了国家政策和社会治理的有效性。这就决定了单纯依靠政府单一的行政管理手段无法应对日益复杂的社会需求和矛盾，迫切需要构建起多元主体的综合性的社会治理模式。

2. 从管理到治理的转变对我国经济发展具有重要推动作用

经济发展与社会发展相互交织，互为依托，又相互制约。遵循社会规律，创新社会治理模式是经济进入新常态的必然要求。经济发展的最终目的和内在动力是不断丰富和满足广大人民群众的物质需求，社会治理的目标是要让发展的成果落实到群众身上，让广大人民群众共享发展成果，二者在目标上是统一的。通过创新治理模式和治理手段，把改革力度、发展速度与社会可承受程度统一起来，准确把握改革发展稳定的平衡点，寻求“最大公约数”，真正做到发展以人为本，切实促进权利公平、机会公平、规则公平，创造公平公正的竞争环境，让每个人拥有平等参与、平等发展的机会，使不同社会群体、市场主体各得其所、各展其能，为经济发展夯实最广泛、最深厚的社会根基，凝聚最强大的发展动力。

二、推进社会治理创新是国家治理体系和治理能力现代化的核心内容

党的十八届三中全会明确提出：“全面深化改革的总目标是完善和发展中国特色社会主义制度，推进国家治理体系和治理能力现代化”。在这一目标定位之中，“完

国家治理体系结构图

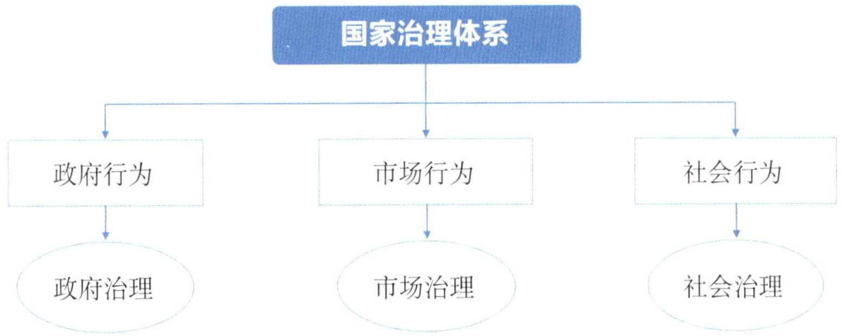

善和发展中国特色社会主义制度”是前提与条件，“推进国家治理体系和治理能力现代化”是指向与归宿。国家治理体系与治理能力是社会的、历史的，现代社会的国家治理体系与治理能力有着时代的内涵和要求。当代中国，完善和发展中国特色社会主义制度，必须推进国家治理体系和治理能力现代化。社会治理是国家治理的重要组成部分。推进国家治理体系和治理能力现代化，必然要求推进社会治理的现代化。

（一）党对执政规律、社会主义建设规律和社会发展规律的认识经历不断深化的进程

党的十八大提出要加强和创新社会管理，要“围绕构建中国特色社会主义管理体系，加快形成党委领导、政府负责、社会协同、公众参与、法治保障的社会管理体制”。十八届三中全会又提出，要创新社会治理，“必须着眼于维护最广大人民根本利益，最大限度增加和谐因素，增强社会发展活力，提高社会治理水平”。从“社会管理”到“社会治理”的转变，适应了新世纪、新阶段我国经济社会发展的客观要求，表明了我们党对共产党执政规律、社会主义建设规律和人类社会发展规律认识的深化，体现了我们党与时俱进、开拓创新的精神，是党的执政理念提升的重要标志。

纵观新中国成立以来我国社会建设历程，我国社会管理大致经历了以下五个阶段。

1. 传统社会管理初步形成阶段（1949—1978 年）

1949 年新中国成立以后到 1978 年的 30 年中，在高度集权的政治体制和计划经济体制基础上，我国建立了“国家—单位—个人”的一元主体社会管理格局。执政党和政府成为社会管理的唯一主体。当时的社会管理体系包括作为国家的社会控制和福利供给职能延伸的单位体制、“议行合一、政社合一”的人民公社体制、作为补充管理单位体制以外的城市居民的街道办事处和居民委员会体制（街居制）、依靠政治身份来划分的阶级分类体制并辅之以运动式批斗式的政治管理方式、城乡分割限制人口自由流动的户籍制度等。这种传统社会管理体制依靠严密的社会控制维持了社会秩序，实现了平均主义的分配，但却窒息了社会的创造活力，牺牲了个体的自由和权利。

近年向治理转变的标志性事件

年代	主要事件
1992	行政体制改革的主题是政府的职能转变。
2003	为适应中国加入世贸组织，各级政府加快了行政审批制度改革的步伐。
2004	提出建设服务型政府。
2007	进一步提出了实现基本公共服务均等化的目标。
2012	基于强化改革的总体性设计的要求，提出了“深入推进政企分开、政资分开、政事分开、政社分开，建设职能科学、结构优化、廉洁高效、人民满意的服务型政府”的思路。

2. 传统社会管理体制趋于解体阶段（1978—1992 年）

从 1978 年改革开放到 1992 年为传统社会管理体制趋于解体阶段。改革开放的过程是一个工作重心转移的过程，“以阶级斗争为纲”转移到了“以经济建设为中心”。在这一阶段，通过向地方放权、向企业放权，使各级地方政府和国有企业赢得了自主权和积极性，高度集权的政治体制逐步为适度行政性分权的政治和行政体制所取代，政治和经济逐步分开，私人经济部门在公共部门旁边成长起来。农民向城市和工业服务业的转移步伐逐步加快，但这一时期农民工还被称为“盲流”。政府作为唯一的社会管理主体的地位受到严重冲击，人民公社体制、政治身份性阶级分类体制先后解体，运动式、批斗式的管理方式被新的法治化管理方式所取代，城乡分割的户籍制度日益松动，作为社会控制细胞和福利供给者的单位逐渐变为比较单纯的工作场所。

3. 现代社会管理体制奠定基础阶段（1992—2002 年）

1992 年党的十四大到 2002 年党的十六大为现代社会管理体制奠定基础的阶段。党的十四大后，我国正式确立了建立社会主义市场经济体制的目标，市场化导向的经济体制改革步伐明显加快。1998 年的《关于国务院机构改革方案的说明》中“社会管理”一词首次作为政府改革的内容之一，出现在国家的重要文件中，其强调政府的基本职能在于宏观调控、社会管理和公共服务。此后，我国各个层面开始社会管理的探索实践。到十六大前夕，我国社会主义市场经济体制已经初步建立，市场开始在资源配置中发挥基础性作用。个体和私营经济获得较快发展，私人经济部门在经济增长和社会就业方面发挥着越来越重要的作用，民间组织获得很大发展，城市社区建设提上了党和政府的议程，农村村民自治走上规范化管理的轨道。所有这些都为现代社会管理体制的建立奠定了基础。但与此同时，这一时期教育、医疗、住房、社会保险、社会福利等社会事业发展中过于强调商业化和社会化的资源动员机制，过于强调职工个人和企事业单位所应担负的责任，政府有意无意地淡化自身在提供社会性公共服务或公共服务中所应担负的责任，由此导致社会性公共服务供给严重不足和享受基本公共服务方面地区差别、城乡差别和外来人口与本地人口差别的扩大。

4. 社会管理体制自觉构建阶段（2002—2012 年）

2002 年党的十六大到 2012 年党的十八大为我国现代社会管理体制自觉构建阶段。2002 年党的十六大胜利召开，提出了全面建设小康社会的奋斗目标，我国现代化建设进入中期阶段。在国家和社会日益分离的基础上，一个相对独立于国家和企业的社会生活领域逐步形成，利益分化和多样化导致的社会矛盾冲突凸显出来，以维护社会秩序为己任的社会管理的重要性越来越突出。中共十六大报告将社会管理明确为政府的四项主要职能之一。在第五部分“政治建设和政治体制改革”中，在谈到“维护社会稳定，完成改革和发展的繁重任务，必须保持长期和谐稳定的社会环境”时指出，“要坚持打防结合、预防为主，落实社会治安综合治理的各项措施，改进社会管理，保持良好的社会秩序”。在这里，社会管理被列为维护社会稳定的具体途径。

2003 年，中共十六届三中全会从完善社会主义市场经济的视角提出完善政府社会管理职能。全会通过的《中共中央关于完善社会主义市场经济体制若干问题的决定》指出，“完善政府社会管理和公共服务职能，为全面建设小康社会提供强有力的体制保障”。这就把社会管理和全面建设小康社会紧密联系起来。

2004 年，中共十六届四中全会从加强党的执政能力建设、构建社会主义和谐社会的角度突出了加强社会管理的重要性，并对如何加强社会管理做出了重要部署。全会通过的《中共中央关于加强党的执政能力建设的决定》首次提出，“建立健全党委领导、政府负责、社会协同、公众参与的社会管理格局”。这一论述表明，社会管理的创新途径在于坚持党的领导，实行政府负责，实现社会协同，积极调动社会公众参与。这就改变了以往强调单一政府管理的模式，突出了政府、社会和公民的协同管理，标志着党对社会管理认识的深化。

2005 年，中共十六届五中全会从行政管理体制改革的角度强调了加强社会管理的必要性。全会通过的《中共中央关于制定国民经济和社会发展第十一个五年规划的建议》指出，“要着力推进行政管理体制改革，政府要加强社会管理和公共服务职能，不得直接干预企业经营活动”。同时指出，“加强社会建设和完善社会管理体系是构建社会主义和谐社会的必要条件”。

2006 年，中共十六届六中全会对加强社会管理的具体途径进行了部署。这表明党对社会管理的认识实现了从宏观层面到中观和微观层面的转变，也表明党对社会管理的认识进一步深化。全会通过的《中共中央关于构建社会主义和谐社会若干重大问题的决定》将“社会管理体系更加完善”作为“2020 年构建社会主义和谐社会的目标和主要任务”之一。它指出，“加强社会管理，维护社会稳定，是构建社会主义和谐社会的必然要求”。同时强调“在服务中实施管理，在管理中体现服务”。

2007 年，中共十七大报告从实现全面建设小康社会新要求的角度提出了建设更加健全的社会管理体系的要求，正式将社会建设与经济建设、政治建设和文化建设并列，社会体制改革正式提上党和政府的工作日程。在重申“健全党委领导、政府负责、社会协同、公众参与的社会管理格局”的同时，提出了“要最大限度激发社会创造活力，最大限度增加和谐因素，最大限度减少不和谐因素”的新要求。以科学发展观为统领将社会建设与经济建设、政治建设和文化建设结合起来实现社会的良性运行与协调发展，以构建社会主义和谐社会为目标，将社会秩序与社会发展贯通起来，实现社会建设与社会管理并举，这标志着我国的现代社会管理体制建设进入了一个自觉构建的阶段。

2008 年，中共十七届三中全会将“农村社会管理体系进一步完善”列为“2020 年农村改革发展基本目标任务”之一，并从促进社会和谐、建设社会主义新农村等角度突出了加强和完善农村社会管理的重要性。这就突破了传统意义上的城市层面的社会管理，使得社会管理的内涵更加丰富。

2009 年，中共十七届四中全会从加强党的建设、保持党的先进性的角度强调了党提高社会管理能力的重要性和紧迫性。强调党在社会管理方面发挥着至关重要的作用，并将提高社会管理能力作为建设高素质干部队伍的重点工作。

2010 年，中共十七届五中全会从建立健全基本公共服务体系的角度提出“加强和创新社会管理”。全会通过的《中共中央关于制定国民经济和社会发展第十二个五年规划的建议》将“社会管理制度趋于完善”作为“‘十二五’时期经济社会发展主要目标”之一，并从法律、体制和能力建设方面对加强社会管理进行了部署。

2011年，中共十七届六中全会从文化体制改革的角度强调了社会管理的重要性。全会通过的《中共中央关于深化文化体制改革推动社会主义文化大发展大繁荣若干重大问题的决定》指出，“创新文化管理体制。深化文化行政管理体制改革，加快政府职能转变，强化政策调节、市场监管、社会管理、公共服务职能，推动政企分开、政事分开，理顺政府和文化企事业单位关系”。

5. 社会管理向社会治理体系迈进的新阶段（2012年以后）

以十八大的召开为标志，我国社会建设进入了从社会管理向社会治理迈进的新阶段，从“强政府弱社会”阶段过渡到“强政府强社会”阶段，社会管理将向科学化、法治化、规范化、人性化转变，体现了我党执政理念的新变化和社会建设理论的日趋成熟。

2012年，中共十八大报告将社会管理和民生并列为社会建设的重要内容。实现了从社会管理格局向社会管理体制的转变，并且在社会管理体制中增加了“法治保障”这一新内容。这就体现了社会管理与依法治国的结合。同时对社会管理的措施提出了新要求。首先，强调“社会管理法律、体制机制、能力、人才队伍和信息化建设”。其次，强调“改进政府提供公共服务方式”。最后，强调社会管理的重点工作在于“加强基层社会管理和服务体系建设，增强城乡社区服务功能，充分发挥群众参与社会管理的基础作用”。

2013年，中共十八届三中全会通过的《中共中央关于全面深化改革若干重大问题的决定》，提出全面深化改革的目标是完善和发展中国特色的社会主义制度，推进国家治理体系和治理能力现代化作为全面深化改革的总目标之一。国家治理首次在中央全会上明确提出，国家治理、社会治理和政府治理的概念被多次提及，这标志着中国社会管理的又一次突破性转型，社会管理将不断走向科学化、法治化、规范化、人性化。《决定》一章部署创新社会治理体制，并从改进社会治理方式、激发社会组织活力、创新有效预防和化解社会矛盾体制和健全公共安全体系等方面对如何创新社会治理体制进行了阐述。这是中国共产党成立以来在党的正式文件中第一次提出“社会治理”概念，从“管理”到“治理”，体现了管理理念的提升和管理方式的转变。倡导社会治理，目的是要凝聚政府和社会力量协同管理社会事务，实现以管控为主要目的的传统管理模式向有序与活力统一的多元治理、共建共享的新模式转变。

（二）推进社会治理创新是国家治理体系和治理能力现代化建设的重要组成部分

所谓国家治理体系和治理能力的现代化，就是使国家治理体系制度化、科学化、规范化、程序化，使国家治理者善于运用法治思维和法律制度治理国家，从而把中国特色社会主义各方面的制度优势转化为治理国家的效能。国家治理体系和治理能力是一个统一的有机整体，相辅相成，相互作用，有了科学的国家治理体系才能孕育高水平的治理能力，不断提高国家治理能力才能充分发挥国家治理体系的效能。解决中国各种问题，实现各项既定目标，关键要靠国家治理体系和治理能力的现代化。创新社会治理体系是推进国家治理体系和治理能力现代化改革总目标的重要组成部分，社会治理体系和治理能力的现代化是推进国家治理体系和治理能力现代化建设的内在需要。

党的十八届三中全会对国家治理体系和治理能力现代化的目标指向做出了具体安排，强调要紧紧围绕使市场在资源配置中起决定性作用深化经济体制改革，紧紧围绕坚持党的领导、人民当家做主、依法治国有机统一深化政治体制改革，紧紧围绕建设社会主义核心价值体系、社会主义文化强国深化文化体制改革，紧紧围绕更

十八届三中全会提出的“六个紧紧围绕”

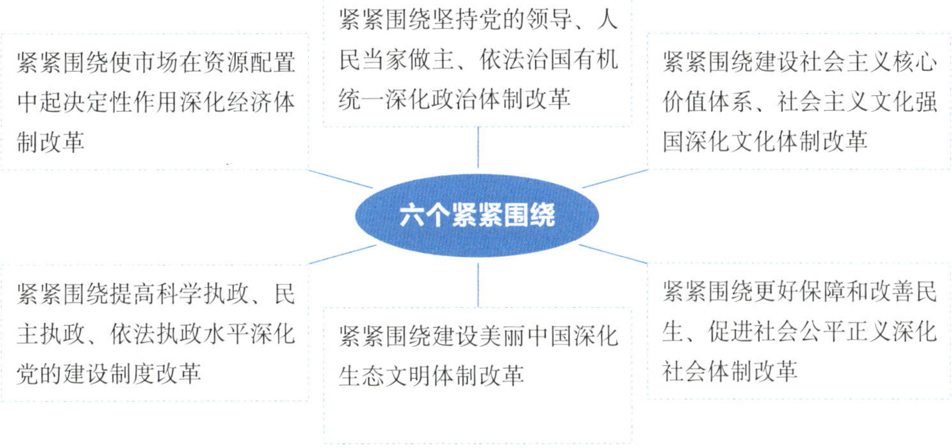

好保障和改善民生、促进社会公平正义深化社会体制改革，紧紧围绕建设美丽中国深化生态文明体制改革，紧紧围绕提高科学执政、民主执政、依法执政水平深化党的建设制度改革。这六个“紧紧围绕”，既是全面深化改革的顶层设计和总体思路，也是推进国家治理体系和治理能力现代化的改革指向。社会体制机制改革作为六个“紧紧围绕”之一纳入国家治理体系和治理能力建设现代化的范畴之中。

（三）推进国家治理体系和治理能力现代化需要创新社会治理的方式方法

推进国家治理体系和治理能力现代化，关键在于创新，特别是创新社会治理的方式方法。党的十八届三中全会关于国家治理方式方法的创新主要体现在5个方面：一是非对抗性和“软法”。在非对抗方面，应变整治为疏导，变刚性为柔性。在软法方面，应更加注重发挥激励性法律规范和乡规民约等社会自治规则的作用。二是契约化和合作规制。应变命令为协商，变指挥为指导，通过一系列契约建立合作关系，达到服务社会的目的。三是提供服务或社会福利。应变监管为服务，变强制为利导，通过完善社会公共服务，来改善群众生产生活。四是市场化和竞争机制。应变官办为民营，变垄断为竞争，通过引入市场竞争机制，更好地为群众提供服务，更好地实行社会的柔性治理。五是程序化和科技手段。应变实体为程序，变“人控”为“机控”，通过采取程序化的技巧来处理实体上公正难辨的问题，特别是通过科技手段排除权力、人情、金钱等因素导致的“搞例外”“走后门”等不良社会现象。这五个方面就是要求更加注重法治、科学、民主、合作，本质上与社会治理的方式方法是一致的。

三、推进社会治理创新是新阶段应对社会发展新问题新挑战的必由之路

（一）适应社会主义市场经济的社会管理体系正在形成

经过30多年的改革实践，我国在社会管理体制建设方面成就巨大，已经基本上摆脱了传统社会管理体制的束缚，适应社会主义市场经济的社会治理结构正在形成。

我国社会组织登记改革三大模式比较

模式	典型代表	改革要点	优缺点
一元登记管理模式	广东 深圳	一元登记管理即社会组织的登记管理由一个部门统一执行。深圳市实施一元登记管理模式的改革采取了分段、分领域的“半步”策略。从2004年起选择敏感度较低、风险较小的行业协会作为突破口，改革行业协会登记管理体制，取消业务主管部门而试行民政部门的直接登记制度，并在取得经验的基础上逐步扩大领域，探索社会组织由民政部门统一登记的一元登记管理模式。此后2008年9月，深圳将工商经济类、社会福利类、公益慈善类社会组织直接由民政部门登记，在2013年出台的改革政策中，这一直接登记的范围又扩增了社会服务类、文娱类、科技类、体育类和生态环境类等5类，使有8类社会组织实现直接登记。2012年7月1日起，除特别规定外，广东将社会组织的业务主管单位改为业务指导单位，社会组织可直接向民政部门申请成立，无须业务主管单位前置审批。	一元登记管理体制的优势在于它有利于降低社会组织登记注册的门槛，使组织获得法人资格，并纳入到政府的监管范围之内。但一元登记管理模式的劣势也很明显。一是对社会组织的服务与监管方面效力较弱。二是在现行的制度背景下可复制性差。
新二元登记管理模式	北京	新二元登记管理是指由相对集中的业务主管单位和登记管理机关共同行使对社会组织的监督管理职能。它的主要特点是在原有的双重管理体制的基础上，将分散的业务主管单位进行适当集中。2009年，北京市社会建设“1+4”系列文件里提出：构建枢纽型社会组织工作体系，由枢纽型社会组织承担业务主管单位职能，即构建枢纽型社会组织为业务主管单位和市社会团体管理办公室为登记管理机关的新二元登记管理模式。	新二元登记管理模式优点在于在一定程度上缓解了社会组织找业务主管单位困难的问题，客观上促进了同领域社会组织间加强沟通、资源互补、优势共享，加强了政府对社会组织的培育职能，并且这一模式利用了既有的组织资源，没有突破双重管理体制的基本框架，因而可复制性很强。但其问题在于社会组织的登记注册仍然需要业务主管单位的审核，这对于彻底解决社会组织登记难的问题作用不是太明显。
三元登记管理模式	上海	三元登记管理是指在原登记管理部门和业务主管单位的双重管理体制的基础上，成立另一个专门机构，共同行使对社会组织的管理职能。上海市的改革以行业协会为突破口，2002年成立了上海市行业协会发展署，将行业协会的双重管理体制改为由登记管理部门，业务主管部门和行业协会发展署双方共同负责的机制，分别承担不同的职能。接着从行业协会向其他领域推广，于2004年通过对行业协会发展署的合并改组新成立了上海市社会服务局。至此正式拉开了上海市社会组织登记三元登记管理模式的序幕。	三元登记管理模式在原有的登记管理机关和业务主管单位之外，新增加了一个服务机构，有利于提升政府对社会组织的培育与监管力度。但是这一模式也有明显劣势。一是使组织的登记注册环节更为复杂，不利于组织登记难问题的解决。二是在双重管理体制的框架下，服务机构的成立缺乏必要的法律依据，也容易引起三个管理机构之间职能的交叉与重叠。三是成立新机构需要有一定的契机，因而复制起来有一定难度。

1. 初步构建了现代管理体系的基本框架

经过改革开放 30 多年的发展，特别是进入 21 世纪以来的自觉构建，我国已经初步建立起现代社会管理体制的基本框架。党的十八大报告指出，要围绕构建中国特色社会主义社会管理体系，加快形成“党委领导、政府负责、公众参与、法制保障”的社会管理体制，加快形成政府主导、覆盖城乡、可持续的基本公共服务体系，加快形成政社分开、权责明确、依法自治的现代社会组织体系，加快形成源头治理、动态管理、应急处置相结合的社会管理机制。这段话是对中国特色社会主义社会管理体系的全面阐述，也是对我国现代社会管理体系框架的科学界定。

2. 逐步建立起覆盖城乡的社会保障体系

30 多年的改革实践过程中，我国已经初步建立起覆盖城乡的社会保障体系。通过疏通利益诉求渠道、建立劳动者集体协商平台、劳动争议调解制度、改革收入分配制度，利益协调体系已见雏形。流动人口管理实现了从限制控制向服务管理的转变，废止了限制人口自由流动的收容遣送制度，基本实现了属地化管理和多元化服务。社会立法和社会政策更加关注弱势群体权利保护和资源倾斜，一些地方还建立了维护妇女儿童、外来工等弱势群体的跨部门协作、法律援助和社会化维权机制。在社会服务体系建设中，国家鼓励和支持社会资金参与公共物品的生产和供给，积极探索社会服务的多中心供给模式，在一些领域建立了社会服务的监管法律。我国社会工作正在由过去封闭式、行政性、非专业化向开放式、社会化、专业化、职业化过渡。应急管理领域的“一案三制”（应急方案和应急体制、应急机制、应急法制）和“一网五库”（应急工作联络网、法规库、救援队伍库、专家库和典型案例库、救援物资库）体系已经建立。社会治安体制积极引入社会化和市场化机制，保安服务和群众治安联防在单位和社区治安中地位和作用日益重要，初步形成了由人防、技防、物防结合的社会治安防控体系。安全监管成为政府市场监管的主要内容，安全监管的法律法规、组织机构逐步健全。

（二）改革背景下社会发展面临三大挑战

当前，随着我国已经进入经济社会转型的关键期，改革的攻坚期，一些长期存在的深层次、根本性的矛盾和一些新出现的问题相互交织、集中凸显。具体来讲，表现在以下三个方面。

1. 新的社会需求

当前，经济全球化、政治多极化、文化多元化和社会信息化四种力量相互交织，深深地改变和影响着人们的生活方式，对传统的社会管理格局提出了新的、更高层次的要求。而随着社会需求逐步呈现多元化，政府单一的社会公共服务模式已经无法满足人们的需求。

2. 新的社会矛盾

随着我国逐步进入经济转型、社会转型的关键时期，一些长期累积的深层次矛盾开始凸现出来，给当前的社会治安带来极大挑战。如贫富差距进一步扩大，社会分配不公、贪污腐败现象日益严重，群体性事件和恶性事件增多、官民冲突现象加剧等。

3. 新的社会现象

由于政府部门缺位、越位、错位现象迟迟得不到解决，导致经济和社会领域不断出现一些新现象。如政府的社会管控领域不断扩大，但对新技术、新媒体、新舆论的冲击却无所适从；政府的主导作用不断加强，但社会组织的弱势地位却难以改变；政府的公共服务不断深化，但服务水平、服务质量、服务能力与群众的新需求仍有一定差距，等等。

（三）当前社会治理创新亟待解决十大问题

经济体制深刻变革、社会结构深刻变动、利益格局深刻调整、思想观念深刻变化，由于发展不平衡、不协调等问题短期内难以根本解决，人民内部各种矛盾集中爆发。社会结构的变迁和社会阶层的分化，使得传统的治理手段对人的控制大大弱化。特别是城市化的快速推进，使得我国发展过程中一些长期性、根本性、深层次的矛盾和问题逐步显现，一些新的矛盾集中凸显，流动人口如何融入城市、特殊人群如何融入社会等问题成为当前我国社会建设和社会治理中需要着力解决的问题。在这一背景下，应对新时期社会发展中的各种问题，亟须创新社会治理的体制机制。

1. 流动人口如何融入城市

人口流动是经济社会发展中的必然现象。改革开放以来，随着我国工业化进程的不断加速以及人口管理政策的逐步宽松，我国人口流动的自由性与主动性不断提高，人口流动规模也在不断扩大。但是由于流出地与流入地在经济、社会、文化、风俗、生活方式等因素上的差异，特别是由于城乡二元体制的存在，以农民工为主体的流动人口在劳有所得、住有所居、学有所教、病有所医、老有所养等民生方面依然无法拥有和流入地居民一样的平等权利，无法真正地融入当地，无法共享经济社会发展带来的成果。

2. 特殊人群如何融入社会

特殊人群问题是一个社会问题，由于当前社会关于特殊人群的社会保障体系还不够完善，特殊人群在融入社会的过程中容易产生社会偏见导致的制度性歧视、就业困难导致的市场性排斥和环境欠佳导致的情感性缺失等问题。为此，部分特殊人群存在对社会的不满甚至敌对情绪，这将对社会和谐稳定形成一定的离心作用，进而引发社会安全稳定问题。

3.“两新”组织如何发挥作用

两新组织是新时期党的重要执政基础，是社会建设的重要力量，也是国家治理结构的重要组成部分。两新组织是社会创新的主体，其发育、发展和健全程度是衡量社会管理是否完善，行政体制改革和社会体制改革是否成功的重要标志。世界现代化进程表明，一个社会的组织化程度越高，其稳定性就越强，社会的活力就越大，社会的管理难度系数就越小；反之，社会因缺乏活力和社会理性，其稳定就越差，社会管理和社会治理的难度系数则越大。社会组织的兴起会改变现有的社会结构和社会秩序，对原有的社会制度和执政基础带来一定的风险。近年来，我国两新组织发展迅速，但总体而言，由于政府在经济社会建设中的主导地位，导致了我国两新组织的发展面临一些认识性偏差、结构性缺陷、体制性障碍和发展性困境，主要表现为社会组织化程度低和网络组织化程度高并存。截至 2012 年底，登记注册的社会组织总量有 49.2 万多个，其中社会团体 26.8 万个，民办非企业单位 22.1 万个，基金会 2961 个。实际上，除了上述经民政部门正式登记注册的社会团体、民办非企业单位和基金会三类社会组织之外，我国还存在其他更多类型、数量更大的社会组织。这些社会组织和准社会组织满足了其成员一定的社会需求，有其积极的作用，需要社会正名和政策支持，需要合理的生存和发展空间。但是，如果对其不加以有效的规范和引导，使其健康发展，这些社会组织可能妨碍社会的和谐稳定。

4. 社会矛盾如何化解

随着我国改革开放的不断深入，市场经济的转型和社会利益格局的调整，各种社会矛盾和社会问题逐步凸显，也出现了许多新的社会问题和社会矛盾。例如，土地问题、拆迁问题、干群矛盾、劳资冲突、医患关系矛盾、本地人与外地人的矛盾、城乡之间的矛盾、贫富差距矛盾、黄赌毒、互联网风险、退伍军人问题、库区移民问题、事业单位改革问题等，所有这些矛盾和问题，几乎都涉及不同的利益关系和利益诉求，并表现出以往不曾有或很少有的新特点：一是矛盾的主体越来越以利益群体的面目出现，具有利益群体冲突博弈的性质；二是矛盾的焦点往往直接、间接集中到政府，地方政府往往首当其冲，不得不站在第一线；三是矛盾的表达往往采取多渠道、多样化的维权形式，而维权的目标和手段常常脱节；四是矛盾的互动往往采取激化甚至尖锐、恶性冲突的方式，具有倾向激化、诉诸冲突的趋势，群体性事件的对抗性、违法性、盲目性和危害性都呈现上升趋势。

5. 虚拟社会如何有效管理

信息化催生了虚拟社会这一新生的社会形态，引发了人们在获取信息方式、交往方式、生活方式、思维方式、价值观和社会组织形式等方面都发生了巨大变化，在推动社会管理方式创新的同时，也给社会稳定和国家安全带来巨大挑战。

6. 突发事件如何及时应对

以非典为标志我国进入一个风险社会，自然灾害、事故灾难和公共安全事件等突发性事件频频发生，主要表现在地里区位环境与自然掠夺式发展模式叠加、城市快速发展与城市管理手段相对滞后叠加，经济社会全面转型与社会矛盾集中爆发叠加，但就目前国内应对突发事件的实践来看，对突发事件处理一般呈现出这样的流程：突发事件发生→事故负责人意图“封口”→群众举报或媒体披露→高层介入（领导批示）→上级调查组介入→责任追究→“运动式”治理整顿。这样的处理流程导致应急管理中存在的突出问题是信息公开性、准确性不够，反应不及时，协调难度大，应急管理中的社会参与严重不足。

7. 民意诉求如何畅通渠道

伴随着经济快速发展，我国的社会结构发生明显变化，社会中的基本要素开始分化、重组，社会经济成分、分配方式、阶层结构也日趋多样化。城乡利益、区域利益、阶层利益、行业利益、劳资利益、干群利益等利益关系也发生了重大变化，由利益关系变化带来的各种矛盾日益突出，迫切需要建立畅通的民意诉求表达渠道。从目前我国突发事件、群体性冲突暴露出的问题来看，很多社会矛盾是可以在基层或是在问题发生的初期得到妥善解决的，但是由于民意诉求表达的渠道被阻塞，公众找不到合适的表达途径，致使许多简单问题堆积起来变成复杂问题，许多小规模矛盾演化成大范围冲突，从而升级为社会热点事件，危害社会稳定。通过对热点舆情事件的分析可以看到，我国民意诉求表达已陷入一种“信上不信下、信闹不信法、信网不信党”的怪圈。

8. 社区自治如何公众参与

社区是社会治理的重要载体，社区自治是实现社区治理的重要途径。但目前，我国社区治理主体的单一性还比较普遍，社区管理依然是一种“自上而下”的行政命令式的运行模式，政府垄断社区的所有资源，主导社区的整体工作。社区居民委员会基本上成为基层政权组织及其派出机构的“附属物”，虽有自治之名，却无治之实。

9. 政府公信如何重新塑造

随着以微博为典型代表的“人人都有麦克风，人人都是发言人”的新媒体时代的到来，政府所面临的公众监督、舆论监督更加直接、更加快捷、更加频繁、要求更高，政府公信力普遍面临着前所未有的挑战。与此同时，由于我国政府部门行政效能不高、应对突发事件迟缓落后，这在很大程度上损害了政府权威，影响了政府形象，使公民对政府的不满情绪和不信任感与日俱增。

10. 公民社会如何依法治理

依法治理是社会治理体系和治理能力建设的重要内容，也是创新社会治理体制机制的重要路径。当前，依法治国是党领导人民治理国家的基本方略，建设法治中国和法治社会也写进了十八届三中全会的报告。但就目前而言，我国社会治理的法律体系尚不健全，在社会治理过程中，有法不依、执法不严、违法不究的现象在一些地方和部门依然存在，公职人员贪赃枉法、执法犯法、以言代法、以权压法屡有发生，社会公民的法律意识和法治观念有待进一步提高。

四、推动社会治理创新需要从系统结构、体制机制和方式方法上破题

一般来讲，社会治理现代化涉及治理体系（系统结构）的现代化、治理能力（方法方式）的现代化和保障体系（体制机制）的现代化。全球化时代的中国，面对日益复杂的社会形势和社会结构，构建我国社会治理体系，提升社会治理能力，实现社会治理的现代化，迫切需要创新社会治理的体制机制和方式方法，从社会治理主体、社会治理方式和社会治理机制三个方面着手，实现社会治理体系和治理能力的现代化。

（一）构建多元交互共治的治理格局

社会治理体系建设已经作为一种政治话语和政治实践成为当前中国社会改革的关键问题。社会治理体系建设的核心要务是打破原有的政府管理社会的一元化社会治理模式。一般来说，社会治理结构包括治理主体、主体间关系两方面的内容。与管理不同，治理作为一种政治过程，强调政府、社会、民众多主体互动协作，共同处理公共事务，虽然需要权威，“但这个权威并非一定是政府机关”，而管理的权威则必定是政府。当前，我国正处于从传统社会向现代社会、从农业社会向工业社会和后工业社会、从社会主义计划经济向社会主义市场经济的转型期，社会结构、社会组织形式、社会价值理念等都发生了极其深刻的变化，原有的权力高度集中、政府统管一切的管理方式已不能适应现实要求，迫切需要社会治理的主体从政府单一主体向包括政府、企业、社会组织、公众等多元主体转变。建立起以政府为主导，社会组织、各群体参与，民众自我约束和管理的多元化治理结构。在这样的治理结构中，实现国家权力和社会团体、个人权利的和谐共生，从而促进社会整体及其各部分之间的协调发展。

1. 政府是社会建设的核心主体

政府来源于社会，是以社会为基础并由社会所决定。在社会发展的任何阶段，政府作为社会的公共领域，是普遍利益和普遍意志的代表。社会是特殊利益的场所，其中又存在着普遍利益。而社会的普遍利益不可能由社会自己来协调与维持，这种矛盾催生出代表社会的普遍利益或切实反映社会的普遍意志的责任政府。在社会治理体系中，政府不能直接掌控社会群体和个人的利益和命运，要进行合理放权。在财政权、人事权、决策权等方面给予社会更高的主体地位，政府更多的是承担起服务保障的职责，将目标集中在公共服务和社会基本建设等方面，破除原有的政治统治模式，全力打造新型的公共服务型政府模式。但政府作为公共权力的机关，通过一系列法律制度使社会活动限制在一定的秩序内是政府社会建设的重要职能。政府是我国社会建设的核心主体，其发挥的职责具体体现为：

第一，政府是社会建设规则的制定者。社会建设涉及一系列社会管理体制规则、具体的社会运行制度和机制，如社会保障制度、社会事业建设的投入体制、社会利益关系协调机制等，这些制度、规则，只有政府有能力、有权威来制定。政府是制度、规则的制定者和提供者从来就很明确，而且具有唯一性。在我国，社会建设的许多实际事务，需要政府进行必要的规划、组织、管理、协调。

第二，政府是社会建设资源的提供者。社会建设是一个庞大的公共行动体系，需要大量公共资源的支持。而在我国，只有政府有能力最大限度地调动社会的公共资源，通过税收、公共财政等形式给予社会建设必要的投入，为社会建设奠定必要的物质基础。

第三，政府是社会公共品的生产者和提供者。提供公共服务是服务型政府的重要职能之一，这就决定了在社会建设过程中，政府还承担着部分公共产品和准公共产品的生产和供给。

2. 社会组织是社会建设的实施主体

处理好政府与社会组织在社会建设中的关系是我国社会建设过程中需要解决的关键问题之一。政府是社会建设不可或缺的核心主体，但是政府的社会建设行动也面临一系列不足和瓶颈，而各类社会组织以其灵活性、高效率和自由选择等特征能有效弥补政府的不足。“毫无疑问，政府对社会建设负有主要责任。但是进入公共管理时代，政府只是社会建设的核心主体，社会组织与更大范围的公众参与一起构成社会建设中的不可或缺的主体”。政府提供公共服务的功能要“归位”，促进社会组织发展，加强政府与社会组织之间的分工、协作以及不同社会组织之间的相互配合，是有效配置社会资源与机会、加强社会协调、化解社会矛盾的有效途径。社会组织是政府行政权能向社会延伸、细化的关键，也是缩减执行公共政策的契约和交易成本的重要因素，更是社会文明与和谐社会价值的倡导者和推动者。在我国，政府以外的各类社会组织主要包括事业单位、群众团体、民间组织、社会中介组织等，这些社会组织构成了社会的“第三部门”，它们是现代社会建设的重要主体，是政府与群众之间的纽带，是政府的伙伴，为社会成员提供政府和市场不能提供的公共服务，从而有效弥补政府和市场的缺陷。近年来，我国的社会组织有了较快的发展，但总体来看发育还不够完善，无论在数量上还是职能的发挥上都还很弱小、很不健全。大力发展社会组织，充实社会建设的重要力量，是健全社会建设主体的当务之急。

政府与社会组织的五类关系

内生依附关系 → 内生依附关系指政府部门主导成立自己管辖下的社会组织，并通过为其提供正常运转所需的各种资源而建立的依附与被依附的关系。这些组织一般被称为官办社会组织，或被称作政府的“白手套”。政府基本上是以对下属单位的管理方式对其进行管理。

工具性互惠关系 → 工具性互惠关系指社会组织基于专业能力或其他方面的相对优势，政府基于掌握大量社会资源的优势，双方从各自需要出发建立的一种基于“工具性”的交换关系。这类组织注册形式一般为民间非企业单位，规模较小，在发展的初期都存在资源缺乏和发展问题。

竞争关系 → 政府与社会组织的竞争主要体现在两个方面：在宏观层面上，社会组织基于自身的认识对有关政策进行批评，并通过舆论传播等形式，客观上对政府形成一定程度的压力；在微观层面上，社会组织可能不会直接和政府发生竞争关系，但是因为部分官办社会组织也承担一些具体的服务，所以民间社会组织就可能与之发生竞争关系。通常来看，这类社会组织成立较早，在相关领域内工作较长时间，具有较为丰富的与政府交往的经验。

疏离关系 → 由于彼此间认同度低，出现了社会组织在满足基本条件前提下，与政府处于不同程度的脱离状态。在我国，处于此类关系中的社会组织一般是指那些从事非营利事务，但因未能在民政注册而采取工商注册的社会组织。

抑制关系 → “抑制”主要指在社会组织与政府的互动中，社会组织因为不同原因而受到政府在各方面的限制、打压的情况。这类社会组织一般与政府关系更具对抗性，已经失去存在的合法性，面临被政府取缔的危险。

3. 企业是社会建设的市场主体

在当前社会建设的大背景下，作为与人民生活息息相关的“第二部门”，企业理应成为社会建设的主体，承担越来越多的社会责任。注重和强调社会责任，既是企业立足之本，也是回报社会的重要途径。作为社会建设的市场主体，无论是生产产品还是提供服务，都应该更强调一种社会责任和社会良知，都应该将企业行为向更深广的社会责任延伸，致力于实现更大的社会价值。

4. 社会公众是社会建设的参与主体

在西方发展历史中，一个独立于政治国家的市民社会不仅适应了社会异质性的公共需求，培养了公民民主的生活方式和公共精神，而且有效地填补了政府权力的合法性空白，减轻了政府的行政负担。社会建设与人民生活密不可分，与人民幸福息息相关。在一个健康的市民社会里，社会建设的核心目标就是维护人的尊严和满足人的需要，社会秩序与社会整合只是社会建设的工具性目标，它的终极价值和最终目的是改善人民生活质量与提高社会福利，增进社会绝大多数人的最大幸福。在社会主义初级阶段，社会建设的重点工作就是保障和改善民生。对于通过社会建设构建出一个什么样的社会，社会建设的满意度如何，也只有社会成员最有发言权。作为一项民生工作的实践，每一位社会成员都有理由、有权利、有责任积极参与和推动社会建设。同时，从现有的经验来看，社会成员积极参与社会事务也是我国社会建设取得成功的重要力量来源。

（二）在社会治理中充分运用法治思维和法治方式

法治是人类文明进步的重要标志，它要求将社会生活的一切层面都纳入依法规范的轨道上来，用法律意志的客观性、确定性，取代权力意志的随意性和不确定性。法治是以和平理性的方式实现社会管理的最佳途径，也是实现国家长治久安、促进社会和谐的保障。法治是当今世界各国治国理政的基本方式。良法是法治的根本属性，是衡量社会治理体系现代化的重要标准。法治型社会治理模式是当前中国社会治理的最优模式，要以法治的可预期性、可操作性、可救济性等优势来凝聚转型时期的社会共识，使不同利益主体求同存异，依法追求和实现自身利益最大化。

1. 社会治理思维法治化

思维是行动的先导，树立法治思维是思想层面的深刻变革。法治思维，就是人们对法治的尊崇和信仰，是建立法治社会、发挥法治作用的思想基础。社会治理思维的法治化，就是要求社会治理主体要按照法治的观念和逻辑来观察、分析和解决问题的思维方式，崇尚法治、尊重法律，以法治的精神和原则作为判断是非曲直的依据，并以法治的标准和方式进行社会治理工作。要破除根深蒂固的“管控”思维，强化合作共治意识、民主协商意识、硬法与软法并重意识、良法善治意识，使法治理念、法治精神、法治文化内化于心、外践于行。将法治所倡导的正义理念作为长期的价值追求，创造性地把民主、正义、程序正当等法治理念与社会效率有机结合起来开展社会治理活动。要树立法治信仰，切实尊重法律的权威，严格依法办事，在法律的框架内行使权力，保障权利，克服人治思想，避免以言代法、以权压法。要克服特权思想，关键在于牢记权力是人民赋予的，行使权力的目的是保护和实现人民的权益，而不是谋一己或小团体之私利；牢固树立法律面前人人平等的理念，切实遵守法律规定和要求。

2. 社会治理决策民主化

民主是现代法治社会追求的核心价值之一。“法治将民主制度化、法律化，为民主创造一个可操作的、稳定的运行和发展空间，把民主容易偏向激情的特性引导到理性的轨道，为民主的健康发展保驾护航；民主为法治注入新的内容和动力，使法治为保护人权、自由，促进人的幸福生活服务。”科学的决策必然是民主的决策、依法的决策。在社会治理决策中，民主集中表现为对相应社会主体的全方位开放，涉及包括政府在内的各种治理主体，在制定法律、法规、政策等各种行为规范的时候，向特定的社会主体敞开“大门”，开放性地吸收各种意见、建议。所谓的特定社会主体，主要包括决策的直接利害关系人、相关专业人士，以及与该决策制定、执行等相关联的机关、企业、社会组织等单位。

3. 社会治理方式合法化

当前，我国社会经济发展已经从低收入国家迈进中等收入国家，这一阶段的重

要特征就是社会进入矛盾凸显期。在这一背景下，传统的权威性、效率性、强制性的政府行政治理手段已经不能适应社会发展的需要，单一的强制与服从、命令与反抗的刚性关系在化解社会矛盾时往往适得其反。实现社会治理方式合法化，就是要转变政府全能统制型的治理范式，实行过程开放、与民合作、社会参与，从单一的行政型管理向综合参与型转变，实现从“国家本位”到“社会本位”的转换。将“协商”“调解”“仲裁”和“裁判”等司法手段引入社会治理领域，加快建立畅通有序的诉求表达、矛盾调处、权益保障机制，避免在社会治理中出现“行政方法不能用、经济方法不好用、法律方法不会用、思想教育不顶用”的尴尬局面。

4. 社会治理程序正当化

实体公正和程序公正是法治的两大要件。程序公正是实体公正的必经之路，没有程序公正就没有实体公正。随着依法治国的不断推进，人民群众对公平正义的要求不断提高，由于程序正义是“看得见”的正义，如果离开了一定的程序来解决纠纷，对实体问题的判断就有可能出现“仁者见仁，智者见智”的现象，造成同一问题不同处理的结果，反而无法保证实体公正，甚至引发新的纠纷。因此，在社会治理的过程中，不仅要求实体公正，而且更加注重程序公正。社会治理的决策与执行都离不开一定的程序性规定与程序性落实。社会治理的主体要切实增强程序意识，真正做到懂程序、讲程序，按程序办事。要克服个人的主观随意性和无原则的弹性，不拍脑袋决策、拍胸脯办事，使权力运行更加规范有序，使工作开展更加阳光透明，从而更好地实现好、维护好和发展好最广大人民的根本利益。需要注意的是，程序的终极价值在于为社会治理的目标提供服务，因此程序的繁简、时限、成本等要与社会治理的基本目标相适应，从而避免为了实现一个较小的社会治理活动而设置烦琐、复杂的程序，从而造成大量的社会资源的浪费以及行为效率的低下。

（三）推动社会治理的体制机制创新

社会是一个复杂的系统，社会治理是一项复杂的系统工程，不能头痛医头、脚痛医脚，更不能顾此失彼、本末倒置，而要注重整体性、系统性、协调性。社会治理的目的在于对社会群体和个体的社会行为及价值观念进行指导和约束，对各类社会关系进行调节和制约，以维护社会正常秩序。特别是在当前社会转型期，产生了很多新的社会矛盾和问题，出现了许多新的不和谐因素，而且在有些方面，矛盾和问题甚至变得更为复杂、尖锐，处置起来难度特别大。为了使各种社会不和谐因素、社会问题处于可控、可调的状态，避免出现剧烈的社会危机和社会动荡，保证社会善治常态化、长效化，就需要以政府为核心的公共部门围绕和谐社会的目标，不断完善和创新社会治理的体制机制，确保社会各个系统、各个要素始终处于良性运行和协调发展的状态。

1. 建立健全重大决策社会稳定风险评估机制

建立健全重大决策社会稳定风险评估机制，是创新社会治理体制机制的重大举措，是党和政府主导的维护群众权益机制的重要内容，是一项对维护社会稳定、促进社会和谐有重大作用的制度建设，对于促进科学决策、民主决策、依法决策，预防和化解社会矛盾意义重大。所谓重大决策，就是凡是直接关系人民群众切身利益且涉及面广、容易影响社会稳定的决策事项，包括涉及征地拆迁、农民负担、国有企业改制、环境影响、社会保障、公益事业等方面的重大工程建设项目，重大政策制定以及其他对社会稳定有较大影响的决策事项。

建立健全重大决策的社会稳定风险评估，就是在决策前要进行以下评估：一是合法性评估。决策机关是否享有相应的决策权并在权限范围内进行决策，决策内容和程序是否符合有关法律法规和政策规定；二是合理性评估。决策事项是否符合大多数群众的利益，是否兼顾各方面群众利益，会不会给群众带来过重的经济负担或者对群众的生产生活造成过多不便，会不会引发不同地区、行业、群体之间的攀比；三是可行性评估。决策事项是否与本地经济社会发展水平相适应，决策事项是否具备相应的人力财力物力，相关配套措施是否经过科学严谨周密论证，出台时机和条件是否成熟。决策方案是否充分考虑了群众的接受程度，是否超出大多数群众的承受能力，是否得到大多数群众的支持；四是可控性评估。决策事项是否存在公共安全隐患，会不会引发群体性事件、集体上访，会不会引发社会负面舆论、恶意炒作以及其他影响社会稳定的问题。决策引发的社会稳定风险是否可控，能否得到有效防范和化解；是否制定了社会矛盾预防和化解措施以及相应的应急处置预案，宣传解释和舆论引导工作是否充分。

经过论证，要按照决策实施后可能对社会稳定造成的影响程度确定包括高风险、中风险、低风险的风险等级。凡是决策存在高风险的，应当区别情况做出不实施的决策，或者提出调整决策方案、降低风险等级后再行决策；存在中风险的，待采取有效的防范、化解风险措施后，再做出实施的决策；存在低风险的，可以做出实施的决策，但要做好解释说服工作，妥善处理相关群众的合理诉求。

2. 建立健全公正合理的利益协调机制

当前各种利益性矛盾和冲突的增加，根源并不在于社会经济不发达或财富不充裕，而在于在一定范围内出现了社会财富和社会权分配不公，不少劳动者的部分权益得不到有效保障，有失社会公正，客观上要求政府建立健全包括利益引导机制、利益约束机制、利益调节机制和利益补偿机制等在内的社会利益协调机制，引导公众以理性合法的形式表达利益要求、解决利益矛盾，妥善处理不同利益主体之间的利益关系。

3. 建立健全畅通有序的诉求表达机制

通畅的利益诉求表达机制是构建和谐社会的必然要求。当群众的利益诉求难以获得合法的渠道进行表达时，将使群众间利益的失衡状况更加突出，并使社会矛盾更加激化，这将导致群众与政府间关系出现裂痕、阻碍经济的可持续发展、在法治层面将损害社会的公平正义、影响社会的和谐稳定，等等。因此，随着群众利益意识日益强化，利益表达愿望日趋强烈，建立一个健全的社会诉求表达机制，为不同利益诉求主体提供完全、充分、畅通的表达渠道显得尤为重要。

一是要进一步完善群众利益诉求表达的政治体制。群众利益的诉求更多地表现为他们的社会政治态度的表达，要进一步拓宽群众的政治表达渠道，为公众理性合法地表达利益诉求提供政治保障。切实发挥党作为群众利益代表表达主渠道的作用，进一步推动党的决策民主化、科学化、制度化，确保各项惠民政策取得实效。要进一步完善人民代表大会制度和人民政治协商会议制度，扩大人民群众的政治参与，建立健全社情民意反映制度，广泛听取群众的意见，做到集思广益。

二是健全群众利益诉求表达的法律体系。随着中国特色社会主义法律体系的形成，群众利益诉求已经基本做到了有法可依。但现行法律体系还存在有关群众利益诉求表达的法律层次普遍偏低，利益诉求表达程序缺乏具体规定，利益诉求表达主体权利义务不明等问题。为此，要提高有关群众利益诉求表达的法律层次，增强群众利益诉求表达规定的权威性；立法应当明确规定利益诉求的主体、范围、程序、方式，将群众利益诉求表达纳入法治化的轨道，使群众能够依法行使自己的利益诉求表达权。

三是构建群众利益诉求表达的社会平台。加强社会团体的利益诉求表达机制建设应当坚持“党委领导、政府负责、社会协同、公众参与的社会管理格局”的原则，重点加强工会、共青团和妇联反映各自所联系的社会成员利益诉求的功能；积极培育代表社会公共利益和边缘群体利益的基金会、慈善机构、环保团体等社会公益组织，形成社会管理和社会服务的合力；充分发挥社团、行业组织、城乡基层自治组织的作用，促进政府与群众之间的良性互动与合作。同时，还应健全利益群体的博弈机制和规则，使其依照正当程序运转，为不同利益群体之间日常性沟通提供平台，使他们能够经常协商对话，相互理解，相互协调，有效减少不同群体对现实利益关系的偏见和误读，提高利益诉求表达的现实性和合理性。

4. 建立健全便捷有效的心理干预机制

社会转轨反映到人的观念层面，表现为价值观念的冲突和更新。现代传媒技术使中国与西方、传统与现代的文化冲突日趋激烈，多重文化背景下的思想、观念从不同角度冲撞、挤压、困惑着一些民众。反映在社会生活中，就是人与人之间信任与猜忌、谦让与蛮横、信仰与自我、友善与邪恶、科学与迷信、理性与盲目、人性与野蛮的矛盾丛生。这些矛盾反映到现实中，就是一些人行为失范，反社会性特点显著。要通过建立起便捷有效的心理干预机制，提高群众心理调节能力，有效预防和解决群众心理问题。

要广泛宣传普及个人心理健康知识，建立心理危机干预预警机制，防范和降低社会风险。健全个人心理医疗服务体系，规范发展个人心理服务专业机构，开展个人心理咨询、疏导、调节、治疗等服务。对因生活和工作等受到挫折而缺乏信仰、对生活失去希望的个人给予更多关注，有针对性开展疏导、帮助、教育，使其重振生活信心、避免走向极端。加强专业社会工作人才队伍和志愿者队伍建设，开展专项社会关爱行动，对流浪儿童、精神病人、艾滋病机会性感染者、吸毒人员、刑满释放人员等特殊人群进行专业心理疏导和矫治，帮助他们修复社会功能、回归社会。

5. 建立健全广泛覆盖的矛盾调处机制

为适应社会转型对公共安全多样化的需求，政府提供公共安全职责要从被动的、消极的反应式治理向主动的、预防的积极式治理转变，健全社会治安综合治理工作机制，不断完善有效的矛盾疏导机制，确立信访工作责任制，综合运用法律、政策、经济、行政等手段和教育、协商、调解等办法，依法及时合理地处理面临的问题，确保人民群众安居乐业、社会政治稳定和国家长治久安。

要进一步健全区（县）、街道（乡镇）、社区（村）、楼门院（小组）四级纵向人民调解网络，建立由政府负总责、政府法制部门牵头、各职能部门为主体的行政调解工作机制，完善司法调解格局、把调解优先的原则贯穿到执法办案工作中去，发挥人民调解、行政调解、司法调解联动工作体系的作用，形成调处化解矛盾纠纷的综合机制，及时有效地把矛盾化解在基层，努力实现案结、事了、人和。

6. 建立健全群众利益保障机制

群众利益是我们一切工作的出发点和落脚点，正确的决策是做好各项工作的重要前提。只有从机制建设入手，才能在作决策、定政策时，以制度保证群众利益被充分考虑、群众意愿被充分尊重，最大限度防止因决策不当带来损害群众利益问题。

要完善公共决策社会公示、公众听证、专家咨询论证制度，健全民主决策程序，凡是与群众切身利益密切相关、影响面广或容易引发社会不稳定的重大决策事项，都要充分听取群众意见，对大多数群众不理解、不支持的事项缓出台或不出台，防止因决策不当而损害群众利益。进一步改革行政复议体制，健全行政复议案件审理机制，纠正违法或不当行政行为。解决土地征用、房屋拆迁、企业改制、劳动关系、教育医疗、社会保障、环境保护、安全生产、食品药品安全、城市管理等方面群众反映强烈的问题，维护好群众的切身利益。

Part

2

Status quo of the social governance system and governance capacity development of Guiyang

贵阳社会治理体系和治理能力发展形势 >

近年来，贵阳坚定不移地走科学发展道路，特别是党的十八大以来，全市上下全力实施创新驱动发展战略，经济发展取得令人瞩目的成就，开创了贵阳发展的新局面。2013 年，全市生产总值突破 2000 亿元，达 2085 亿元，提前两年实现“十二五”规划目标，占贵州省 GDP 比重 26%；增速达 16%，继续在全国省会城市保持前列。全社会固定资产投资 3030 亿元、增长 22.1%。财政总收入 563.8 亿元、增长 18.8%；公共财政预算收入 277.2 亿元、增长 20.2%；公共财政预算支出 393.49 亿元、增长 14.39%。

总体上来看，贵阳的发展已经站在了新的历史起点上。但由于特定的地理位置和复杂的地形地貌，贵阳的发展环境较中东部地区要复杂得多、困难得多，贵阳整体上还处于欠发达、欠开发的阶段，与发达地区相比还有一定差距。近年来，尽管经济社会快速发展，但同时也面临一系列社会问题，如贫富差距加大，体制机制改革滞后，人口老龄化，特殊人群管理难度增加，社会保障和就业面临严峻挑战，公共安全事故频发，两新组织和虚拟社会管理问题突出，社会诚信、道德缺失、信仰危机等面临挑战，经济发展与生态保护之间的矛盾日益突出，等等。

面对这些问题，贵阳以加强和创新社会管理为突破口，推进社会治理体制机制改革，加强社会治理体系和社会治理能力建设，为跨越发展、转型发展、创新发展提供支撑和保障。

贵阳市 2011—2013 年主要经济指标

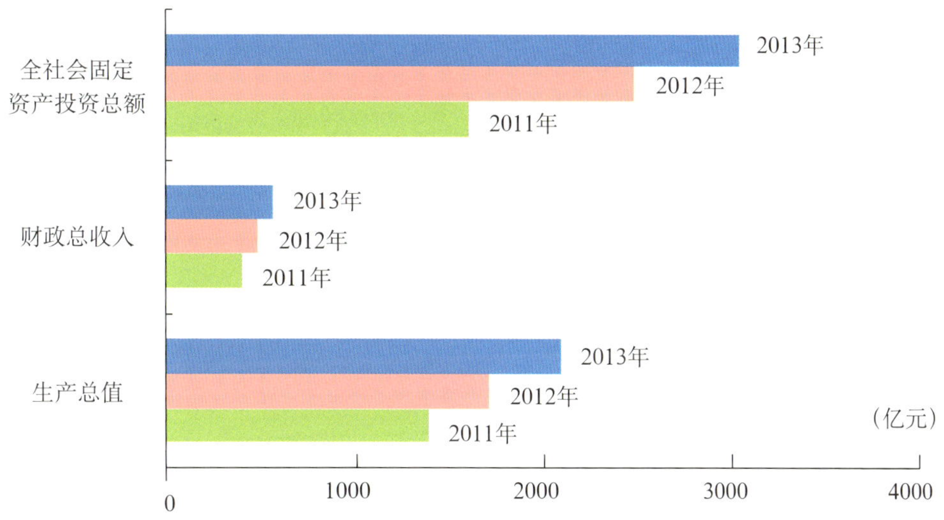

一、贵阳经济社会发展的新阶段、新特征

贵阳是贵州省会，总面积为 8034 平方公里，辖六区一市三县，一个国家级经济技术开发区、一个国家级高新技术开发区，总人口 439 万，其中城镇人口 295 万。近年来，贵阳牢牢把握“两加一推”的主基调和工业强省、城镇化带动主战略，以国务院《关于进一步促进贵州经济社会又好又快发展的若干意见》为契机，紧抓国家、贵州省支持贵阳市加快发展的重大机遇，坚持走科学发展路，加快建生态文明市，全市经济社会呈现出发展加速、质量提升、环境优化、民生改善、社会稳定、创新突破的良好局面，经济社会发展呈现新特征。

（一）贵阳市经济社会发展的基础和环境

党的十八大以来，贵阳围绕在全省率先实现全面小康、建设全国生态文明示范城市的总目标，积极创新、砥砺奋进，多项指标实现历史性突破，开创了经济社会发展新局面。

1. 经济实力显著增强

贵阳是国务院确定的“黔中产业带”“成渝经济区”和“泛珠三角经济区”的中心城市，是一座以资源开发见长的综合型工业城市，主要工业产品在全国居于重要地位。依托良好的发展环境和政策优势，近年来，贵阳经济实力显著增强。在 2013 年贵州省增比进位综合测评中，贵阳从 2012 年的第 3 位上升到第 1 位；5 个区（县）位次前移；10 个区（市、县）全部进入全省第四轮经济强县建设行列。

良好的生态环境、适宜的居住条件、便利的招商政策，使贵阳的招商引资规模不断扩大、引进企业质量越来越好。一批世界 500 强（美国岱高、GT 太阳能，法国液化空气集团等）及国内 500 强企业（首钢、奇瑞、南车集团等）相继落户贵阳。《全球城市竞争力报告 (2009—2010)》显示，在全球 500 个城市中，贵阳市综合竞争力提升了 42 位，提升速度排列第 4 位。

2. 科技引领显著加快

近年来，贵阳大力实施创新驱动战略，科技的引领性显著增强。2013 年，贵阳

历年贵阳规模以上的企业（个）

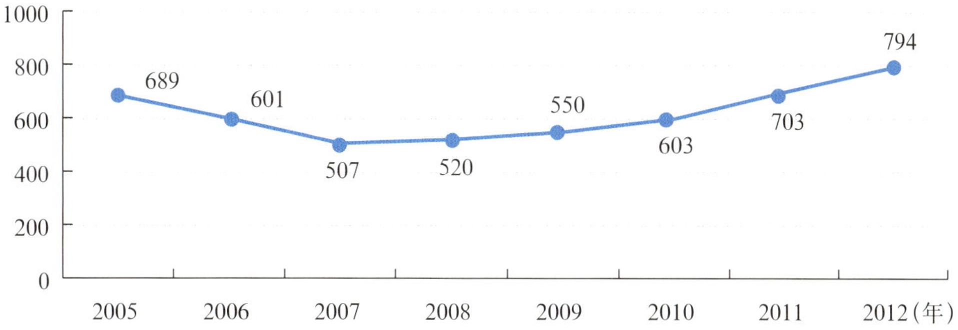

综合科技进步水平指数达 75.96%，较 2012 年上升 2.8 个百分点，位列全省第一；全年科技进步对经济增长的贡献率达 55.4%。2013 年，贵阳成功举办“北京·贵阳创新驱动区域合作”系列活动，全面对接北京科技、人才、资本等创新、创业要素，规划建设中关村贵阳科技园，建成首都科技条件平台贵阳合作站、北京技术市场贵阳服务平台、中国技术交易所贵阳工作站。完成贵阳高校科研院所科技创新联盟、贵阳创新驱动发展战略研究院组建筹备工作；培育国家级、省级产业技术创新联盟 8 个，新增国家级博士后科研工作站 2 家，发展科技服务机构 42 家；引进各类高层次人才 682 名，建成运营贵阳国际人才城；建立天使基金、股权投资基金，成立贵阳银行科技支行、工商银行科技支行。科技创新服务体系不断健全，荣获国家知识产权示范城市称号，自主研发的人防工程管理软件荣获全军科技进步三等奖，全市科技引领发展力度显著增强。

3. 社会建设日趋完善

在社会建设方面，贵阳扎实推进教育“9+3”计划，2013 年，教育投入占生产总值比重达 4.2%。全面完成学前教育三年行动计划，乡镇公办中心幼儿园实现全覆盖。建成覆盖城乡的三级医疗卫生网络，国家基本药物制度实现全覆盖，减免城乡低收入和低保对象医疗费用 3834.5 万元，惠及 12.98 万人次。获批创建国家公共文化服务体系示范区，建成 10 万户农村直播卫星工程。启动农村社会治理“网底工程”试点工作，加强流动人口管理和服务，为 75.7 万人办理“城市绿卡”，提高同城化待遇，被列为国家流动人口卫生和计生基本公共服务均等化试点城市。严格落实安

贵阳市知识产权概况（2008—2013 年）（件）

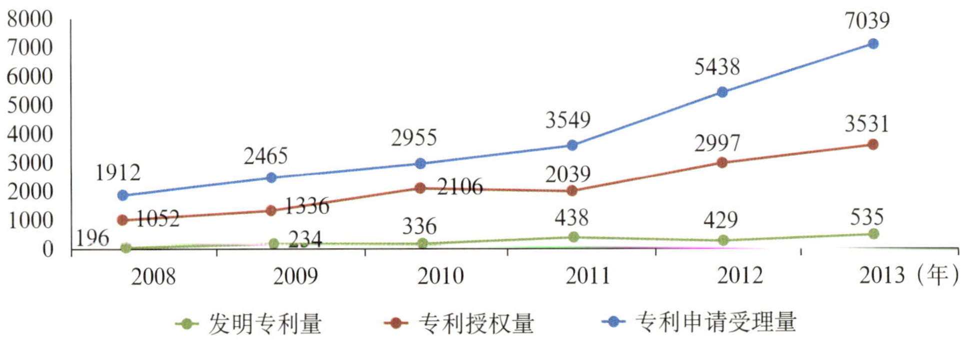

数据来源：2008—2013 年贵阳市国民经济和社会发展统计公报，贵阳市人民政府网站

贵阳市科学技术财政支出（2008—2013 年）（亿元）

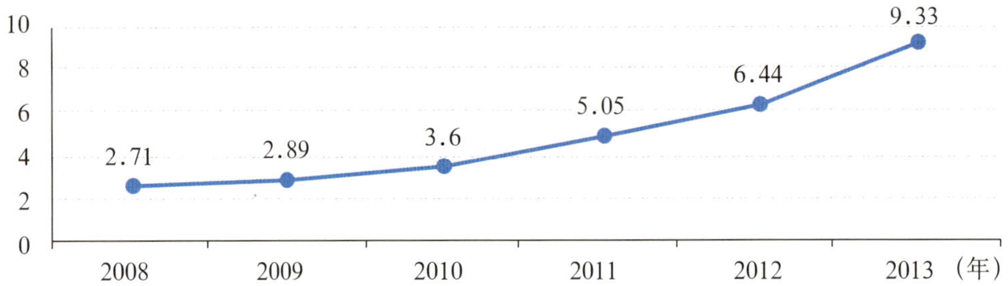

数据来源：2008—2013 年贵阳市国民经济和社会发展统计公报，贵阳市人民政府网站

全生产责任制，安全生产事故起数与死亡人数保持“双降”；深入开展“两严一降”专项行动，2013 年，刑事发案数下降 18.2%，群众安全感达 94.2%，比上年提高 4.8 个百分点，第三次荣获全国社会治安综合治理奖“长安杯”。加强群众工作，信访积案化解率达 96.1%。同时，国防、国家安全、司法行政、民族宗教、移民、史志、档案、外事、侨务、对台、气象、老龄、食品药品安全、工青妇、关心下一代、慈善、残疾人、红十字、爱国卫生等工作全面发展。

4. 城乡面貌日新月异

在城市建设上，贵阳深入实施城镇化带动战略，城乡一体化进程加速推进。逐步构建起城市可持续开发建设新模式，促进房地产业健康发展。加大交通基础设施建设力度，全面建成“三环十六射”骨干路网；完成中心城区畅通工程二期规划编制；扎实开展“一创四办”活动，加强市容环境卫生管理。成功入选住建部2013年度国家智慧城市试点，建成并试运行数字化城市管理二期工程，不断完善水、电、气等城市基本生活要素保障机制。以“5个100工程”为载体，带动城乡建设和产业发展，入选全省的70个项目累计完成投资1084.9亿元。开工改造棚户区城中村项目，全面提升城市居住环境。实施村级综合楼改造提升工程，实施通村油路（水泥路）项目工程，全市行政村油路通畅率达91.8%，完成基本农田建设3.3万亩，新增、改善和恢复灌溉面积11.2万亩，建成美丽乡村示范点27个，城乡发展基础不断夯实，城市面貌日新月异。

5. 生态建设成效显著

早在2004年，贵阳就被联合国环境规划署确认为全球唯一的循环经济试点城市，2005年1月，贵阳市出台了《关于加快生态经济市建设的决定》，提出了以建设大贵阳为目标，以生态经济市为定位，以发展循环经济为途径，以森林城市为特点的总体发展思路。新时期以来，贵阳严格执行《贵阳市建设生态文明城市条例》，大力实施“护林、治水、净气、保土”工程，强力推进“创模”攻坚。近年来，贵阳实施石漠化治理17.2万亩，完成营造林24万亩，新增绿地103万平方米，森林覆盖率和建成区绿化覆盖率分别达44.2%、43.5%。加强水源保护和河流治理，

2007—2013年贵阳市空气污染指数和空气质量优良天数占比

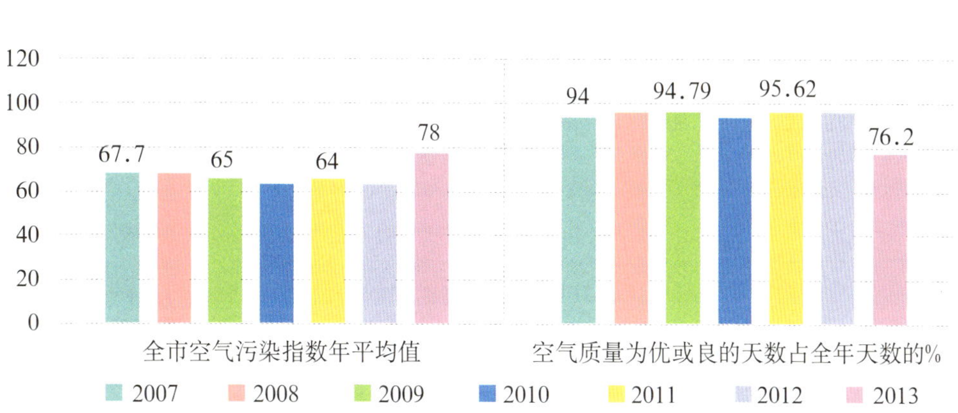

数据来源：贵阳市国民经济和社会发展统计公报

2007—2013 年贵阳市人均公共绿地面积（平方米）

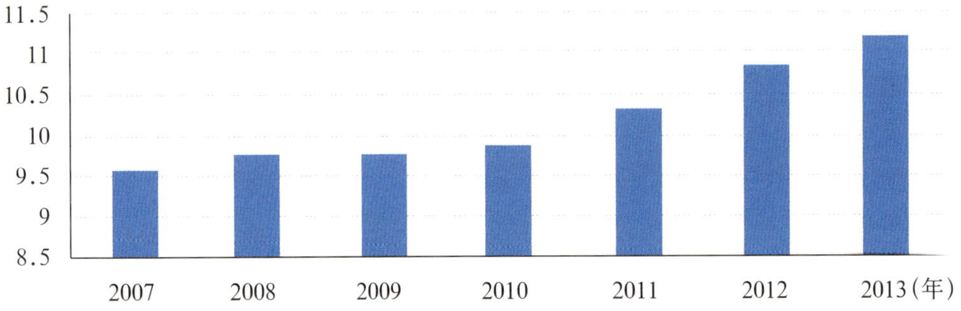

数据来源：贵阳市国民经济和社会发展统计公报

继续实施“两湖一库”“五大治理工程”，初步完成市区水环境综合治理一期工程，集中式饮用水源地水质逐年向好。开展空气质量治理“七大攻坚工程”，空气质量优良率达 76.2%（2013 年国家新标准）。大力推进节能减排和再生资源利用，淘汰落后产能 158.2 万吨，可再生能源建筑应用 272 万平方米。2012 年，国家发改委正式批复《贵阳建设全国生态文明示范城市规划》，贵阳生态文明建设进入新阶段，以后，生态文明贵阳会议升格为生态文明贵阳国际论坛，并成功举办 2013 年、2014 年年会。

6. 民生问题显著改善

十八大以来，贵阳市大力实施“六有民生”行动计划，教育、就业、劳动保障、卫生、养老、住房、治安等各项社会事业发展加快。城市居民人均可支配收入和农民人均纯收入不断提高，分别由“十五”期末的 9928 元、3135 元增加到 16597 元、5976 元，年均分别实际增长 7.9%、9.7%。文化、健康等服务性消费支出比重大幅提高。累计新增城镇就业 26.01 万人，实现城乡统筹就业 39.44 万人，52% 的社区成为充分就业社区，城镇登记失业率控制在 4% 以内。完善最低生活保障、就业困难群体就业援助、重特大疾病保障和救助等制度。健全并落实城乡最低生活保障标准与物价涨幅挂钩联动机制。开展城乡居民大病保险试点。制定完善保障性住房准入、使用、退出等机制，建立和推行惠民、廉价医疗和社会救助制度，实现惠民政策全覆盖，民生问题显著改善。

（二）贵阳经济社会发展进入新阶段

党的十八大以来，贵阳进入了全面建设小康社会的关键期、建设生态文明城市的纵深推进期，实施工业化、城镇化战略的加速期，推动经济社会跨越式发展的重要转型期，经济发展处于新一轮上升周期。创新成为引领发展转型的主导力量，科技进步推动产业升级不断加快，产业结构、消费结构不断升级，2013 年人均生产总值已超过 4000 美元，人民生活处于总体小康向全面小康迈进阶段，为进一步加强和创新社会管理奠定了坚实的物质基础。但是，贵阳实现经济全面协调可持续发展面临诸多问题，长期形成的结构性矛盾和粗放型增长方式尚未根本改变，经济社会发展中不平衡、不协调、不可持续问题依然突出，内外部不确定性因素增多，释放内需、转换引擎面临一系列体制性制约。

1. 经济增长进入“换挡期”

近年来，贵阳经济发展较快，实现了高速增长，“十一五”期间平均年增长在 14% 以上。但是，经济的增长主要得益于投资拉动，特别是基础设施建设和工业产能累积、大量廉价劳动力和土地供给以及能源产业的强劲发展。这种粗放型的增长方式，对土地、能源、劳动力等生产要素的依赖性比较大，有的增长甚至造成了一

2008—2013 年贵阳市城镇、农村居民人均收入（元）

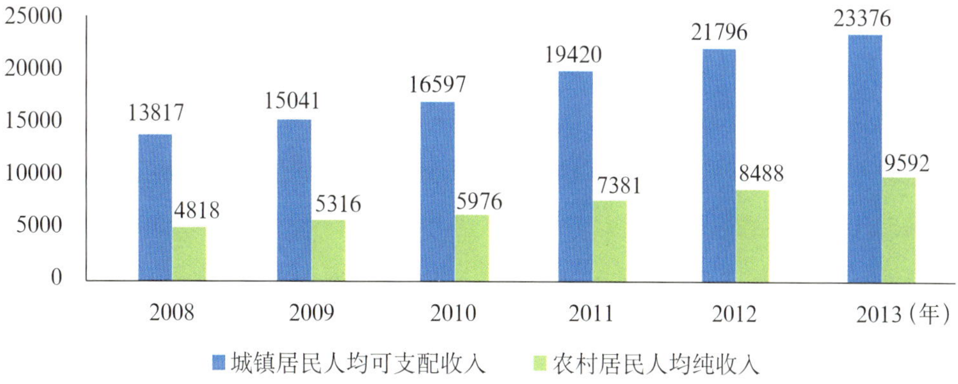

图表说明：2013 年全年贵阳市城乡居民人均可支配收入和人均纯收入分别为 23376 元和 9592 元，分别比 2012 年增长 10.0% 和 13.0%，与 2013 年 16% 的经济增长速度存在着很大差距。

资料来源：《2013 年贵阳市国民经济和社会发展统计公报》

定的环境污染，从某种程度上讲，这种发展模式是不可持续的。在这一背景下，加快发展方式转变已经成为当前贵阳实现经济持续发展的必由之路。转变发展方式，贵阳更加强调增长的质量和效益，更加注重生态资源保护，更加致力于经济持续健康发展。换句话说，贵阳的经济增长已经进入了“换挡期”，今后两位数的增长速度可能不会成为常态，潜在经济增长率将会出现一定程度下降，开始进入中高速增长的时代。

2. 经济发展进入“转型期”

经过 30 多年的快速发展，贵阳经济在需求结构、产业结构、地区结构和收入分配方面正在发生深刻变化：在产业结构上“由重到轻”，改变过于倚重工业拉动的格局，着力发展高新技术产业、现代装备制造业和现代服务业；在需求结构上“由外到内”，降低对外需的依赖，进一步扩大内需特别是居民消费需求；在地区结构上“由城到乡”，在市区率先发展的基础上，加快县域经济的发展；在收入分配差距上“由大到小”，在提高经济效率的同时，增加低收入群体收入，培育和扩大中产阶级。也就是说贵阳整体经济结构正在加快转型，特别是加快传统技术升级改造和产业结构调整，推进经济发展由高消耗、高污染、高投入、低产出、低附加值、低效益“三高三低”向低消耗、低污染、低投入、高产出、高附加值、高效益“三低三高”转变，实现初级产品向高、尖、精产品发展。但经济转型也不是一蹴而就，未来很长一段时间，经济转型将是贵阳市面临的重要任务。

3. 社会发展进入“矛盾凸显期”

随着贵阳经济社会的快速发展，人民生活水平不断提高，人们在追求幸福与个人发展方面也有了更多新的要求、新的期待。从国内其他地区发展经验来看，一个地区进入中等收入时期，往往也是社会各种矛盾显现的时期。贫富差距、就业压力、土地拆迁、贪污腐败等其他地区在这个时期出现过的问题，贵阳也正在或即将面临这些问题。这些问题如果解决不好，不仅关系到贵阳能否如期建成同步小康社会，而且关系到政府的执政能力，甚至会给社会稳定造成极大危害。在社会发展进入“矛盾凸显期”时，贵阳需要对社会发展规律进行新的探索，创新社会治理体系，提高执政水平，加快社会保障体系建设，加大扶贫力度，着力解决食品、药品安全和生态环保方面的突出问题，不断增强人民群众的幸福感和安全感。

4. 深化改革进入“攻坚期”

30 多年的改革开放，是贵阳经济社会持续健康发展的内在动力。当前，贵阳的内生经济社会结构发生了深刻变化，伴随市场化、工业化、全球化、城市化、信息化、网络化的快速发展，社会阶层结构、城乡结构、分配结构、人口结构、家庭结构、社会需求、社会认同也发生了新变化，呈现出新特点，一些体制机制上的深层次矛盾显现。改革已到深水区和攻坚期，必须以更大的政治勇气和智慧，坚决破除体制机制弊端，做好长远设计和总体规划，选准突破口，通过改革释放更多的发展潜能。

（三）贵阳市经济社会发展的机遇和挑战

1. 发展的机遇

一是生态文明建设机遇。2014 年 6 月，国家发改委等六部委批复了《贵州省生态文明先行示范区建设实施方案》（以下简称《方案》），要求国家有关部门要结合工作职能，指导贵州省生态文明先行示范区建设工作，在规划编制、政策实施、项目安排、体制创新等方面予以积极支持。《方案》从空间开发格局、产业结构调整、绿色循环低碳发展、生态系统和环境保护、培育生态文化、体制机制创新、保障措施等多个方面进行了安排部署。贵阳作为贵州省省会和全省的政治、经济、文化中心，可以充分利用贵州省建设生态文明先行示范区的机遇，加快建设全国生态文明示范城市。

二是转型发展的政策机遇。国家层面上，2012 年 12 月，国家发改委批复的《贵阳建设全国生态文明示范城市规划 (2012–2020 年)》，将贵阳定位为全国生态文明示范城市、创新城市发展试验区、城乡协调发展先行区和国际生态文明交流合作平台。省级层面上，2010 年，省政府制定下发了《关于支持贵阳市加快经济社会发展的意见》，要求各省直部门对贵阳简政放权，支持贵阳发展。贵阳将充分利用国家和省支持发展的机遇，加快产业转型升级和社会发展。

三是对外开放的合作机遇。2013 年 9 月 8 日，贵阳市人民政府与中关村科技园区管理委员签订了战略合作框架协议，拉开了建设中关村贵阳科技园的序幕。中关村贵阳科技园的建设为贵阳云计算、物联网、移动互联网、下一代互联网、大数据等新兴产业提供了良好的发展机遇，也将有力地推动传统产业结构的优化升级，提升现有产业的生产力。贵阳将借此机遇，凭借区位优势、交通优势和生态资源优势，调整产业结构，大力发展高新技术产业，促进产业结构的优化升级。

2. 面临的挑战

一是经济发展加快与资源环境约束加大并存。目前，贵阳综合经济实力和城市竞争力与全国先进地区省会城市相比还存在明显差距，城市基础设施仍较落后，城乡二元结构明显，城乡一体化任务艰巨，发展中不平衡、不协调、不可持续的问题凸显。地区之间、城乡之间的发展差距较大，社会经济发展不够协调，各种主要生产要素、资源环境约束与加快发展的矛盾仍然存在，面临诸多可以预见和难以预见的风险挑战。

二是社会问题集中凸显与社会管理手段相对滞后并存。贵阳作为省会城市，社会开放性日益增强，流动人口增长过快、特殊人群数量较多，新经济组织、新社会组织大量涌现，新兴媒体发展迅猛，贵阳社会结构和利益格局的不断变动使社会矛盾进入高发期，公共服务供求矛盾和不均衡的问题仍然突出，各种社会矛盾明显增多，特别是土地征收、房屋拆迁、水库移民、环境污染、劳动关系、医患纠纷、食品药品安全等方面的问题居高不下，信访和群体性事件总量仍在高位运行，一些地方社

《贵阳建设全国生态文明示范城市规划（2012—2020年）》关于产业体系的重点部署

项目	重点部署
生态工业	按照绿色发展、循环发展、低碳发展的理念，坚持走新型工业化道路，增强工业的核心竞争力和可持续发展能力。
信息技术产业	着力谋划和推动信息技术产业创新发展，重点发展三大产业集群，统筹发展服务外包、电子商务、物理信息服务等产业。
生态旅游业	提升“爽爽的贵阳”城市旅游品牌，努力建成国际知名、国内一流的旅游休闲度假胜地、旅游服务集散地和国际旅游城市。按照保护优先、合理开发的原则，科学规划建设山地户外体育旅游休闲基地和生态型多梯度高原运动训练示范基地。
现代服务业	大力发展会展、现代物流等服务业，建设重要的区域性物流中心、商贸中心、金融中心和夏季会展名城。
生态农业	不断优化农业产业结构，建立现代农业产业体系。着力建设农林业科技示范和山区现代农林业示范园区，实施“生态品牌”战略，支持生态农林产品创建品牌。
节能环保产业	加快发展高效节能、先进环保的技术装备及产品，努力将节能环保产业尽快培育成为新的经济增长点。

资料来源：根据《贵阳建设全国生态文明示范城市规划（2012—2020年）》综合整理

《贵阳建设全国生态文明示范城市规划（2012—2020年）》关于空间开发的重点部署

项目	重点部署
功能分区	高效集约发展区、生态农业发展区、生态修复和环境治理区、优良生态系统保护区。 高效集约发展区主要功能是集聚产业和人口，推进工业化、城镇化、信息化功能和带动经济社会发展。在生态农业发展区，农业作业区要强化基本农田保护，整合资源发展现代农业，提高土地利用效率。 采取措施对生态修复和环境治理区内的环境实施保护和修复，尤其注重环城林带、湿地、南明河等生态环境的保护。同时，对“两湖一库”等河湖水系、湿地公园等实行强制性保护，划入优良生态系统保护区。
城镇布局	分为中心城区、城市新区、中小城镇三个区域。 对中心城区，以“二环四路”城市带建设为突破口，疏老城、建新城，形成“一城三带多组团、山水林城相融合”的空间结构。 同时，根据城市总体规划，科学规划建设城市新区，确保城市整体协调，有序拓展城市发展空间。

资料来源：根据《贵阳建设全国生态文明示范城市规划（2012—2020年）》综合整理

会道德低下，一些人信仰缺失，虚拟社会发展迅速，各种社会矛盾触点多、燃点低、处理难的问题愈发突出。与此同时，政府“越位”和“缺位”现象并存，公共服务和社会管理不到位，观念、体制、机构、队伍等难以适应快速而深刻的社会变革需要。

三是群众需求多层次、多样化与社会保障体系不健全并存。随着经济社会的快速发展，群众需求呈现多层次、多方面、多样性趋势，公共产品、公共服务需求急剧增长，维护自身权益的要求更加强烈，对公平正义的期望更高，对幸福生活的期待更加强烈。但与此同时，贵阳的社会保障体系建设尚不健全，尤其是教育、就业、医疗、社保等民生问题还难以彻底解决，少数群众对社会竞争、生活压力、贫富差距等问题承受力较弱，对社会管理提出了新的要求。

二、贵阳社会建设和社会治理的新任务、新要求

加强社会建设、创新社会治理是维护社会和谐稳定的源头性、根本性、基础性工作。贵阳正处于快速发展期、社会转型期、利益调整期、矛盾凸显期，经济底子比较薄，社会治理欠账比较多，面临着既要“赶”又要“转”、既要“还”又要“增”的严峻挑战。与经济持续较快发展相比，加强和创新社会管理面临的任务艰巨繁重，需要付出长期的艰苦努力。2013 年，贵阳市委九届三次全会将“按照创新社会治理体制的要求，增强社会治理能力”作为贵阳市重点战略任务之一。对贵阳而言，面对新任务、新要求，必须抓住突出问题和关键环节，以完善社会治理体系为抓手，以推动社会治理能力现代化为目标，准确把握市情和人民群众的期待要求，善于把握新时期社会管理的规律特点，相互学习借鉴成功经验，进一步从源头上、实效上、基础上、根本上、环境上搞好社会管理，努力实现经济社会全面协调可持续发展。

（一）坚持以民生为根本，从源头上加强社会治理

民生是社会管理之基、和谐稳定之本。坚持民生优先，实现经济发展与改善民生同步提升，最大限度地增进民生福祉，既是衡量现代化实现程度的重要标志，也是现代化社会建设和社会治理的新任务、新要求。坚持民生为根本，就是要在有限的公共资源支配中，更多地用之于民，做到“民生投入优先保障，民生工程优先安排，

民生需求优先满足”，不断解决人民群众最关心的利益问题，让现代化建设的成果最大限度地惠及人民群众。对贵阳而言，任务更加紧迫。目前，贵阳市还有 449 个村未实现脱贫摘帽；提升城镇化率的质量和水平任务繁重，不容忽视；对教育和卫生领域投入总体还有不足；涉及民生的道路、安全饮水、交通等基础设施建设还需要进一步加大投入；城镇就业形势严峻，高校毕业生、失地农民、进城务工人员等就业群体逐年增多，与“用人单位岗位需求”的矛盾仍然突出；覆盖城乡居民的社会保障体系建设任务依然艰巨。解决这些问题，迫切需要构建社会治理体系，提升社会治理能力。这就要求我们在迈向现代化的征程中，统筹好经济发展和民生稳定，完善保障和改善民生的制度安排，加大财政投入，推动基本公共服务向老少边穷地区延伸、向农村人口和城市困难群众倾斜，不断改善民生，凝聚民心、集中民智、发挥民力，奋力走出一条西部欠发达城市经济发展与生态改善双赢的可持续发展之路，开创贵阳现代化建设新篇章。

（二）坚持以服务为核心，从实效上改进社会治理

社会管理归根到底是服务群众的工作。从根本上改进社会管理，就是要把服务作为社会管理的核心内容。只有坚持服务为先，寓管理于服务之中，才会得到理解、支持和参与。当前，贵阳市正处于社会转型期和矛盾凸显期，群体性事件多发易发，社会发展不稳定因素增多，人民群众的利益诉求和实现方式发生了深刻变化，对社会管理服务的需求日益多样，做好服务群众工作，显得十分急迫。

在服务群众方面，首要的是牢固树立管理就是服务的理念，坚决剔除抓管理就是管、卡、压、罚的错误观念和做法，以改善服务引领管理创新，促进控制型管理向服务型管理的转变，实现管理与服务的统一。要把群众满意不满意作为衡量和检验社会管理工作的根本标准，建立和完善社会服务管理综合平台，实行近距离、一站式、一条龙服务，简化办事程序、畅通服务渠道、完善便民措施，做到投诉必接、求助必应、困难必帮，以主动、周到的服务，吸引更多的群众主动配合社会管理、积极参与社会管理，大力促进社会管理服务的公平和均等。

具体来说，就是要注重方式方法的改进，一方面要转变工作理念，树立服务意识。要加强对各级管理人员、执法人员的教育管理，强化人本意识、服务意识、法治意识，坚持严格公正文明执法，切实做到尊重人、理解人、关心人、帮助人；另一方面转

变工作方式，提升服务能力。要善于做思想交流疏导工作，对不能满足群众意愿的事情要依照政策法规向群众解释清楚，力争得到群众的理解和支持，避免由于态度粗暴、政策解释不清而引发新的矛盾。同时，要创新体制机制，做好服务流动人口、服务特殊人群、服务“两新组织”的工作，完善社会管理的公开透明规范运行机制，方便社会监督，真诚接受监督，最大限度增强社会活力，最大限度增加和谐因素。

（三）坚持以基层为重点，从基础上夯实社会管理

做好社会管理工作，夯实基础至关重要。社会管理的基础在基层、重点在基层、难点在基层、希望也在基层。要牢固树立强基固本的思想，把领导的注意力和各方面精力更多地放在基层，着力提高基层的社会服务管理能力。

随着经济的快速发展，越来越多的“单位人”变成了“社会人”，社会生活的重心也由过去的单位逐渐向现在的社区转变。由于体制机制不顺、方式方法不活，导致一些基层组织“衙门化”倾向严重，社区很大程度上承担了政府的工作，成了政府的“腿”，这严重阻碍了社会治理体系的基层基础。

对贵阳而言，要以不断创新社区管理体制机制，使其成为凝聚人心、服务群众、

维护稳定、促进和谐的坚强战斗堡垒。一是着力在县、乡两级特别是乡镇（社区）统筹整合“条”“块”力量，把各部门、各行业在基层的力量和各类服务管理资源统一整合起来，形成平台共建、信息共享、资源共用的整体工作合力，真正把各项公共服务延伸到每家每户。二是把更多的人力、物力、财力投向乡镇（社区）和社区，把政府公共服务资源力量整合配置到基层，统筹解决好社区人员编制、工作经费、办公场所等问题，不断夯实基层基础工作。三是把乡镇（社区）的工作重点转移到加强社会管理和服务上来，全面推进乡镇（社区）和村社的社会管理服务机构的完善和职能强化。四是大力加强基层党组织建设，进一步理清和规范社区党组织、社区工作站、居委会、业主委员会、社区管理服务中心、社会组织等多种主体的职责和管理行为，积极推进基层党组织、基层群众自治组织、经济合作组织、综治维稳组织“四个全覆盖”。

（四）坚持以发展为支撑，从根本上推进社会治理

社会治理不但是个单一的社会领域的问题，更是个综合性问题。影响社会治理的因素包罗万象，政治、经济、社会、文化等领域的变迁或变化都会直接或间接对其产生影响。在影响社会治理的因素中，经济无疑是决定因素，经济发展的客观性决定了社会管理的动态性。

经济发展，对于贵阳加强社会治理体系建设尤其重要。只有坚持经济发展，才能增加贵阳的财富总量，增加政府掌握资源和配置资源的能力，才能提升政府提供公共服务的能力。另一方面，经济的增长，也意味着生产的扩大，市场的繁荣，分配到每个成员身上的平均财富也随之而增加，从而能更好地满足群众自我实现的需求资源。另外，经济增长可以给民众以良好的社会预期，一个期待着将来能改善自身状况的人，总是社会政治稳定的积极促进者。只有坚持以发展为支撑，才能为贵阳提供良好的社会环境，才能从根本上推进贵阳社会治理体系建设。

（五）坚持以生态为底线，从环境上保障社会治理

建设生态文明城市是当今世界城市发展的必由之路，顺应了城市发展的未来方向。一个城市好不好，不能只单一地看城市的经济指标，而要从社会发展的全盘来考虑，特别要考虑城市居民是否生活得幸福，把城市居民的生活幸福指数作为衡量

城市优劣的标准。生态文明是人类物质文明、政治文明、精神文明发展理念的重大进步。建设生态文明城市，创造良好的居住环境、人文环境和生产环境、生态环境，让市民生活得更加幸福，这是科学发展观“以人为本”的核心和本质要求，是人民群众的共同愿望，是社会治理的重要内容。

建设生态文明城市，对贵阳来说是一个全新的举措，涉及观念转变、产业转换、体制转轨和社会转型等多方面。观念转变，不是将生态文明建设简单等同于控制污染和恢复生态环境，而是要树立全新的生态发展理念。产业转换，就是要优化贵阳的经济结构，转变经济发展方式，大力发展现代服务业，要稳定形成三、二、一的产业结构，形成三次产业协调发展格局。体制转轨，就是要创新机制，建立严格高效的责任体系，以保障生态文明城市建设顺利推进。社会转型，就是要由工业文明向生态文明转型。这四个方面，既是贵阳建设生态文明城市的科学内涵，也是贵阳加强社会治理体系建设的重要内容。

三、贵阳社会治理体系发展的新经验、新启示

加强和创新社会管理，是推进党和国家事业，构建社会主义和谐社会，维护最广大人民根本利益，提高党的执政能力和巩固党的执政地位的必然要求。贵阳市是中央明确、全省唯一的全国社会管理创新综合试点城市，近年来，贵阳立足自身发展实际，不断探索和创新社会管理的方式方法和体制机制，取得了一定的成效。例如，贵阳不断探索城市管理体制改革，精简管理层级，实现领导体制扁平化。构建“一委一会一中心”组织架构，增强了社区服务、管理、凝聚、维稳功能；实行“一社多居”，强化了党组织的领导核心地位；推行“居政分离”，促使居民自治回归等。这些探索和实践做实做强了社区，奠定了区域化党建工作基础。

（一）贵阳基层社会治理创新背景

随着经济体制改革的不断深化和城市化进程的快速推进，贵阳城区规模扩大，城市人口增加，非公有制经济组织和社会组织迅速发展，城市管理中的问题不断显现，尤其是街道办事处、社区居委会的职能作用、保障水平和统筹能力等与面临的形势

任务很不适应。解决街道办事处“错位”、居委会“越位”、政府公共管理“缺位”，最根本的是创新基层治理体制。

1. 街道办事处与居委会职能不清

改革之前，贵阳很多街道办事处将主要精力用于抓经济、抓税收，忘了“主业”是服务百姓，没有很好地发挥服务、凝聚、管理、维稳功能，职能“错位”。居委会原本是群众自治组织，但在实际工作中，承担了大量由区和办事处安排的行政工作，变成了“准政府”，据不完全统计，居委会承担的政府职能部门安排的工作最多达200余项，“行政化”“衙门化”倾向使居委会自治功能不断弱化，职能“越位”。服务群众的工作基本上由市、区传给街道办，街道办布置给居委会，街道办实际上成了“传声筒”“二传手”。街道办有服务资源，但主要精力放在发展经济上，对服务群众、加强区域化党建工作“有力无心”；居委会掌握的服务资源少，对服务群众、推进区域化党建工作“有心无力”。

2. 居委会基本设施和配套滞后

居委会有人管事、但能人不多，有钱办事、但钱不够花，有场所议事、但功能不完善的现象长期存在，很大程度上制约了贵阳社会治理体系的建设。具体来讲，主要表现在以下三个方面：

一是人员素质不高。居委会岗位对人才缺乏吸引力，导致居委会人员文化素质偏低，年龄结构老化。有的退休人员把居委会作为赚取第二份收入的“增收岗位”，有的街道办事处把居委会作为安排下岗失业人员的“救急岗位”，有的干部把居委会作为照顾各种关系户的“人情岗位”。全市原有居委会“两委”成员中，50岁以上的占43.8%，中专（高中）及以下文化程度的占74.9%，机关企事业单位退休和下岗失业人员的占39.8%。

二是经费投入不足。居委会工作者生活补贴标准每月300元至600元，工作运转经费没有稳定的来源，最少的每月仅100元左右，多的也不过1000元左右；居委会在开展公益事业方面缺少必要的经费保障。

三是活动场所不够。居委会办公服务场所面积普遍狭小、功能不全。全市居委会办公服务场所面积在90平方米以下的有221个，占48.5%，而且主要集中在中心城区。

3. 缺乏有效的统筹协调机制

社区党组织凝聚力不强，活动方式单一，习惯于传统的工作方法，组织活动考虑党员实际需求不够，对社区党员和群众缺乏吸引力。社区党建工作覆盖面不广，对非公有制经济组织和社会组织党组织、流动党员的管理乏力。社区党建资源不足，对区域内其他党组织缺乏影响力、带动力、辐射力，工作表面上热闹，实际上战斗力不强。社区协调共建机制不健全，与驻区单位党组织缺乏沟通和联系，主导作用发挥不充分，社区单位参与不积极，不能有效整合社区资源，开展共驻共建，增加了管理成本的同时也降低了服务的效能。

这些问题的存在与现行的街道、居委会两级管理体制密切相关。把加强城市基层社会管理、提高服务水平、推进区域化党建的着力点放在街道或居委会，任务都不能完全“落地”，许多工作往往“有名无实”。在原有体制下，推进有人管事、有钱办事、有场所议事，构建区域化党建格局，也只能是低水平的“三有一化”。因此，创新城市基层社会管理，解决街道办事处“错位”、居委会“越位”、政府公共管理“缺位”问题，是大势所趋。

（二）贵阳市基层管理体制改革破题

2010 年 2 月，贵阳在小河区、金阳新区开展了城市基层管理体制改革试点工作，积极探索加强城市基层社会建设和管理的有效办法，大力推进城市基层区域化党建工作。经过近一年的探索，2011 年 2 月，贵阳市委决定将试点工作推向全市，小河区、金阳新区全面推开，其他 9 个区（市、县）各选择一个街道或县城所在地开展试点。目前，已撤销街道办事处 10 个，组建新型社区 31 个。改革试点以精简管理层级，推进城市基层管理体制“扁平化”为着力点，以“四个纳入”为主要措施，创新城市基层管理体制和运行机制，推动人力、财力、物力及公共管理和服务资源向社区聚集，推进城市基层社会管理资源再分配，利益再调整，流程再造，构建社会管理新格局。

1. 创新城市基层管理体制

一是管理层级从“四级管理”变成“三级管理”。如何才能让管理、服务“一竿子插到底”，真正落实到群众中？贵阳把管理体制“扁平化”作为提高城市基层管理水平的有效措施。在改革试点中，从直接面对群众的层级入手，撤销了街道办事处一级，设立社区服务中心。社区服务中心履行“服务群众、凝聚人心、优化管理、维护稳定”四项工作职责，直接面对群众提供公共管理服务。变“市—区—街道办事处—居委会”四级管理为“市—区—社区”三级管理，实行“区直管社区”，减少了中间管理层级。改革试点直接触及城市基层管理体制，在改革上更加直接和彻底，真正实现了管理体制扁平化。通过管理层级的改革，更有效地整合人力、财力、物力资源向社区聚集，壮大基层力量，做实做强社区，夯实基层基础，更好地为社区居民群众服务。

二是管理机构实行“一委一会一中心”。在改革试点中，贵阳通过创新组织构架，完善社区治理结构，形成以社区党组织为核心、辖区党组织为基础、驻区单位党组织共同参与的区域化党建工作格局。改革的主要思路主要有以下三点：

“一委”，即社区党委。选聘社区内有影响力的驻区单位党组织负责人兼任社区党委副书记或委员，将辖区内居委会（小区）党组织、楼栋党组织、非公有制经济组织和社会组织党组织、流动党员党组织纳入管理范围。同时，对工青妇等群团组织实施统一领导，加强对社区居民自治组织的领导。对区职能部门下派的人员实行“双重管理”，服务中心人员在社区党委的直接领导下开展工作。社区党委书记和社区服务中心主任通过“公推直选”方式产生。2010 年 5 月至 6 月，采取个人自荐、党员群众联名举荐、组织推荐的方式产生报名人选，通过差额推荐、差额票决、差额考察，分别召开社区党员大会和社区居民代表大会，差额直接选举产生了社区党委书记和社区服务中心主任。6 个社区党委书记、社区服务中心主任直选大会，党员、居民代表平均到会率分别达到 97%、91.5%。广大市民对公推直选“当家人”做法拍手称赞。

“一会”即居民议事会。是居民议事会在社区党委领导下，代表居民群众和驻区单位对社区的各项事务进行民主协商、民主管理、民主监督，负责收集来自各方面的意见建议、讨论社区建设和管理事项、引导群众自觉参与社区事务、监督社区服务中心的工作。议事员就像社区的眼睛和耳朵，把居民需要解决的问题收集起来，带到议事会，大家共同出主意、想办法。这种方法搭建了平台、畅通了民意。

“一中心”，即社区服务中心。社区服务中心是政府在社区实施服务和管理的平台，将区政府及相关职能部门对居民的事务性社会管理和公共服务直接延伸到社区；将原来由街道办事处承担的民政、计生、卫生等各类事务性管理职能划转社区服务中心，采取直接管理或派员进驻社区服务中心的方式开展工作；将原来居委会

承担的行政职能“剥离”出来，由社区服务中心承担。改革之后，社区党委和社区服务中心不再承担经济工作职责，能够更好地为居民群众服务。

三是从“一社一居”到“一社多居”。如何让新型社区拥有更多资源，更专注于服务群众？贵阳在改革试点区域，以地域面积和服务半径为主要依据，同时兼顾人口数量、治安管理、公共服务资源配置等因素，重新划定社区管理服务范围，每个社区地域面积 2 平方 –3 平方公里，人口数量 2 万 –4 万人。改革“一社一居”设置方式，在一个社区管理服务范围内设置 3–4 个居委会。这样的社区划分，与原来的街道办事处相比，更贴近居民群众，更专注便民利民；与原来的居委会相比，拥有更多的资源和较强的统筹能力。同时，将社区服务中心纳入事业编制序列，将社区经费纳入区级财政预算，将社区建设纳入城市建设规划，全方位为社区居民提供服务，最大限度地满足了社区居民的需求。

四是居民委员会回归居民自治。居委会协助社区服务中心开展工作，不承担行政管理性事务。按照有关法律法规开展精神文明建设、办理公益服务事业、推动社区志愿服务以及开展群防群治、调解民间纠纷等自治活动，组织居民群众对社区服务中心及工作人员工作开展情况和驻区单位参与社区建设情况进行民主评议和监督。

居委会工作人员采取自愿服务，政府不再按人头发放补贴，对政府需要居委会协助完成的工作，通过“政府购买服务”的方式，兑现工作经费，实现“费随事转”“养事不养人”。

五是创新“三会一评”的工作方法。“三会一评”中的“三会”指的是“意见收集会”倾听民声、“议题讨论会”汇聚民智、“议事决策会”兑现民愿；“一评”是指“群众评议”接受民评。新型社区以“三会一评”为载体，按照“社区居民提议、议事会讨论形成建议、社区党委讨论决策并执行、成效接受群众评议”的“四步工作法”，实现方便居民、操作简单、效果直接的城市基层民主决策、民主管理、民主监督，引导社区居民有序参与社会管理，激发了社区群众的主人翁精神，积极投入建设、参与管理，有效解决了与居民群众生活密切相关的实际问题，得到了广大党员群众的认可和肯定，增强了社区的感召力和影响力。

2013 年 2 月初，贵阳市委在认真总结前两年试点的基础上，决定于 2013 年上半年撤销全市剩余的 39 个街道办事处，设立新型社区，这标志着贵阳市的街道办事处正式退出历史舞台。

2. 创新城市社会治安防控体系

贵阳开展“两严一降”专项行动，逐步探索建立城市立体化的社会治安防控体系，保障群众生命财产安全。

一是做到“十个一”。即召开一次动员会，把“两严一降”的部署贯彻到全市末梢；建立一本台账，查清存在的主要问题和防范的重点区域；签订一个责任书，确保级级有责任、层层抓落实；带头帮扶一个重点区域，解决案件高发多发区域的实际问题；召开一次居委会的会议，深入研究如何发挥其在群防群治工作中的基础性作用；解决一批基层公安干警的工作、生活困难，为他们解除后顾之忧；分析一个降低发案的主要规律，提出切实可行的解决方案；投入一笔专项资金，确保钱花在刀刃上；制订一个宣传方案，形成强大的宣传合力；总结形成一套“两严一降”的长效机制，切实提升工作水平。

二是全警出动巡逻布控。市、区两级巡逻警、交警在两城区主干道、广场、中小学校等重点区域开展巡逻；200 台 GPS 巡逻警车，在城区主干道开展持续不断地巡逻防范；特（巡）警、军警、民兵预备役部队联合巡逻防控，在全市各主要进出城口设立 62 个武装口卡、33 个检查站点，加强夜间进出城可疑车辆、人员以及出城出租车的盘查检查工作；市公安局机关单位、业务部门投入警力每周定时叠加到各社区巡逻工作中。

三是全民参与平安建设。贵阳平安工程重在以民为本，全民参与。一方面，在普通居民中招聘兼职禁毒协管员、流动人口协管员，推出综治“三长”新机制（楼长、院长、居民小组组长）等，充分调动广大群众积极参与社会治安综合治理。另一方面，将志愿者巡逻队员、居民楼长、社区服务中心工作人员、小区保安、商铺营业员、环卫工人、出租车司机等加入到治安防控工作中、加入到守护平安的第一线，使社会治安防控体系的“民防网”变得又牢又密。

四是全面铺开科技防控。截至2013年年底，贵阳已累计建设视频监控点1.9万个、报警点1530个，安装“平安E家”报警电话15万余台，建成联网报警平台62个；安装和更换防盗门近7万扇，超过60%的老旧居民楼安装了单元防盗门；为住户更换超B级防盗锁芯1.7万个，技防、人防工作已全面铺开。

经过多年的努力，贵阳市城市基层管理体制改革取得了初步成效，得到了试点辖区内广大党员群众的欢迎和好评。2012年1月，贵阳在试点社区开展问卷调查，随机发放调查问卷4968份，对新型社区“开展便民利民服务情况”“社区党组织和党员作用发挥情况”“社区社会建设和社会管理情况”及“社区社会治安综合治理情况”进行民意调查，结果显示“好和较好”的分别占97.1%、96.7%、96.8%和95.7%，分别比2010年试点调查结果提高4.2%、4.69%、4%和6.2%。

（三）贵阳社会治理体系发展的新启示

贵阳在创新社会治理体系方面的实践取得了显著成效。从贵阳的实践中可以看出，在推进城市基层管理体制改革过程中，重点就是要不断强化社区党委的领导核心作用，强化居委会自治功能，强化社区管理服务机构的服务功能，切实维护好社区和谐稳定。

1. 党组织“发力”

强化社区党组织的领导核心作用，既要抓好党组织自身建设，选优配强社区党组织领导班子，加强对社区党建工作的领导、指导、支持和保障，为社区党组织发挥领导核心作用夯实基础，同时也要正确处理社区党组织与其他组织的关系。一方面，要正确处理社区党组织与社区服务中心、居委会以及其他各类组织的关系，加强社区党组织对其他各类组织的领导。另一方面，要正确处理社区党组织与区域内机关企事业单位基层党组织、非公有制经济组织和社会组织党组织的关系，积极构建区域化党建格局。

2. 居委会“给力”

强化居委会自治功能，让居委会“办自己该办的事”、扩大基层民主，是各地推进社区管理体制改革的重要目标指向之一。深化社区管理体制改革，必须有利于居委会不断强化自我教育、自我管理、自我服务、自我监督功能。在改革过程中，一方面要建立健全有利于居委会依法实行居民自治的体制机制，另一方面要教育引导居民群众增强自治意识，积极参与民主实践，不断提高自治水平。要以规范选举程序、发扬民主为重点，推进民主选举；以居民议事会、协商会、听证会为重点，推进民主决策；以自我教育、自我管理、自我服务为重点，推进民主管理；以居务公开、民主评议为重点，推进民主监督，使居委会真正成为居民群众的“代言人”。

3. 群众服务“有力”

为居民群众提供优质服务始终是街道社区工作的根本出发点和落脚点。在运行过程中，要合理确定服务半径，科学设置服务内容，完善服务设施，拓宽服务领域，改进服务手段，提高服务质量，打造服务品牌，努力实现服务效益最大化。在发挥社区管理服务机构公共管理和公共服务职能的同时，还要注重发挥居委会“兜底”服务、志愿者志愿服务、各类市场主体市场服务的作用，形成管理服务合理，满足居民群众多层次、多样化的服务需求。

4. 社会维稳“尽力”

牢固树立维护稳定“第一责任”的理念，认真落实守土有责、守土尽责的要求，切实筑牢维护城市基层和谐稳定的坚固防线。要建立定期排查和经常走访制度，及时掌握辖区情况，对影响稳定的隐患早发现、早排除，对暴露出的矛盾和问题早化解、早处理。组织动员群众深入开展社区治安群防群治，健全社区维稳工作网络和突发事件应急处理机制。广泛开展平安社区等创建活动，加强法制宣传和安全教育，引导居民理性表达诉求，自觉依法办事，妥善处理利益纠纷。社区管理体制改革必然涉及利益调整，在推进改革的过程中，要掌握好改革的力度和社会可承受度，广泛听取群众意见，加强调研论证，积极稳妥推进。要制订有针对性的维稳预案，健全风险评估机制，全面掌握街道、社区居委会干部思想动态，做好宣传教育和思想引导工作，使社区管理体制改革有序可控、顺利推进，确保社会和谐稳定，为经济社会又好又快发展营造良好社会环境。

Part 3

Strategy of the social governance system and governance capacity development of Guiyang

贵阳社会治理体系和社会治理能力发展思路 >

当前，贵阳处在一个经济发展与结构转型并行的特殊时期。快速发展的经济，带动了贵阳社会结构的变化，社会中的基本要素开始分化、重组，而这就使利益关系发生了改变，由利益关系调整引发的社会矛盾日益增多。一段时间以来，贵阳社会矛盾触点多、燃点低、处理难的现象愈发突出。尤其是涉及土地征收、房屋拆迁、水库移民、环境污染、劳动关系、医患纠纷、食品药品安全等方面，信访和群体性事件总量仍居高位。同时，群众对公共产品、公共服务的需求呈现出多层次、多样性的趋势，并更加注重维护自身权益，更加渴望公平正义，更加期待幸福生活。所有这些都对贵阳社会治理工作提出了新的要求。

面对新形势新要求，贵阳坚持以群众工作统筹社会治理，充分发挥职能部门“统筹、协调、督促、指导”的职能，通过创新思路理念、改革体制机制、改进办法措施，进一步加强顶层设计、夯实基层基础，充分调动社会组织、经济组织和广大群众参与社会治理的积极性，形成社会治理的强大合力，切实推进社会治理体系和治理能力现代化。

一、抓好一个主题，找准社会治理体系的突破口

近几年，贵阳加大了社会治安的投入力度，社会秩序总体趋好，群众的安全感逐年上升。但是，以“两抢一盗”为主的侵财性案件仍呈高发、易发态势，特别是最近发生的几起恶性伤害案件，加上网络上一些夸大事实的言论，引发不少市民对社会治安状况的担忧。因此，贵阳把进一步加强社会治安防范和社会治理创新作为重点任务。具体而言，就是以提高人民群众安全感为根本目标，抓住“两严一降”这个主题，找准社会治理体系的突破口，以民意引导警务，做好“严打”和“严防”工作，从根本上降低刑事发案率。

（一）抓好“严打”和“严防”工作

“严打”作为一种短平快的“治标”手段，能够迅速集中优势力量，稳准狠地重拳出击，在较短时间内显著改善治安状况，非常必要、非常有效。而“严防”作为一种根本性的“治本”手段，能够破坏案件滋生的土壤，在长期来看更能够持续

地改善社会治安、改良社会风气。因此，贵阳统筹推进“严打”和“严防”，通过“治标”为“治本”赢得时间，通过“治本”为“治标”创造空间，最终达到社会治理“治本”的目的。

1. 精准出击“打”出声威

贵阳切实加强对全市刑事打击工作的管理、统揽、指导、督促、协调，在原有精准研判、专业打击的模式基础上，整合“天网”工程视频资源，形成新的刑侦、技侦、网安、视频、情报信息“五位一体”的情报研判打击模式，并积极推进卡口、电子围栏、视频监控、车辆、手机、网络等轨迹信息，拓展“多轨合一”的技战法，实现对多发性侵财犯罪、地域性职业犯罪的体系化、规模化打击。针对严重影响人民群众安全感的高发类案件和团伙作案，推行重点侵财类案项目管理机制，实行“五个一”（即一个领导、一个专班、一套方案、一支队伍、一抓到底）专项督导打击。

2. 重点整治“防”出效果

贵阳分类梳理治安乱点、复杂区域、治安隐患、薄弱环节，按照“一个乱点、一个领导、一个班子、一个方案、一套措施、一抓到底”的“六个一”工作要求，组织开展集中清查整治、集中打击等专项整治行动。对楼群院落、停车场、集贸市场等“十大”防范重点区域，加强守护，建立完善基础治安台账。依托情报信息研判，深化进攻性盘查机制，量化对特警、巡警、交警、社区民警每日盘查和信息采集等指标，切实做到“三定”（规定巡逻盘查量、规定标准动作、规定战果指标），使巡逻防控向专业化、职业化和精细化方向发展。实行人防、技防相结合，组建社区巡防队伍，

“五个一”专项督导

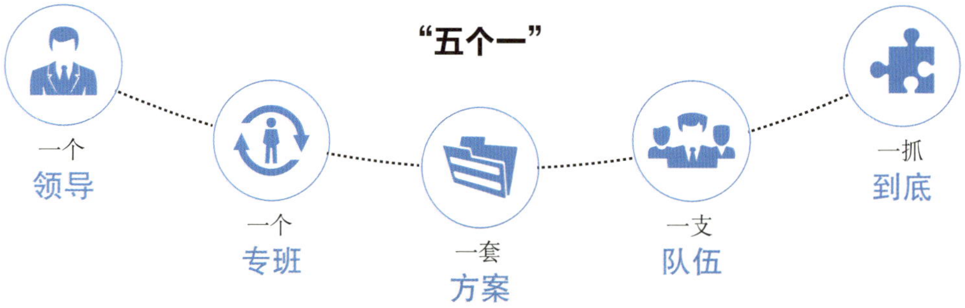

对小区实行封闭管理，利用高清探头，“平安 E 家”防盗报警电话、超 B 级防盗锁芯等科技手段，最大限度消除犯罪土壤，挤压违法犯罪空间。

（二）做好“一降”工作，打造平安贵阳升级版

把平安贵阳升级版的核心指标定为“一降”，即降低刑事案件发案率。针对严峻的治安形势和复杂的深层次问题，贵阳坚持树立问题导向，正视客观存在的突出问题，注重运用法治思维和法治方式分析研究社会治安问题，把“降低刑事案件发案率”作为建设平安贵阳升级版的核心指标和主要突破口，调动各种资源，集中各种力量，在全市开展“两严一降”专项斗争，倒逼各级各部门竭力完成这个目标任务。

做好“一降”工作，强调“书记抓、抓书记”。书记抓，就是各市区、部门书记亲自把社会治安工作抓在手上，亲自安排部署、亲自督促推动，随时掌握发案情况，及时分析研判，带头帮扶治安重点区域，并建立起一套流动人口登记和动态管理制度。抓书记，就是把社会治安工作的责任落实到各级党委书记的肩上，市委书记与各区（市、县）委书记、区（市、县）委书记与乡（镇、社区）党委书记层层签订责任书，牢固树立社会治安是书记“主业”的意识，明确各级书记为第一责任人，健全工作责任体系。

二、整合两大资源，夯实社会治理体系的着力点

社会治理是限制和激励个人和组织的规则、制度和实践的框架，它不局限于政府，还包括各类社会组织等其他主体。所以，在加强和创新社会治理体系建设过程中，贵阳科学整合调配政府和社会两大资源，夯实社会治理体系的着力点，正确发挥好政府“指挥”与社会“合唱”的关系，推进社会治理，促进全市社会长治久安。

（一）发挥政府作用，强化社会治理统筹协调

发挥政府作用就是通过强化顶层设计和系统谋划，进一步加强组织领导，从而切实履行党委统筹、协调、督促、指导社会管理和群众工作的职能，开创社会管理和群众工作的新局面。政府主要做好四个方面的工作：

1. 加强统筹协调

贵阳成立了整体推进社会管理创新工作领导小组，由市委、市政府主要领导担任领导小组组长。在领导分工上，专门明确市委专职副书记和一名市政府副市长分管社会建设工作。不断完善群众工作机制，进一步增强党委群众工作委员会（社会建设工作委员会、社会建设工作办公室）统筹协调能力，充分发挥“统揽全局、协调各方”的作用。建立党委专题会议制度，研究社会治理形势，制定社会治理政策，统筹推进各项工作。

2. 加强整体推进

建立市委群众工作委员会和市群众工作中心，做好社会管理和群众工作的重要政策措施的审核把关工作，提高政策措施的系统性、针对性、可行性、实效性；针对基层工作的重点问题、广大群众反映强烈的热点问题、社会管理的难点问题，深入开展课题研究；加强理论宣传、新闻宣传、社会宣传、网络宣传，着力培育一批先进典型，实现重点突破、整体推进、全面提高。

3. 加强规范建设

健全民主决策机制，坚持问政于民、问需于民、问计于民，提高决策的科学化水平。加强对社会规范建设的指导，推进行业规范、社会组织章程、村规民约、社区公约建设，充分发挥社会规范在调整成员关系、约束成员行为、保障成员利益等方面的作用，通过自律、他律、互律使公民、法人和其他组织的行为符合社会共同行为准则。认真总结社会管理的成功经验，并结合实际上升为制度、政府规章和地方性法规，推动社会管理走上法治化、规范化轨道。

4. 加强督查考核

结合社会治理工作的实际，完善《贵阳市社会管理工作目标考核办法》，逐步建立以群众满意度为主要内容的公众评价指标体系，加大群众安全感和幸福感的权重，增强考核的科学性、针对性、操作性，充分调动各级各部门的积极性和创造性。进一步加大社会管理和群众工作在全市综合目标考核中的权重，构建多元评价主体，完善考核评价方式，完善社会管理和群众工作统计指标监测体系，加强对社会建设与社会管理的专项统计分析，为深入推进社会管理工作提供参考依据。

（二）推进社会协同，激发社会治理工作合力

社会治理的核心是实现政府和社会组织等多元主体的共治。着力推进社会协同创新，激发社会治理工作合力，是加强社会治理体系建设的根本方法。针对政府长期以来唱“独角戏”的做法，贵阳市积极引导社会力量采取多种形式有序参与，努力形成“党委领导、政府负责、社会协同、公众参与”的社会治理工作格局。

1. 充分发挥人民团体作用

推动建立区域性、行业性工会，深入开展“和谐劳动关系企业”创建活动，推动企业建立健全工资共决机制、支付保障机制，提高工资集体协商合同签订率。推动区域化团建工作，实现团组织和青年工作全覆盖；以“爱在社区学雷锋志愿服务站”为载体，开展形式多样的志愿服务活动，打造“青春志愿者之城”。推动“妇女之家”阵地和“幸福万家”网络平台发挥作用，做好农村留守儿童、留守妇女关爱帮扶工作。

2. 充分发挥社会组织作用

加大在非公有制经济组织和社会组织建立党组织和工会、共青团、妇联等群众组织的力度，实现党群组织和党群工作全覆盖。推动非公有制经济组织抓好员工管理服务，抓好劳动保障相关法律和政策的落实，维护职工权益，促进内部关系和谐。探索建立社会组织孵化基地，加大民办教育、医疗、养老、托幼等社会组织的培育支持力度。搭建社会组织、经济组织和政府部门三方沟通平台，细化政府向社会组织购买服务的办法和目录，规范政府购买服务的方式、标准和程序，推动政府社会管理和公共服务职能向社会组织转移。

3. 充分发挥村（居）委会作用

积极探索城乡居民自我管理、自我服务、自我教育、自我监督的新途径和新方式，切实做到民事民议、民事民办、民事民管。不断创新村（居）民委员会的运行机制，确保村（居）民委员会有效开展宣传教育群众、维护居民利益、促进和谐稳定、收集社情民意、开展监督活动等自治职责。加强村（居）委会人才队伍建设，把能力较强、乐于奉献、群众信任的优秀人才选进村（居）组织。

4. 充分发挥群众参与作用

全面落实《贵阳市公众参与社会管理办法（试行）》，激发公众参与热情，完善公众参与机制，培养公众参与能力，创造公众参与条件，推动公众与党委政府在社会事务中良性互动，共担责任。充分发挥群众工作志愿者的带头作用，带动和引导广大群众树立崇尚科学、勤劳致富、尊老爱幼、邻里和睦、诚信守法的社会风尚，促进社会文明进步。

三、坚持“三管齐下”，筑牢社会治理体系的安全阀

习近平总书记曾强调：“社会治理要坚持治本与治标相结合。”对贵阳而言，就是一方面要始终坚持“关口前移、源头治理”的工作思路，一方面加大预防和化解矛盾纠纷的工作力度，尤其要注重流动人口、特殊人群、困难群体的管理服务工作，坚持“三管齐下”，着力排查化解三类人群的生产生活问题，把矛盾纠纷存量降到最低，筑牢社会治理体系的安全阀。

（一）开展“大排查”，抓好流动人口服务管理

流动人口是一个特殊的社会群体，是市场经济条件下工业化、城市化和经济一体化发展到一定程度的产物，流动人口增多是经济社会发展到一定阶段的必然趋势。据调查资料显示，目前贵阳市动态流动人口约有154万左右，占到贵阳市总人口的1/3。这些流动人口来源广泛，居住环境差，从事行业多样，文化程度相对较低，在为贵阳的建设和发展提供了丰富劳动力资源的同时，也给城市治理带来了巨大的压力。流动人口服务管理工作已经成为贵阳市当前一项艰巨复杂的工作，需要认真对待、合理引导、完善管理。

1. 把好“三关”

一是把好底数关。深入到社区，特别是深入到棚户区、城中村、城郊接合部等区域，认真调查，掌握实情，全面掌握流动人口的数量、结构、分布、职业等情况，更好地解决流动人口底数不清的问题。

二是把好管理关。坚持“谁出租谁负责，谁经营谁负责，谁用工谁负责”的管理原则，明确用工单位、房屋出租户在流动人口计生服务管理中的责任，层层签订责任书。

三是把好宣传关。通过广播、网络、墙报、标语、宣传单等形式大力宣传，使流动人口懂得并切实履行办证、验证、落实节育措施、开展孕情监测等义务。

2. 做好“三管”

一是做好以房管人。建立健全租赁房屋登记备案制度。房地产管理部门和公安部门严格出租房屋登记备案，提供基础性信息数据。公安机关定期对出租房屋的租住人员登记报送、消防安全和治安防范进行监督检查。

二是做好以证管人。建立健全居住证制度，以居住证为依托统筹流动人口现住地的登记管理、就业创业、子女就学、计划生育、社会保障等公共服务，不断扩大流动人口享受政府提供的公共服务项目。

三是做好以业管人。对雇用留宿外来人员的企事业单位、个体工商户、商场、成建制务工队伍、教育培训机构等社会单位以及具备住宿条件的公共娱乐服务场所，督促单位负责人和雇主业主建立治安管理组织和暂住人口管理员，负责雇用留宿人员的登记报送工作。

3. 实现“三有”

一是实现流动有序。逐步建立和完善城乡一体的劳动力市场，合理引导劳动力流向。流入地和流出地要加强配合，及时发布劳务输出、输入的相关信息，并做好农村外出劳动力的登记、维权工作。严格规范各类劳务中介组织的经营服务活动，坚决取缔非法的劳务中介组织，打击蒙骗、坑害外来劳动者的行为。通过合理引导，促进农村富余劳动力的有序流动，减小其流动的盲目性。

二是实现管理有法。流动人口涉及社会治安、劳动就业、计划生育、环境卫生、人口素质等多方面问题，需要相关部门协调解决。因此，有关职能部门建立健全流动人口的管理服务机构，做到既各司其职、各尽所能，又通力协作、形成合力，共同做好流动人口的管理服务工作。

三是实现服务有效。充分利用流动人口管理平台，宣传法制、计生、卫生知识和市民守则，提供劳动就业信息，集中办理暂住证、务工证、健康证和计划生育验证等事务。同时，进一步抓好流动人口的专管员、协管员队伍建设，并加强队伍的教育、培训和管理工作，提高其整体素质和工作能力，使之协助相关部门做好流动人口治安管理、劳动就业、计划生育等各项管理服务工作。

（二）开展“大收戒”，加强对吸毒人员的服务管理

目前，贵阳毒情形势十分严重，据统计，截至 2012 年 12 月 31 日，贵阳市登记在册吸毒人员总数近 2 万人（其中 70%的吸毒人员集中在南明、云岩两城区），人数较 2011 年增加了 10%，且多为吸毒成瘾人员，吸毒人员总数居全省第一。 吸毒人员耗费了大量国家财产，有关部门估算，贵阳市吸毒人员每天吸食毒品耗资 82 万元，每月达 2650 万元，每年至少耗费 2.9 亿元。很多吸毒人员由于无法长期负担高额的吸毒费用，往往采取偷、抢、骗以及卖淫等各种手段筹集毒资，成为社会治安的一大隐患。为此，贵阳加强对吸毒人员的管理，有效遏制毒品违法犯罪的蔓延。

1. 强化“四个依托”

一是依托社区。充分发挥社区民警人熟、地熟、情况熟的优势，严格掌控吸毒人员，从源头上加强对吸毒人员管理。二是依托群众。有效调动人民群众积极参与禁毒工作，

群策群力，从根本上解决对吸毒人员掌控不准、去向不明、吸戒毒病史不清的问题。三是依托基层组织。深入辖区、场所、家庭，积极主动地发现吸毒人员，切实搞清弄实吸毒人员，做到人人见面，逐一排查，做好登记，从基础工作上筑起一道防范的屏障。四是依托部门联动。政府主导、公安牵头、部门联动，明确各禁毒成员单位职责，公安机关要发挥主力军作用，广泛深入发动，充分调动各禁毒成员单位的积极参与，形成齐抓互动的管理格局。

2. 建立“四大机制”

一是建立规范管控机制。对吸毒人员的个人信息资料、初次被查获吸毒的时间、强制戒毒、复吸送劳教戒毒的时间、次数、每次尿检依据、结果及跟踪帮教谈话记录，季度和年度考核等资料登记在册，确定专人负责，采取网络化管理手段，全面加强对吸毒人员的信息化管控，有效防止失控漏管。二是建立常态化管理机制。对吸毒人员采取定期与不定期的谈话见面，全面了解掌握或进行尿检掌控，及时发现复吸毒人员情况，并采取积极有效的措施进行处理。三是建立互联互动协作机制。对吸毒、贩毒人员，加大管理力度，加强信息收集，掌握活动地点及规律，与异地公安机关建立互动协作平台，加强联系，将其纳入工作视线，努力实现“吸毒人员行千里，跟踪帮控不断线”的目标。四是建立心理健康咨询机制。对收戒人员在戒毒所，初吸和复吸毒人员在社区戒毒（康复）中心分别建立心理健康咨询机制，聘请心理健康咨询师辅导，针对不同吸毒人员的心理特点，开展有效的心理健康咨询服务，并坚持制度化、规范化、常态化，促进吸毒人员恢复心理健康。

3. 做到“四个坚持”

一是坚持以人为本。加大对群众的宣传力度，改变对吸毒人员“违法者”的歧视，以及家庭地位和社会定位，从违法人员、病人、受害者三个方面下功夫，营造对吸毒人员包容关爱的社会氛围，为吸毒人员回归社会铺平道路。二是坚持帮教优先。将吸毒人员帮教工作作为公益事业来抓，鼓励社会募捐，设立帮教基金，来解决生活十分困难的吸毒人员，同时，将生活特别困难的吸毒人员列为社会低保对象进行救助，使他们真正感受到社会的温暖。三是坚持疏堵结合。采取打防结合，标本兼治，重在治本上下功夫，把吸毒、贩毒人员管理责任分解落实到相关部门、单位、社区，建立互联互通机制，截流堵源，形成疏堵结合的管理模式。四是坚持综合治理。坚持打击处理与收戒措施相结合、打击处理与管控堵源相结合、打击处理与感化帮教相结合，确保对吸毒、贩毒人员进行综合管理。

（三）开展“大帮扶”，加强困难人群服务管理

如何保障五保户、低保户、特困职工、残疾人员、孤寡老人、病灾户等困难群体的利益，事关改革发展和社会稳定大局。贵阳按照“广覆盖、社会化、可持续”的原则，注重加强困难群体的管理与服务，社会保障、经济保障及权力保障。社会保障着力保护困难群体的基本权利，引导社会消除对弱势群体的歧视；经济保障着力落实对困难群体的资金扶持政策；权力保障着力畅通困难群体的利益诉求。具体而言，就是做到“四个确保”。

1. 确保帮扶资金落实到位

高度关注民生，关心困难职工、困难群众生产、生活问题，低保人员低保金以及临时困难补助资金必须专款专用，悉数发到应保人员手中，任何人不得从中截留或挪作他用，确保政策落实到位、互帮互助到位、将温暖送到位。

2. 确保帮扶基础工作做实

将救助弱势群体作为一项经常性工作抓好抓实，建立动态性弱势群体人员档案，做到“家庭情况清、身体状况清、就业现状清、职业技能清、就业愿望清”，同时建立弱势群体增减变化台账和月报制度。

3. 确保帮扶手段无缝对接

对弱势群体，不仅要从政治上爱护，从制度上保证，从生活上关心，更要从素质上提高，加强引导和扶持，帮助树立自力更生的意识，培训其自力更生的能力，促使其自谋生路。

4. 确保帮扶机构得到充分利用

充分利用好农民工救助中心及流浪未成年人救助保护中心、轻微违法犯罪青少年免费职业教育和就业帮教基地等多种形式的安置帮教基地，落实刑释解教人员分类衔接和管控工作责任，实施重点青少年群体救助保护“雨露工程”，加强对弱势群体的服务和管理。

四、推动四个强化，增强社会治理体系的主动权

随着市场经济的日益深入发展，多主体、多层次、多领域的矛盾与问题日益突出，自上而下的“管理”方式已经不能解决所有问题和矛盾。十八届三中全会《决定》指出：“坚持系统治理，加强党委领导，发挥政府主导作用，鼓励和支持社会各方面参与，实现政府治理和社会自我调节、居民自治良性互动。”对于地处西部偏僻地区的贵阳而言，打造平安贵阳升级版是一项系统工程，必须把方方面面的力量都调动起，强化党委主责、基层基础、网格管理、社会共治，才能增强社会治理体系的主动权、凝聚起贵阳经济社会发展升级版的强大正能量。

（一）强化党委主责

党委在社会治理格局中起着总揽全局、协同各方的领导核心作用。强化党委的

责任，就是在思想认识上纠正“社会治理”就是“社会自治”的思想误区，克服重经济建设、轻社会建设的错误倾向，在社会治理上要有实际行动。通过加强党委对社会建设工作的领导，理顺社会治理的领导体制和工作机制，增强党委的统筹协调功能，整合社会各方力量和资源，形成推进社会建设工作的强大合力。一是完善领导机制。要求各级党委（党组）主要负责人牢固树立“不抓社会治理建设就是严重失职”的意识，自觉主动履行第一责任人职责，做到重要工作亲自部署、重大问题亲自过问、重点环节亲自协调、重要案件亲自督办，切实种好自己的“责任田”。二是完善工作机制。要求党委将社会治理建设纳入重要议事日程，与经济社会发展同部署、同检查、同落实，建立健全定期研究解决重大问题、有效防控廉政风险、协调推动重点任务的体制机制。三是完善责任追究机制。实行终身追究制、连带责任追究制。对发生治安案件及严重损害群众利益事件的，不仅要查办当事人，还要上追一级责任，情节严重、影响恶劣的，要上追多级责任。

贵阳要求主要领导带头落实“一把手”责任制，推进《贵阳市 2011–2015 年依法治市规划》实施，着力营造严格执法、公正司法的环境，促进社会公平正义。定期召开党委会议，专题研究创新社会治理建设，形成“一把手负责、一揽子统筹、一竿子插到底”的工作格局。按照“党委领导、分级负责、统筹协调”三个原则，实行党委第一责任、市、区、乡三级考核、党政公安领导层层包保捆绑考核、综治成员单位直接联系、村居牵头综治属地考核等五项责任制。同时，研究出台了群众安全感考核办法，把群众安全感作为年度目标考核和领导干部绩效考核的重要内容，实行“一票否决”。强化经费保障，将“两严一降”工作经费纳入市、区（市、县）财政预算。

（二）强化基层基础

基层社会治理事关党的执政基础，是维护社会和谐稳定的第一道防线。“基础不牢，地动山摇”，巩固党的执政地位与实现国家的长治久安，要以稳固的基层政权、扎实的基础工作、良好的群众基础为依托。因此，加强社会治安综合治理工作，重点在基层，关键在基础。因为大量的矛盾和问题产生于基层，最终也要靠基层来解决。基层建好了、基础打牢了，许多矛盾和问题就能够得到及时化解，社会的和谐稳定就有了可靠保证。

最近几年，贵阳经济发展遇到严峻挑战，社会治安形势复杂。受国际金融危机的冲击，贵阳经济发展减速，突出表现为经济增速放缓，部分企业生产经营困难，下岗失业人员增多，财政增收压力增大。受经济形势变化的影响，各种社会矛盾纠纷明显增多，不稳定因素潜滋暗长，抢劫、抢夺、盗窃、诈骗等侵财型犯罪有所上升，社会治安出现一些不好的苗头。针对这种情况，贵阳紧紧围绕中央关于“保增长、保民生、保稳定”的要求，以加强基层基础建设为重点，狠抓各项工作部署的落实，努力为经济社会发展创造安全稳定的环境。

第一，深入基层，掌握真实情况。各级、各部门、各单位特别是各综治委成员单位，深入到最基层了解真实情况，认真调查研究基层的社会状况究竟是什么样，各自的组织网络在基层究竟如何运作、如何发挥作用、发挥了多大的作用，真正深入基层、深入实际、深入群众，掌握真实情况。

第二，认真研究，加强工作指导。加强基层基础工作，必须从实际出发、深入研究，有经验总结经验，有教训总结教训，有问题研究解决问题的具体办法。加强工作指导就是针对不同的情况具体问题具体分析，采取不同措施。当前，贵阳市市情复杂，城市和农村之间、各区（市、县）之间、各民族之间、各阶层之间都存在很大差别，区分不同情况，提出具体的、切合实际的、有针对性的指导意见。

第三，加大投入，解决实际问题。加强社会治安综合治理基层基础工作，必须加大人力、物力、财力的投入。针对基层，既要解决有人管、有人干的问题，贵阳着力解决有权干、有钱干的问题。对工作条件比较艰苦的地方，加大投入使得基层基础工作有可靠保障。

第四，健全组织，搭建工作平台。健全基层党组织，同时加强与综治相关的各部门建设，如公安、法院等。重视发挥各级综治委专门工作领导小组的作用，努力把预防青少年违法犯罪、流动人口治安管理、刑释解教人员安置帮教、学校及周边治安综合治理、铁路护路联防等专项工作做好。

（三）强化网格管理

随着城市建设的不断加快，以及社会事务的逐渐增多，以前的管理服务模式已经不能很好地满足社会管理和服务的需要。实践证明，社区网格化管理模式已经成为城市统筹社会建设和社会管理的有效机制，网格工作力量已经成为维护区域安全稳定的基础力量。

1. 合理划分网格化管理单元

贵阳按照“街巷定界、规模适度、无缝覆盖、动态调整”的原则，以自然街道为网线（分界线），依托庭院、楼栋、巷道，按照200—300户、1000人左右设置一个网格。网格内的单位纳入网格管理之中，确保社区每家每户均处在网格管理之中。根据人、地、事、物、情、组织等基本情况，将所有网格划分为住宅、商务商业、企事业单位、人员密集场所四种类型；根据社会管理秩序、治安环境状况，将所有网格划分为日常管理、一般防范、重点关注、综合治理四种等级。以网格为单位，围绕社会服务管理的具体工作，逐人、逐地、逐事明确工作任务，责任到人，做到精确定位、精选定人、精准定责，实现网格全覆盖、工作零缝隙。

2. 科学构建网格管理组织体系

科学设计，构建网格化社会管理体系，从市到区（市、县）两级政府成立由市长、区（市、县）长担任组长，各部门负责人担任成员的创新社会管理领导组。按照将社会管理重心下移的总体要求，对现有社会管理流程进行再造和优化，以创新思路、创新办法措施、创新体制机制为突破口，深化和完善“两级政府、三级管理”的城市管理体制，通过整合现有资源、细化管理内容、规范管理行为、落实绩效考核，真正建立起统一指挥、分级负责、市区结合、协调运转、责任落实、反应快速的新机制，推动城市管理工作向规范化、精细化和常态化发展，切实提升城市管理水平。

3. 系统优化社区资源力量配置

对社区工作者、网格人员、公安司法队伍等按网格化管理要求进行重新整合配置，在每个网格内配置网格长、网格助理员、网格警员、网格督导员和网格党支部书记等。将区域党建、社会保障、计划生育、统战、工会、妇联等工作逐步充实、整合到网格中，形成一格多员、一员多能、一岗多责的工作机制。构建专群结合、条块结合、社群结合的社区网格管理工作格局，实现管理集成、资源集聚、力量集合，发挥最大的工作效果。

4. 形成网格化管理工作长效机制

实现社会管理的可持续发展，关键要建立更加科学、更为规范、更具生机、更富实效的长效机制，围绕网格化社会管理体系建设，贵阳将网格化社会管理工作纳入全市目标责任制考核范畴。科学制定各项社区网格化管理工作制度，特别是对网格管理员的工作表现、处置事务的能力和水平等制定了严格的百分制考核细则。并根据统一的制度要求，对网管员进行督查考核，并把工作实绩作为选用干部的主要依据。

（四）强化社会共治

增强社会治理能力，要进一步深化社会协同治理。社会治理的重点在社会性上，社会治理不应当是党委、政府的“独角戏”，应当成为社会的“大合唱”。为此，贵阳加强依法扶持社会组织发展的力度，加快推动政社分开，突出社会组织的作用，凡社会组织能办好的尽量交给社会力量承担。大力加强志愿者队伍建设，建立志愿服务工作长效机制；大力推动经济组织履行社会责任，构建和谐劳动关系，关注和服务民生。

1. 构建枢纽型社会组织体系

以工会、共青团、妇联、科协、残联、文联、红十字会等人民团体为骨干，

建立市、区（市、县）、乡（镇、社区）三级“枢纽型”社会组织工作网络，发挥“枢纽型”社会组织桥梁纽带、业务龙头、服务管理平台作用，统筹和指导同类别、同性质、同领域社会组织参与社会治理。同时，通过建设社会组织孵化基地，推动社会组织成倍数增长。近年，贵阳市全市登记备案社会组织从 1545 家增加到 3141 家。市级投入 700 万元培育发展资金，重点支持社会组织参与社会救助服务、社会福利服务、乡（镇、社区）服务、专业社工服务等四大类项目。建立健全社区、社会组织、社工人才“三社”互动机制，形成“三社”资源共享、优势互补、相互促进的良好局面。

2. 构建志愿服务体系

在总结近年来“绿丝带”志愿服务工作经验的基础上，积极组建市志愿者联合会以及区（市、县）、乡（镇、社区）、村（居）志愿者组织，搭建“四级”志愿服务工作网络，形成“文明委统一领导、文明办牵头协调、联合会自主运行、部门齐抓共管、社会共同参与”的志愿服务体系。

3. 构建社会领域党建体系

建立市委非公企业和社会组织工作委员会牵头、相关部门配合的工作机制，以社会领域党组织和党的工作全覆盖引领和推动社会服务管理全覆盖。通过建立常委非公党建工作联系点制度，建全 13 个市、县两级非公和社会组织党建工作机构，选派 5228 名党建工作指导员，下拨 150 万元市级党建工作经费和 1100 余万元市、县两级财政资金，打造 36 个非公和社会组织党建工作示范点，实现“建组织、强队伍，建机制、强保障，建平台、强责任”的工作目标，促进非公和社会组织党建工作迈上新台阶。

五、提升五种能力，增强社会治理体系的凝聚力

加强社会建设、创新社会治理是维护社会和谐稳定的根本性、基础性工作。贵阳以完善社会治理体系为抓手，以提升矛盾预防化解工作能力、信访工作能力、应急处置能力、社会管理信息化建设能力、城市基层管理能力等五种能力为社会治理现代化目标，不断提高社会治理的科学化水平，增强社会治理体系的凝聚力，确保人民安居乐业、社会安定有序。

（一）提升矛盾预防化解工作能力

依靠法治方式解决社会矛盾问题，有利于矛盾纠纷化解，有利于社会治理能力的提高，有利于建设法治政府和法治社会，是推动社会治理能力现代化的重要方面。近年来，贵阳各级政府牢固树立“发展是第一要务、稳定是第一责任”意识，紧紧围绕“小事不出村（居）、大事不出社区（乡、镇）、难事不出区（市、县）、矛盾不上交”的工作要求，坚持一手抓矛盾纠纷排查调处，一手抓重大决策社会稳定风险评估，切实从源头上化解不稳定隐患。

1. 把握化解矛盾的主动权

各级党委、政府发挥统筹作用，领导公安机关及相关部门，按照“预防为主，调解优先”的原则，积极做好矛盾纠纷源头预防化解工作。把工作基点更多地放在

掌握社情民意及预警信息上来，及时发现可能影响社会稳定的各类苗头性、倾向性问题，努力把矛盾和问题解决在内部、解决在基层、解决在萌芽状态。要把握两条线开展预警，一是以基层派出所为中心，广泛收集社会信息。及时掌握各种预警信息，进行全面梳理和研判，分类登记建档，跟进制定应对措施。对紧急情况，甄别后立即上报两级指挥中心，为局党委当好参谋，为防范处置争取时间。二是以公安机关的国保、治安等系统为轴心，高度关注重点地区、重点行业、重点群体的动向，了解和掌握社会稳定的总体态势，预测不稳定因素演化趋势。对有明显苗头或者已经开始出现某种倾向的群体，密切关注事件发展动态，严密监控插手群体性事件和蓄意制造事端的幕后组织者。

2. 努力把问题解决在萌芽阶段

一是主动调解民间纠纷。成立矛盾调解室、警务室等，全面掌握社情民意，对民间产生的纠纷，耐心讲解法律政策，主动介入调处，采取真情感化、换位思考、案例教育等多种方法加以调处，对因民间纠纷引起的一般治安案件、轻微刑事案件以及交通事故，更多地采取教育调解的方式，消除双方隔阂和对立情绪，最大限度地将矛盾纠纷解决在基层。二是妥善化解复杂矛盾。针对宅基地、婚姻家庭等纠纷涉及问题多、解决不好容易演变为恶性案件的实际，积极协调基层法庭、司法所等部门做好调解工作，并注重借助基层单位干部、老党员、治安积极分子等民间调解力量开展工作，建立矛盾纠纷联动调解机制，逐步形成“齐抓共管、协同配合、高效运转”的联动调解网络。三是重要事件主动介入。从警务实践看，非警务活动往往会演变为警务活动。事件开始时可能是非警务活动，但随着情况的变化，绝大多数变成了警务活动。如强制拆迁、强行施工等。应积极做到早参与、早介入，主动排查建设中涉及群众切身利益的问题，做好沟通，把矛盾化解在萌芽状态。

3. 防止事态反复扩大

重大矛盾事件的控制，并不代表问题的解决，有可能出现反复、扩大的情况。为此，贵阳在处置一起矛盾之后，特别注意防止事件再次出现。对经做工作矛盾得不到有效疏导化解，事态可能扩大、矛盾可能激化、群体性事件可能出现反复的问题，公安机关深入调查，获取事件背后的深层次原因，采取相应有效措施加以防控。对造谣惑众、欺骗群众、挑头闹事的，在及时向群众揭露其谎言的同时，依法从严处理。

（二）提升信访工作能力

围绕贵阳市深化改革的要求，坚持依法维权和依法办事相结合，以提高信访工作法治化为目标，畅通信访渠道为基础，源头治理为根本，推进依法受理、依法纠错、依法救助、依法终结，保护合法信访、制止违法闹访，减少存量、控制增量，更好地维护人民群众根本利益、维护社会和谐稳定，努力实现诉访分离，让信访趋于秩序化。

1. 畅通信访渠道

一是进一步提高办理来信水平，接到来信后第一时间处理，第一时间交办，第一时间反馈。二是进一步加强来访接待工作。充分发挥窗口接访功能，始终坚持“以人为本、方便群众”的原则，牢固确立“畅通、有序、务实、高效”的工作理念，建立首问负责制，来访事项能够当场解决的立刻解决，不能立刻解决的限时办理，切实防止本级访变成越级访，防止初访变成重复访。三是进一步完善网上信访。在来信、来电、来访的基础上，积极拓展网上信访渠道，建立网上信访大厅，实现信访问题网上受理、网上办理、网上反馈，公开受理群众反映的信访问题，全面缩短信访事项的办理周期，提高工作效率。

2. 严格诉访分离

积极配合各级政法部门，将涉及诉讼权利救助的信访事项从普通信访中分离出来，将涉法涉诉信访问题纳入司法轨道，引导群众通过法治轨道依法保障合法权益、依法维护公正结论、依法纠正错误裁决、依法赔偿、依法救助。

3. 狠抓初信初访

建立初信初访台账管理制度，对所有初信初访实行台账管理，化解一件，注销一件，并把初信初访化解率达 95% 作为对各级各部门年终目标考核、信访单项目标考核的硬指标。在一级调处上进一步压实基层责任；在二级调处上实现关口下移；在三级调处上要进一步强化督办落实。

4. 减少信访积案

严格按照《贵阳市开展“信访积案化解年”暨矛盾纠纷和信访问题集中排查化

解“百日攻坚战”活动工作方案》要求，实行“一把手”责任制、领导接访坐班制、领导包案制和积案排查化解工作制度，推进信访老案、积案的化解，减少信访案件存量，确保所有信访积案都做到“百分之百有说法、百分之百有结论。”

5. 维护信访秩序

严格信访终结制度，对信访人提出的信访事项，问题解决到位、责任追究到位、实际困难帮扶到位，信访人仍不息诉罢访的，启动终结程序。对已经依法终结的信访案件，坚决维护。对违法缠访闹访和非正常上访行为，造成恶劣影响或严重后果的，依法严肃处理，维护正常的信访秩序。

6. 促进问题解决

坚持信访问题化解责任制和责任追究制度，对处理群众事项中处理不及时导致信访事项积压，造成群众反复访、越级访的，处理问题不依法、不公正，导致矛盾激化升级的，严格追究相关责任人的责任，提高依法解决信访问题的质量和效率。

（三）提升应急处置能力

在健全社会应急处置能力方面，贵阳突出重点，狠抓落实，务求实效。按照“利用现有、整合资源、急需先建、分步实施”的要求，依托公安“110”指挥中心平台，抓紧建立集通信、指挥和调度于一体，纵向贯通、横向联通、高度智能的应急联动综合指挥平台。进一步完善信息预警机制、接警受理机制、分级联动机制、警情处置机制和情况反馈机制，加强联动协调，努力实现高效、全能的应急联动。以专业队伍为基本力量，以公安、武警、民兵等为突击力量，以企事业单位专兼职队伍和志愿者队伍为辅助力量，建立健全社会应急联动队伍，并与“网格化管理、组团式服务”有机结合，推动应急联动体系建设向农村（社区）延伸，构建“信息灵、力量强、反应快”的应急联动工作网络。

1. 建立应急管理机构

各级党委、政府按照属地管理原则，全面负责本行政区域内各类突发公共事件的预防和应对工作；明确领导机构，确定人员开展应急管理工作，要将应急管理作为社会管理的重要内容，落实应急管理工作责任人，做好群众的组织、动员工作。基层机关、社会团体和企事业单位是本单位应急管理工作的责任主体，根据实际情况建立健全应急管理组织体系，在属地政府的领导下开展应急管理工作。积极探索跨行政区域的单元化应急管理模式，完善相应的组织体系，明确相关责任。

2. 加大应急资金投入

应急管理工作关系政府职能行使的全局，做好应急管理工作是检验政府应对突发公共事件的能力以及践行党的宗旨意识的最有效途径。在自然环境以及基础建设相对滞后的条件下，加强应急管理工作至关重要。要求各级政府必须要求配齐办公设备，将应急管理办公经费列入市级财政年度预算，确保应急管理工作经费足额按时到位，解决应急处置中的关键环节——物资储备供应问题。

3. 完善应急预案体系

进一步扩大应急预案覆盖面，全市所有乡镇、社区和各类企事业单位完成应急预案编制工作。要求基层应急预案符合实际，职责清晰，简明扼要，可操作性强，并根据需要不断修订完善。区县级人民政府及其有关部门加强基层应急预案编制、衔接、备案、修订等管理工作。社区、乡镇人民政府、基层组织和单位针对本区域、本单位常发突发公共事件，组织开展群众参与度高、应急联动性强、形式多样、节约高效的应急预案演练，确保应急预案具有针对性、可行性和有效性。

4. 加强应急队伍建设

各区（市、县）在充分发挥公安、卫生、建设、国土、气象、畜牧、电信等相关专业救援队伍的作用的同时，加强各辖区综合性应急救援队伍建设；社区、乡镇人民政府组织基层警务人员、医务人员、民兵、预备役人员、物业保安、企事业单位应急队伍和志愿者等，建立基层应急队伍；居（村）委会和各类企事业单位可根据有关要求和实际情况，做好应急队伍组建工作。加强应急队伍的建设和管理，配备必要装备。积极开展教育培训工作，严明组织纪律，强化协调联动，提高综合应对和自我保护能力。基层应急队伍做到险时能够迅速集结到位，有效应对突发公共事件的作用。

5. 提高应急知识普及

应急工作最终目的是预防和避免突发事件发生，减少灾害损失，确保社会安定、政治稳定、人民安居乐业，最直接最关键的就是要提高全民应急能力，增强全民应急意识。为此，贵阳市采取各种方式不断增强公众的危机意识、社会责任意识，提高自救、互救能力。同时，应急知识宣传工作不留死角，达到应急常识家喻户晓、人人皆知的水平，切实提高应急管理知识的普及率，增强全民应急处突的防范意识。

6. 抓好应急平台建设

贵阳根据目前实际情况，依托电子政务系统，尤其是电子政务系统的网络，进行应急平台体系建设。一方面，经过多年的发展，贵阳各区（市、县）电子政务业务已基本覆盖至各个地区、各个部门、各个领域。电子政务业务的范围广泛，其中有很多业务与应急管理工作直接相关，进行整合应用，节约资源，发挥更大效用。另一方面，以比较健全的电子政务网络为基础，推动应急管理的信息共享，实现应急平台互联互通，针对各类突发公共事件可能发生的领域、地域和范围建立互联互通的网络平台。建立各区（市、县）公安系统数字化指挥中心平台、城乡建设局数字化指挥中心平台以及其他领域的相关数字化设备等，形成由应急指挥机构统一指挥的高效应急平台体系，从而大力推进应急管理工作水平。

（四）提升社会管理信息化能力

党中央在《关于加强和创新社会管理的意见》中，明确要求“加强社会管理信息化建设，提高社会管理效能和服务质量”。贵阳充分运用信息化的理念和技术加强社会建设，后发赶超先进地区和城市。

1. 加快基础信息资源整合

加强统筹规划和整体设计，统一标准规范，整合电子政务资源，形成“横向到边、纵向到底”的社会管理信息网络体系。一是建设市区电子政务数据中心，按需给各部门提供弹性化信息基础资源服务，各单位、各系统不再购置服务器。二是建设统一标准的业务协同支撑平台，促进各部门业务系统互联互通并保证各系统能充分融合，真正实现协同办公和联合监管的网络化。三是建立多方联动的应用管理机制，

实行信息“分头采集、关联使用”。通过加强服务充实人的信息，通过充实信息优化人的服务，推进社会管理由“多头分管”向“协同管理”转变。

2. 完善电子政务综合平台

扩大信息技术在公共领域中的应用范围，实现各类社会服务和管理事项“一站式办理、一条龙服务”。一是完善市、县两级网上办事大厅，结合市情区（市、县）情，按照突出先进性、适用性、开放性、快捷性、可靠性的要求，进一步完善电子政务综合平台，为提高行政机关工作效率和公共服务水平提供信息技术支撑。二是推动各级实体性行政办事大厅向网上办事大厅转移，对全市现有政府性网站进行整合改版，实现政务信息的互联互通和集成共享，保障政府与群众交流畅通。三是建立政务服务系统，梳理整合全市政务服务（含便民服务）事项，延伸至乡镇和村（居），实现行政审批事项的统一受理、集中办结和便民服务事项的分散受理、集中办理、分散反馈。四是建立 OA 办公系统，以公文处理和机关事务管理为核心，涵盖公文流转、会议管理、政务信息采集与发布等应用，实现公务人员无纸化、无址化办公。

五是建立电子监察系统，根据预先设置的监察规则、预警条件，以红、黄、绿三种颜色实时显示各种行政事务办理情况。

3. 完善政民互动信息网络

加强网上民政互动，实施网络民主监督，实现“网”听民声、“网”汇民意、“网”监公权。一是深入推进网络问政常态化制度建设，积极组织网民开展建言谋策活动，建立健全网民意见办理运行机制，加快将网民意见转化为支撑党委政府科学决策、民主决策的信息资源，推动公共事务决策由“为民做主”向“由民做主”的转变。二是完善和丰富市级网上信访大厅，致力在网上解决矛盾纠纷和信访问题，有效解决信访成本问题。三是利用博客、微博、网上社区等载体推进党务政府信息公开，使公共权力行使和公共资源配置在阳光下运行。

4. 构建城乡信息服务体系

加快推进数字化、网络化、智能化为主要特征的城乡信息服务体系。一是推进智慧城市建设。推动“三网融合”，建设城市公共服务云，打造智能家居、智能楼宇、智能校园和智能社区。二是加快信息乡村建设，推进信息技术在农村集体资产管理、公共事务管理、村务党务财务公开、基层政权建设等方面的应用。三是建立健全农村信息化建设帮扶机制，及时总结其他地区社会管理信息化做法和经验，加快推广应用到农村，加大农村信息化建设保障力度，在较短时间内、较高层次上提升农民信息化素质和农村信息化水平。

5. 加强网络信息安全管理

坚持善用、善管网络，规范网络运行秩序，构建健康文明、和谐有序、充满活力的网络虚拟社会。一是建立健全信息网络安全管理的部门联动与统筹协调机制，研究制定一系列维护电子政务信息安全的文件，以政策保障电子政务信息的安全性。二是加快构建以数字证书认证为基础的网络信用体系，结合网上办事大厅和市民网页应用，鼓励企业和个人使用数字证书，为“数字贵阳”建设奠定坚实基础。三是建立网络发言人和新闻发布制度，提高驾驭和引导网络舆情的能力，引导博客、微博、网上社区等新兴媒体健康发展，大力整治虚假有害信息传播，依法打击各种网络违法犯罪行为，保障公民正常使用互联网的权益。

6. 提高全民信息应用能力

充分利用广播电视、网络、移动终端等多种传播渠道，加强社会管理和公共服务信息化成果交流推广。提升公众对社会建设信息化运用的认知度和使用率。一是将信息化培训列入公务员培训的重要内容，把信息化实操技能纳入领导干部年度考核范畴。二是发挥市场机制作用，开展面向社会各阶层的信息化培训，扩大培训面，提升社会信息化整体水平。三是通过政府补贴或购买服务等方式，鼓励和引导电信运营商、信息技术企业，针对残疾人、老年人、低保户等特殊群体，开发低价智能的信息产品和信息服务，逐步填平“信息鸿沟”，使社会不同群体共享信息化发展效果。

（五）提升城市基层社会治理能力

随着城市化进程的加速和居民生活水平的提高，对居住环境和社区服务有了更高的期望，社区基层组织开始承担更多的社会管理职能。传统的城市基层管理体制存在诸多弊端，已不适应目前城市基层管理职能的要求，因此，有必要改变传统的管理体制，重新构建适应城市发展需求的基层管理体制。对贵阳而言，就是按照“精简管理层级，优化整合资源，实行区域管理，建强党的基层组织”的改革思路，积极探索与城市化快速发展相适应的社区管理体制、运行机制和区域化党建的有效途径，从而推进城市基层社会管理创新，增强社区的服务、凝聚、管理和维稳功能，进一步完善城市基层管理的“贵阳探索”。

1. 创新基层管理体制

从转变政府角色、完善基层管理体系及拓宽公众参与自治渠道等三方面对基层管理体制进行创新：

一是转换政府角色与职能。改变政府角色，遵循重心下移、立足基层，条块结合、以块为主，党政主导、各方参与和有利于扩大基层民主的原则。社区基层管理的改革重点是权责的重新调整，其中，把政府角色转变、职能转变作为核心。政府从过去直接管理向间接指导、宏观规划转变，做到“两个归位”，即政府行政管理职能归位和政府社会化职能归位。政府行政管理职能归位就是把涉及行政执法、行政管理的工作归位于政府相关职能部门。政府社会化职能归位就是把原来由政府管理的社会化职能归位于社区，把社会公益性服务交给专业的社区工作者承担。

二是完善基层管理体系。城市基层管理是一个完整的体系，社会组织和居民自治组织在其中起着关键作用。构建完善的基层组织管理体系主要从两个层面推进，第一，外部环境建设。突破制约社会组织发展和居民自治组织发展的瓶颈，激发居民参与意识。一方面鼓励社区民间组织发展，运用法律的手段将社区组织统一纳入管理，在社区民间组织登记管理中解除限制竞争的规定，运用竞争的手段促使其不断提高自身素质，增强自身实力；另一方面将社区居民自治纳入法治化轨道。随着改革开放和现代化建设向纵深推进，我国城市社会结构发生了很大的变化。现行法律的部分条款已经与新形势下社区居民自治的情况不相适应。因此，需要加强对社区居民自治的立法，为社会组织和居民自治组织营造良好的法制环境。第二，社区组织自身建设。加强社区组织自身能力建设，解决好资金来源、组织结构、运作程序、决策机制、目标定位以及成员构成等关键环节。开拓多元资金渠道、优化内部组织构成，逐步适应基层管理主体的角色。

三是拓宽公众参与自治的渠道。居民参与度是衡量社区基层管理体制建设好坏的重要标准。对于贵阳而言，城市社区管理不再停留在“我搞管理，你来参与”这种由上而下的宣教模式，而是更多地采取自下而上的由民间自发、民间推动、民间监督、民间实践的社区治理方式，吸引广大社区居民主动参与，让居民直接行使自己的民主权利，管理基层公共事务和公益事业，推动社区发展。

2. 创新基层群众工作

从基层群众工作机制、基层群众工作方法及群众工作评价体系三方面对基层群众工作进行创新：

一是创新基层群众工作机制。主要从五方面入手：第一，创新党群沟通对话制度。充分发挥人大、政协、民主党派和人民团体在联系群众、反映民意、了解民情、解决矛盾中的关键作用，不断完善党群沟通的渠道。第二，创新维护群众利益制度。贯彻执行党和政府主导的维护群众权益机制，认真解决群众反映强烈的问题，完善涉及群众利益的矛盾纠纷排查化解机制，引导群众依法表达合理诉求，切实维护群众合理合法的权益。第三，创新群众民主参与制度，进一步完善各类社会组织的民主参与机制，扩大和深化农村村民自治和城市社区自治等基层民主形式，培养人民群众的民主意识和民主能力。第四，完善咨询、智囊组织的民主参政机制，大力提倡知识分子积极参与党群沟通。充分发挥各类专家和研究咨询机构在推动和改进党群关系上的积极作用。

二是创新基层群众工作方法。主要从三方面进行：第一，创新适应改革开放市场经济环境的群众工作方法。重点是从自上而下的单项推动到自上而下与自下而上的双向互动。从群众被动地参与政治到主动地参与政治；从过多依靠单位组织的集中方式到主要面向社会的分散方式；从单一、简单、平面的个别推进到多样、复杂、立体的整体拓展。第二，探索运用信息网络技术改进群众工作的方式方法。搭建网络舆情中心、网络信息安全中心、党务政务一信通等新型党群沟通载体，建立健全网络民意搜集和回应机制，形成良好的党群互动沟通的新秩序，以网络问政拉近党的领导人同群众之间的沟通距离。第三，提高各级党员干部做群众工作的技巧与艺术。要根据时代和形势发展需要，与时俱进地改进党做群众工作的话语体系，使党的话语体系与各种类型的群众话语体系对接，增进党和人民群众之间的共识和理解。

三是创新群众工作评价体系。建立社会各界对基层党组织的社会工作绩效评估，首先，开展民主评议党员工作。按照“自我评价、民主评议、组织审定”的程序开展民主评议党员工作，认真做好党员培养发展工作，吸纳“两新”组织中优秀的管理人员和技术骨干加入到党组织中来。其次，组织民意传导工作。建立一事一评、绩效评议、季度讲评和年度评议工作机制，集聚党组织、党员和群众的意见，对收集信息进行有效反馈，对实际工作进行整改落实，进一步明确责任到位。最后，完善考核评估制度。将传统的自测自评和创新的网络测评、民主评议和组织评议相结合，探索多样化的民主测评和评议方式。

3. 整合基层社会治理资源

整合基层社会治理资源主要从推动社会协同、创新基层治理模式及整体设计整体推进三方面进行：

一是推动社会协同，凝聚公众力量。构建社会治理多方参与、和谐社会人人共享的良好局面主要做了两方面的工作。一方面是在区（市、县）建立健全由民营企业家、民主党派人士、社会团体负责人等参加的和谐促进会。另一方面是培育发展具有服务性、公益性、互助性的社区社会组织，广泛开展“绿丝带”志愿服务活动，壮大社区义工队伍，使“第三方”力量活跃在基层，成为基层社会治理的重要力量。

二是创新基层治理模式。创新城市基层治理模式主要从三个方面进行：第一，

完善社区各项配套改革措施和相关法律制度。一方面从实际出发逐步构建配套的法律法规体系，并将社区自治模式以制度化的形式固定下来；另一方面构建以社会公正为基础、以提高社会福利为目标、以民主为手段、以人力资本为核心、以资产建设为抓手、以政府能力建设为保障的发展型社会政策。第二，加大政府向民间组织购买公共服务的力度。加快建设支持民间参与公共服务的综合性政策支持体系，提升民间组织的可持续发展能力，并加强公共服务供给的绩效评估和信息公开，完善监督措施。第三，加快社区工作者的职业化与专业化发展。首先加强社区工作者的专业培训力度，为优秀工作者提供接受专业学历教育的机会；其次设置岗位聘用制度，公开招聘社区建设所需的各类专业人才，并创新用人激励机制；最后，建立社会工作专业机构，在政府不直接干预社会工作专业组织的服务工作前提下，不断加强与多种组织和机构的沟通与合作。第四，积极培育社区民主自治的文化氛围。居民积极参与社区公共事务的管理和各项活动，发挥居民在社区建设中的能动性。

三是整体设计整体推进。在基层社会治理工作中，注重统筹经济社会发展、民生改善和社会稳定的关系，加强对社会治理创新的系统研究、整体设计，着力解决好发展中就业、教育、医疗、养老、住房等群众最关心、最直接、最现实的问题，提升群众基本公共服务和民生保障水平，从而提升群众对现实生活的满意度和幸福感。

六、深化六种改革，推进社会治理体系的长效化

推进治理体系和治理能力现代化，贵阳主要从行政管理体制、城市管理体制、群众工作体制、公共安全管理体制机制、社会组织体制以及干部考核体制等六个方面入手，使各方面的体制改革适应社会发展需要，调动党员、干部、群众的积极性，激发社会活力，引导社会各界积极有效地参与社会管理服务。

（一）深化行政管理体制机制改革

行政管理体制机制改革的核心是对政府职能的重新认定。社会治理体系框架下的政府是民主政府、服务政府、公平政府、法治政府、分权政府、责任政府。现代政府的这些基本特征，是行政体制改革的基本要求和必然方向。具体而言，贵阳在深化行政管理体制机制改革方面坚持了以下几条原则：

推进社会治理体系长效化

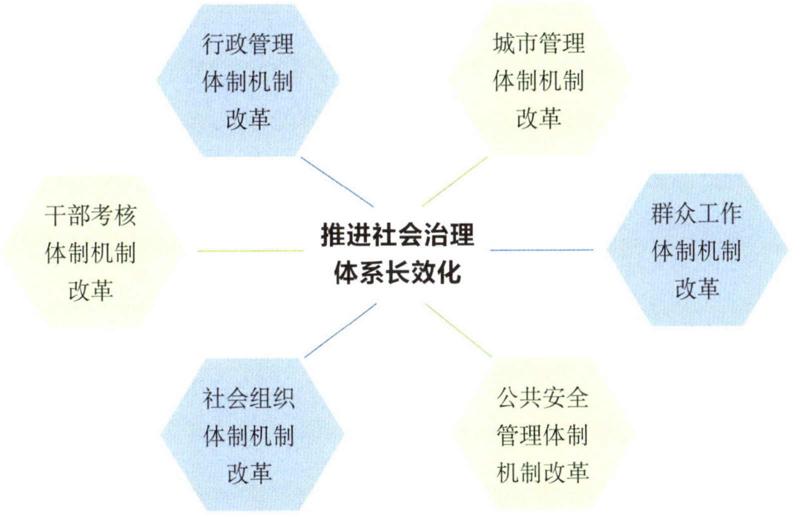

1. 由长官意志走向民主法治

社会治理体系以民主为基础，以法治为保障。深化民主法制领域改革，是全面深化改革的重要内容，是实现国家治理体系和治理能力现代化的重要保障。要按照十八届三中全会的要求，坚持党的领导、人民当家做主、依法治国有机统一，确保民主法制领域改革始终沿着正确方向顺利前进。为此，贵阳选准改革突破口，建立健全人大主任会议和常委会组成人员联系代表、代表联系群众工作制度，充分调动代表履职的积极性；全面推进政府“权力清单”制度，做到职权由法定、有权必有责、用权受监督、违法要追究、侵权须赔偿；加快实施党委、政府、政协年度协商工作计划，促进协商民主制度化、规范化、程序化；健全完善错案防止、纠正、责任追究机制，筑牢隔离冤假错案的“防火墙”。

2. 由权力下放深化到合理分权

合理分权就是将纵向分权与横向分权有机结合起来。一是适应社会主义市场经济发展和政府职能转变的要求，加快推进政企分开、政资分开、政事分开、政社分开、政府与市场中介组织分开，切实规范政府行为。二是按照法治社会的要求，正确处理党政关系、政府与人大、政府与司法机关的关系。三是依照贵阳市场经济发展的要求，在理顺各种关系的基础上，修改完善政府组织法、依法明确各项政府的职责权限。

3. 由精简机构深化到优化结构

优化政府结构，既包括优化政府组织结构，也包括优化政府权力结构和层级结构。优化政府权力结构，就是建立健全合理分权的政府管理体制。优化政府层级结构，就是适应组织结构扁平化的趋势，减少行政层级，缩短政府运行中的纵向组织链条。包括消减城市管理层级，使由原先的四级制转变为三级制；也包括减少领导职数和领导层级。优化政府组织结构，就是依据“精简、统一、效能和权责一致”的原则，探索实行职能有机统一的大部门体制，理顺政府内部的责权关系，减少职责交叉。

4. 由体制改革拓展到机制创新

行政管理体制改革的目的是转变政府职能，优化政府结构，提高政府效能，使政府系统更好地适应社会主义现代化建设的新形势、新任务和新要求。为实现这一改革目标，贵阳在改革行政管理体制的同时，创新政府管理机制 。包括实行政务公开，扩大公民有序参与，改革与完善行政首长负责制，实现政府决策的科学化、民主化，加强政府法治建设，实现依法行政，改进公共服务方式，建立政府主导、多元主体参与的社会化市场化公共服务方式，建立政府主导、多元主体参与的社会化市场化公共服务供给体系，推进电子政务，调整和再造政府管理流程，改进和完善公共危机管理，提高政府应对突发事件的能力，推行政府绩效管理制度，改进行政问责制，完善行政监督体系等。

（二）深化城市管理体制机制改革

1. 进一步理顺城区管理体制

坚持一体发展、重心下移的原则，树立“市区一盘棋”和“市区和谐共强”的理念，把和谐发展、共建共享作为贵阳市、区两级的共同目标，科学界定和划分区、街道、社区的管理范围、职责和权限，理顺城市管理各部门之间的关系，形成以区级为主导、社区为主力的城区管理格局。赋予或授权社区更多的城市规划、建设、管理职能，真正实现属地管理，保证宏观管理职能相对集中在市，事务性管理职能下放到区；重大决策集中在市，具体实施市区共推。既确保市级具有较强的宏观调控、统筹协调和有效监管能力，又保障区级拥有履行职能职责应有的管理权限；既做大做强市级综合实力，又鼓励支持区级加快发展，充分调动和发挥市、区两级的积极性。

2. 完善城市管理的责任监督机制

实行城市管理工作领导责任制，把城市管理工作作为对各区党委、政府和市有关部门领导干部的重要考核内容。建立权威公正的考核评价制度，按照量化指标管理体系，开展区、社区（乡、镇）两级目标管理考核，评定各部门、单位的履职能力、履职机制和管理成效，推动主动履职、有效履职。探索引入第三方专业评估机构和人大代表、政协委员、群众参与等方式，推进目标管理考核机制向广度、深度发展。通过现代媒体等手段，将各级政府及有关部门履行城市管理职责、执行管理标准和实现管理效果等方面的情况纳入社会公开监督体系。

3. 改革城市管理模式

按照“政企分开、建管分离”改革思路，进一步转变传统的城市管理模式，积极探索市场化运作机制，打破行业和地区垄断，吸引社会资源，走专业化、企业化经营路子。一是精简管理层级，实现领导体制扁平化。减少中间管理层级，能使区委、区政府及区相关部门的管理、服务“一竿子插到底”，落实到群众中。二是创新模式，推动公共管理服务资源向社区聚集。让社区拥有更多的资源和较强的统筹能力，在更高层次上实现“有人理事、有钱办事、有场所议事”。从而使社区更加贴近群众，更好地发挥服务群众的作用。三是推行“居政分离”，促使居委会回归自治。居委会不再承担行政管理性事务，将主要开展精神文明建设、办理公益服务事业、推动社区志愿服务以及开展群防群治、调解民间纠纷等自治活动。

（三）深化群众工作体制机制改革

深化群众工作体制改革，是我们党密切联系群众的重要措施，也是依法维护群众经济、政治、文化、社会等各项权益的基本保障。为确保群众工作的长效运行，为进一步发挥群众工作的作用，贵阳从建立完善群众工作机制入手，推进群众工作制度化、常态化。

1. 健全群众工作制度

一是建立健全联系群众的工作机制，让党员领导干部扎根群众中。例如，建立党员领导干部经常到基层调研的制度、推行党员领导干部“民情日记”制度、健全选派党员干部下基层培养锻炼的制度等。二是建立健全组织群众的工作机制，让党员领导干部“干”在群众前。如建立定期宣传党的路线方针政策的制度、创新基层党组织工作制度等。三是建立健全服务群众的工作机制，让党员领导干部心系群众难。如建立健全方便群众办事的制度、建立畅通群众表达意愿渠道的各项制度、建立解决基层和群众实际问题的工作机制等，把党员干部为民办实事的活动制度化、常态化，尤其是把党员领导干部为民解忧、为民办事的情况纳入到党员领导干部的政绩考核体系中，使广大党员干部切实把党员的先进性要求体现到实际行动上，既让困难群众切实感受到了党的温暖，又使广大党员干部深受教育。

2. 拓宽社情民意表达渠道

建立多渠道政府与社会沟通回应机制、多层次的群众心理沟通渠道、群众信访理性诉求沟通机制等，构建理性化的社会沟通系统。一是搭建多种形式沟通平台。在畅通信访渠道、着力办理信访事项上提高效率，把领导下访和公开接访作为一项制度性建设，保障群众话有处说，怨有处诉，难有处解，事有处办。通过直接或间接的方式，拓宽与群众联系的渠道，下情上传、汇集民声。充分发挥各级人民代表、政协委员、各民主党派在反映社情民意中的作用，认真做好议案、意见、建议、提案办理工作，扩大人民群众政治参与的正当性、制度性保证。二是构建互联互通的信息系统。建立起长效性的政府与群众信息互通机制，通过政府门户网站、各种政府公务热线、各种民主恳谈会和领导干部联系群众制度等形式，使领导机关与基层单位、领导干部与普通群众在公共事务上交流畅通、信息共享。特别是建立起对突发性公共事件的预报及化解处理后的公开披露制度。三是加强社情民意的汇总分析。发挥信访部门作为民意表达的主渠道作用，及时反映社情民意，紧紧围绕群众诉求和维权的热点问题、信访工作的制约因素，开展贯彻相关法规和政策的基础调研，及时提出意见建议，当好党委政府决策的参谋助手。

3. 健全群众诉求解决体系

构建公正高效的群众司法诉求机制，创新执行方法方式，健全法律援助体系，让群众能够及时得到司法救助。不断拓展参与民主监督和民主管理的途径，发挥各级人大、政协以及法律专家在依法维权中的监督作用，形成有效的法律监督机制，维护法律的权威与公正。充分调动群众组织的积极作用，配合各级人大，协同司法机关和执法部门，加强相关法律法规执行情况的监督检查，严肃处理各类侵害群众合法权益的行为。健全人民调解、行政调解、司法调解、劳动仲裁、工会维权等相配套的矛盾纠纷调处机制，依法、及时、合理地处理矛盾纠纷。健全完善由乡镇（街道）、村（社区、企业、行业）调委会、调解小组和调解员或纠纷信息员组成的四级人民调解工作网络，扩大调解的社会覆盖面。

4. 建立有效的利益协调机制

把维护广大人民的根本利益作为建立健全利益协调机制的出发点和落脚点。一是加强保障性社会政策的调节。围绕人人享有社会保障的目标，深入推进城乡一体的公共服务体系，扩大社会保障覆盖面，提高社会保障享受水平，构建社会保险、社会救助、社会福利和慈善事业相衔接的覆盖城乡居民的高质量、多层次、普惠型的社会保障体系。二是加强发展性社会政策的调节。加快推进人事、户籍、就业等方面的体制改革，突破制约社会流动的各种障碍，形成公正、合理、开放的社会结构。三是建立多主体利益协调机制，即充分发挥政府在社会利益协调中的作用。建立基本公共服务的社会参与机制。在政府承担基本公共服务主要提供者责任的同时，通过市场机制的不断完善，制定和完善相关政策，积极创造条件，鼓励和引导社会组织参与公共服务的提供，发挥包括企业在内的公共服务主体作用。四是强化政府在收入分配上的调节作用，按照“调高、扩中、保低”的调节原则，建立平等参与市场竞争的收入分配制度。

（四）深化公共安全管理体制机制改革

1. 食品药品安全方面

一是整合监管职能和机构。结合贵阳实际，将食品药品监管部门、工商行政管理部门、质量技术监督部门的食品安全监管和药品管理职能进行整合，组建食品药品监督管理机构，对食品药品实行集中统一监管。二是整合监管队伍和技术资源。参照《国务院机构改革和职能转变方案》的要求，市、（区）县各级质监部门划转相应的监管执法人员、编制和涉及食品安全的检验检测机构、人员、装备及相关经费，具体数量由各区县实际确定，确保新机构有足够力量和资源有效履行职责。同时，整合（区）县级食品安全检验检测资源，建立区域性的检验检测中心。三是加强监管能力建设。吸纳更多的专业技术人员从事食品药品安全监管工作，根据食品药品监管执法工作需要，加强监管执法人员培训，提高执法人员素质，规范执法行为，提高监管水平。四是健全基层管理体系。充实基层监管力量，配备必要的技术装备，填补基层监管执法空白，确保食品和药品监管能力在监管资源整合中都得到加强。推进食品药品监管工作关口前移、重心下移，加快形成食品药品监管横向到边、纵向到底的工作体系。

2. 生产安全方面

一是建立健全安全生产体制机制的总体目标。在体制方面，努力构建市、县（市、区）、乡镇、村居四级安全监管网络，进一步理顺各级政府安全监管责任；在机制方面，建立严格的安全生产考核机制，形成安全生产监管的长效机制，形成权责明

晰、职责分明、社会协调的工作体系。二是加强责任体系建设，强化各级安全责任。坚持以党委领导为核心，落实政府监管责任，强化企业主体责任，完善考核评价机制。三是加强事故防范体系建设，落实预防为主的方针。构建隐患排查机制，完善事故预防机制，建立信息共享机制，健全责任追究机制。四是加强管理制度建设，奠定安全监管基石。五是完善政策法规，改革行政许可，强化日常检查。六是加强安全监管体系建设，形成齐抓共管的局面。强化综合协调，推行“网格化”管理，严格行业管理，规范企业管理，把安全生产的法律法规、标准规范和规章制度等各项要求落到实处。

3. 社会治安防控方面

一是预防机制。建立社会化大预防工作格局，营造群防群治的社会氛围，建立预防工作组织协调机制，整合各种社会预防资源，建立以公安派出所为骨干的治安防范机制，重点对案件多发区域、部位、时段，制定相应的矛盾纠纷调处工作预案，一旦发生问题，确保及时有效解决，防止矛盾激化、升级。 二是信息传输机制。构建系统化、集成化的信息网络，充分运用微机互联网等现代科技手段，提高社会治安管理信息的采集、传输、应用能力，加强对社会治安状况的信息控制。将现代化的信息技术和先进的交通、通信手段，积极运用到社会治安防控。三是综合协调机制。建立权威的指挥调度机构，在市、县（区、市）、乡镇（社区）建立党委统一领导下的，由综治委牵头、各成员部门参加的社会治安防控指挥中心。四是快速反应处置机制。对各类社会治安稳定问题特别是突发的重大案件、重要事件、重大安全事故、集体上访等，能够快速掌握，迅即做出反应，并在第一时间采取相应的控制和应对措施，确保指挥统一、接警顺畅、出警迅速。五是考核评价机制。以县为单位，设计制定统一的社会治安稳定形势评价标准，合理设置指标参数，把每一项内容尽可能地细化，根据综合测算，确立一个标志治安稳定的正常值，以正常值为尺度，划分稳定等级，并制定详细的、对应的控制和处置预案。

4. 突发事件应急管理方面

一是建立完善的应急管理指挥系统。对突发事件实行一元化的领导、组织、协调和指挥，并根据突发事件的种类、规模、发生的可能性、社会影响程度等因素，实行不同等级公共危机事件的分级管理，并规定相应级别的机构启动相应级别的指挥系统来实施救灾。二是建立完善的城市应急管理系统。在各职能部门已有的信息系统的基础上，充分利用遥感、遥测等现代技术，实现城市基本数据库与应急数据库对接，设置统一的突发事件报警电话。三是重视减灾和预防工作。在建立新型的应急管理体系过程中，决策者应在观念上实现从“灾后反应文化”向“危机预防文化”的转变，特别关注危机管理中的减灾与预防阶段，加强制度建设。

（五）深化社会组织体制机制改革

社会组织是把双刃剑，引导培育得好，能为和谐社会建设发挥巨大作用，管理得不好，则容易发展成为影响社会稳定的有害力量。贵阳深化社会组织体制改革，就是以民间组织服务中心为平台，通过为民间组织提供服务和扶持，探索出“管理寓于服务、服务渗透管理”的社会民间组织管理新体制。这种新体制能够使社会组织在政府和公民社会之间架起沟通桥梁，引导公民社会真正参与到社会公共事务管理的过程中来，建立政府和公民社会在公共治理中的伙伴关系。

1. 简化登记程序

制定社会组织设立指引办法，明确鼓励、限制、禁止的界限和范畴，切实降低登记门槛，大力简化审批手续，解决社会组织设立登记难问题；完善社会组织登记管理制度，简化程序，逐步推广直接登记制度，对社区民间组织实行登记和备案双轨制；推进先培育后登记模式，对于符合社会经济发展方向但又没有达到登记条件的公益性社会组织，可先进行培育，待条件成熟再进行登记。

2. 规范监管体系

对社会组织通过志愿机制供给的公共物品实施监管，包括对供给质量和标准的监督，对收费项目、收费标准和财务活动的监督，以及对可能出现的负外部效应进行约束。各职能部门加强对社会组织年检、审计、财务、社会捐赠使用等方面的监督，严格审定社会组织的赢利使用；业务管理部门注重强化预先审查，严格审定业务资源，确保社会组织有能力开展活动；加强业务指导和沟通，引导社会组织在政策制定和相互协调等方面发挥积极作用；建立健全业务评估管理制度，促进业务管理专业化、规范化发展；加强与登记管理部门的沟通协调，形成联动管理机制。

3. 加大政策扶持力度

根据社会组织的服务事项，以及社会组织发展不同阶段的要求，分别采取政府购买服务、政府资助和政府奖励等多种方式予以扶持。财政扶持资金实行计划管理、专款专用，遵循公开、公平、公正要求，接受社会监督。完善财政扶持资金操作流程规范、强化监督。建设社会组织孵化基地，打造政府扶持、发展、服务社会组织的平台，降低新成立的社会组织的日常运行成本，为其提供优良服务，促进社会组织的发展。制定和完善社会组织发展的配套保障措施，解决困扰社会组织发展中专职工作人员劳动人事制度、社会保障、职称评定、职业建设等突出问题。

4. 促进社会组织自身建设和自我发展

一是推动以章程为核心的制度建设，确立章程在社会组织中的根本准则地位，明确章程的核心作用，通过规定社会组织的宗旨、基本活动准则和治理结构等，保证社会组织的发展方向，为社会组织更加有效地进行自我管理提供制度保障。二是建立健全社会组织的内部治理结构，明确全员大会、理事会、会长、秘书长、监事

的责权。三是完善社会组织的内部管理制度。建立各项议事规则、秘书处工作、财务管理、信息公告制度等内部管理制度，促进社会组织日常管理规范化和公开化。建立健全社会组织监督机制，加强会员对协会工作的监督。四是培养社会组织的自我发展能力。在内部管理、成本控制、资金运作和项目实施等工作中，社会组织要借鉴、吸收国际社会组织管理和运作经验，提高获取社会资源的能力；要通过积极承接转移政府职能和项目服务，争取财政资金的支持；要通过拓展行业服务范围，提高服务质量，提高组织吸引力和竞争力，提升获取发展资金的能力。

5. 加快立法进程

加快社会组织管理立法进程，重点对社会组织的登记管理、政府资助、政府采购、资产界定、信息公开、评价体系、监管机制等进行规范。借鉴香港法定组织立法经验，探索社会组织法定机构立法，对社会管理和公共服务领域发挥重要作用的社会组织，通过专项立法明确其法律地位和职能，规范服务行为和标准。

（六）深化干部考核体制机制改革

只有逐步完善干部监督考核制度，才能确保权力在阳光下运行，只有权力监督得到完善，责任得到落实，才能真正筑起社会治理体系。

1. 完善考核评价体制

建立干部考核考评指标体系，树立“以人为本”的科学发展观，坚持人的全面发展思想，尊重劳动，尊重知识，尊重人才，尊重创造，把德才兼备，注重实绩作为考评干部的重要标准。建立考评指标以激励干部为目标。与干部的培养、晋级、奖惩、任用等制度紧密结合起来，做到奖惩分明，激励与约束并用，考评才能取得最佳效果，以此达到目标激励、责任激励、效果激励的作用。建立考评指标突出重点实施正确的目标导向。让干部在工作目标明确的前提下，最大限度激励干部的工作效能，充分发挥干部的积极性、主动性和创造性，实现干部工作考评的目的和要求。建立考评指标以体现客观公正为原则。增强指标的普遍性和可操作性，既全面反映干部的综合素质、能力和水平，更体现干部工作绩效客观公正的普遍性原则，尽可能减少一些不确定因素的影响，降低次要因素制约，对干部工作绩效做出合乎实际的客观公正评价。建立考评指标重视群众的公认程度。坚持群众公认的普遍性，加大群众参与考评的权重，增加群众的知情权、参与权、选择权和监督权。建立考评指标注重健全完善日常监控体系，构建立体考评网络。健全完善目标运行情况定期报告制度、目标运行情况“公示”制度、档案、台账制度和责任追究制度等各项制度，逐步推动干部实绩考核日常监控工作走上制度化、规范化、程序化轨道。

2. 建立自我监督机制

一是进一步加强干部推荐环节的监督。实行空职预告制度，当领导职位出现空缺时，组织人事部门在干部选拔前的一定时间内，对拟选任的空缺职位、岗位要求、任职条件、选拔方式等内容在一定范围内公布，使群众知晓，让群众参与，让选拔干部在阳光下运行。二是进一步加强考察考核环节的监督。全面推行考察员制度，选聘政治素质高、表达能力强、群众基础好、个人威信高的干部，建立一支高素质的干部考察员队伍。实行差额考察，拓宽在不同层面、不同范围、不同地域的立体考察，并通过对多个人选的综合比较分析，努力实现强中选好、好中选优的目标。三是进一步加强讨论决定环节的监督。推行督导员制度，督导员队伍可由组织人事部门、纪检监察部门等有关人员组成，由上级指派专门督导员列席下级领导班子会议，督导员不干涉下级研究的具体人员，但在具体讨论过程出现明显违规现象，有建议暂停会议权。四是完善监督网络、畅通信息渠道。加强对干部选拔任用过程的开放性监督，建立上下结合、左右渗透、覆盖面广、渠道畅通、反馈及时、信息共享的干部监督信息网络，不断增强干部选拔任用工作的公正性和透明度。

3. 扩大公民监督权力

一是健全监督机制，加强公众和舆论监督。注意监督主体之间的协调，强化监督主体的独立性，落实党内监督条例，加强民主监督，发挥好舆论监督作用，增强监督合力和实效；加强公民监督和舆论监督，加大新闻媒体的舆论监督，舆论监督以其置身于事外而具有公正性。二是健全行政监督法规，实行行政监督的法治化。建立一套较为完善的法律制度体系，将公共政策制度过程纳入法治化的轨道，加强行政监督立法，既制定了实体法规，还制定了行政监督程序法。统一立法，尽快形成一系列互相配套、覆盖范围广、操作性强的法规体系。明确规定立法监督、执法监督和守法监督三项内容，并把执法监督和守法监督作为重点。三是进一步完善政务信息公开制度，切实保障公民的知情权，提高公民参与监督的有效性和及时性。实现政务公开法治化，充分利用信息时代的技术优势，扩大政府信息公开化的义务主体范围，提升信息公开的广度。不仅强调保证公民的参与权，而且还要保证公民的有效参与，即公民参与后能充分有效地发挥其参与的作用。四是建立和健全公民参与对官员的评估机制。形成科学的评估体系，提升政府管理能力，形成以绩效为导向的管理机制，提高行政效能。在对行政官员绩效考核时，吸纳群众的意见，把群众意见、“公民满意度”作为考评干部的重要砝码。

Part

4

Practice of the social governance system and governance capacity development of Guiyang

贵阳社会治理体系和治理能力发展实践 >

一、群众工作创新新经验

在治理理论中，“公众”“基层”“民间”“不限于政府”等是核心词汇。“群众工作”“基层工作”是推进社会治理创新的重要着力点。随着经济社会发展，贵阳市城区规模不断扩大，人口不断增加，旧的社会管理体制机制越来越难以适应新形势发展的要求。同时，新问题又在不断产生和累积。一段时间以来，这些矛盾与问题得不到妥善解决，严重削弱了贵阳市社会发展的活力、制约了贵阳市社会治理能力的提升。贵阳市为化解社会治理中的深层次矛盾与层出不穷的新问题，把探索“群众工作创新”当成这一时期社会治理的重点内容。近年来，贵阳市以群众工作为统揽，通过创新群众工作体制机制、搭建群众工作平台、改进群众工作方法等举措，在构建社会治理新格局的基础上，提高了社会治理的民主化、科学化水平，从而促进了社会和谐有序的发展。数据显示，2013 年，贵阳市全市信访总量件次、人次同比下降 6.6%、7%，未发生影响重大的群体性事件，群众安全感和幸福指数分别达到 94.2% 和 91.78%。

（一）创新群众工作体制机制，奠定社会治理根基

1. 创新工作机制，推动社会治理系统化

由于社会治理和群众工作涉及面广，且没有专门的部门协调统领，贵阳市的群众治理工做出现多部门无序参与——“九龙治水”的局面。这不但影响全市社会治理工作的总体运行，也给贵阳市群众的日常活动带来不便。2011 年 5 月，贵阳市破题顶层设计，在全国率先成立市、区两级党委群众工作委员会（简称群工委），并于 2014 年 2 月加挂“社会建设工作委员会”的牌子，对全市社会治理和群众工作统一领导、全面统筹、系统推进。群工委作为常设机构，由党委专职副书记任一把手，一名副书记（市长）主抓经济、一名副书记主抓社会治理和群众工作。群工委成立后，初步形成了党委统一领导、权威机构牵头协调、相关部门齐抓共管的工作格局，有效解决了“九龙治水、终究不治”的问题。

市委群工委成立以来，制订了以社会治理“十二五”规划和年度工作目标，创新了以“项目化”运作为基础的任务分解体系，建立了以专项财政经费和预算增长机制为基础的财政保障体系，健全了以“群众满意度”为核心的综合目标考核体系

和以工作绩效排位制、问题限期整改制和责任追究制为基础的实施监督体系以及以地方性法规、政府规章等为支撑的制度保障体系。

2. 出台政策法规，推动社会治理法治化

贵阳市制订《贵阳市社区工作条例》这一地方性法规，并下发《干部联系群众实施细则》《公众参与社会管理办法》等涉及社会管理和群众工作的60多个规范性文件。贵阳市的社会管理创新工作已基本步入了法治化、规范化轨道。

3. 实施三级管理，推动社会治理扁平化

由于街道办事处主要精力抓创收，对社会治理“有力无心”；居委会又“琐事”缠身、能力有限，服务群众“有心无力”，导致了社会治理过程中出现不少“空白”。为此，从2010年2月开始，贵阳市在全国率先开展了以精简层级、转变职能、夯实社区、提升服务为主要内容的城市基层管理体制改革。先后撤销全市49个街道办事处，成立93个新型社区，变“市—区—街道—社区”四级管理为“市—区—社区”三级管理，以扁平化为基层管理发展的方向。

4. 建立新型社区，推动社会治理服务化

通过采取“减、转、分、合”，开展“三创一强一提升”等措施，着力建设“新型社区·温馨家园”。新型社区不再承担经济“任务”，而主要是履行“服务群众、凝聚人心、优化管理、维护稳定”等工作职能，发挥“托底”作用。社区实行“一委一会一中心”治理架构，有效整合社区群众资源和社会资源，打造“15分钟服务圈”，完善社区管理服务新流程，形成社区居民提议、社区党委决策、社区服务中心执行、群众评议成效的新模式。

（二）构建两大工作平台，提高治理与服务能力

1. 搭建信访调处工作平台

针对群众“信访不信法”，不走正常途径解决问题的情况，贵阳市从两个维度搭建了两类信访调处工作平台。一种是由上自下，从政府部门层面出发，组建市群众工作中心；另一种是由下自上，从社会公众层面出发，组建和谐促进会与专业调解委员会。

2011 年 6 月，贵阳市在市信访局的基础上，组建了市群众工作中心，中心主任由市委专职副书记兼任。市群众工作中心设有接待大厅，主要将涉及征地拆迁、国企改革、城市管理、涉法涉诉等信访热点难点的 28 个市直部门集中起来，直接接待群众来访，处理群众诉求。

市群众工作中心建立健全了“三级调处”工作机制，实行矛盾纠纷“一站式”化解、群众需求“一条龙”服务、信访事项“一体化”办理，把矛盾纠纷的“中转站”变成“终点站”。“一级调处”就是对只涉及单个市直部门的群众诉求，由进驻市群众工作中心的部门接待窗口直接调处；“二级调处”是对涉及多个部门或责任主体不明确的群众诉求，由市群众工作中心组织相关部门共同调处；“三级调处”是对涉及面广、影响较大、疑难度高的群众诉求，由市委、市政府主要领导或分管领导牵头调处。中心设立法律服务室、和谐促进会、群众工作志愿者服务室、心理疏导室、便民巡回法庭，实现了人民调解、行政调解、司法调解“三调联动”。2012 年，贵阳市信访总批次、总人次同比下降 45.5%、56.5%，信访事项化解率、积案化解率分别提高到 92%、93.1%。2013 年，信访积案化解率达 96.1%。特别是党的十八大召开期间，贵阳市顺利实现六个“零”的目标。

2011 年 3 月，由统战部门推动，贵阳在市、区（市、县）两级成立由民营企业、各民主党派、宗教团体等负责人、社会各界人士组建的和谐促进会。和谐促进会通过思想劝导、心理治疗、资金救助等多种方式，对上访群众进行“柔性”调处。从和谐促进会成立至 2013 年 10 月底，各级和谐促进会已筹集资金 1.14 亿元，投入帮扶资金 7300 余万元，调处各类社会矛盾 670 个，惠及群众 12 万余人。同时，为有效调处重点领域、重点行业形成的社会矛盾，贵阳市建立了劳动纠纷、医患纠纷、

贵阳市六个“零”目标

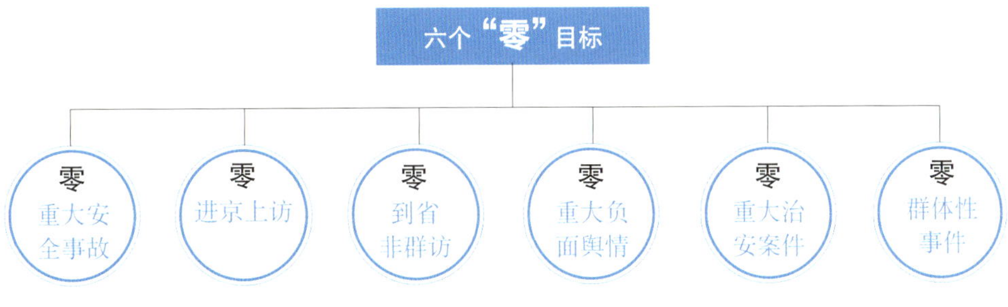

矿群矛盾、物业纠纷、交通事故等8个专业调解委员会和137个调解工作室，成功调解各类纠纷2.16万件。另外，贵阳市从人大代表政协委员、退休干部和“五老三贤”等群体中招募人员，组建了每个区（市、县）不少于100人的群众工作志愿者队伍，就地就近开展矛盾化解、法制宣传、民情收集、扶贫济困等活动。

贵阳市通过建立和谐促进会、专业调解委员会以及志愿者队伍，积极调动第三方力量有序参与社会管理，创新了政府与社会、个人共同参与社会治理的“大合唱”协同模式，奏响了社会和谐的“最强音”。

2. 搭建民意诉求平台

为及时了解社情民意、方便群众反映诉求，贵阳市开通了“百姓—书记市、区（市、县）长交流台”，该交流台直接通过电话、短信、信函等方式，解决广大人民群众遇到的“难治之症”。同时，贵阳市整合服务资源，成立12319公共服务指挥中心，开通“12319”公共服务热线。按照“一线接听、分类处置”的原则，在食住行、水电气、看病就医、社保就业、城市管理等方面，为群众提供政策咨询、流程解答、求助投诉、建言献策等全方位、全天候、全程式的综合服务，有效解决了群众在生活生产中遇到的难题，做到“民有所呼、我有所应”。

（三）改进工作方法，进一步向社会治理转变

1. 面对面为民服务

为切实解决为民服务“最后一公里”的问题，贵阳市按照“四有六统一”标准，在全市75个乡镇、93个社区、913个村、532个居委会成立了群众工作站（室），设立群众说事室、道德讲堂等，做到每个群众工作站（室）都有分管领导和具体工作人员、有接待群众的场所、有一名信息员、有保证工作正常运转的措施，并对机构设置地点、标识标牌、工作制度、工作台账、工作流程和运转机制进行了规范统一，真正让群众话有地方说、事有地方办、困难有人帮、问题有人管。同时，为将服务触角延伸到基层，贵阳市全面推行社区网格化服务管理，以200—400户为标准划分网格，每个网格配备1至2名网格员，提供面对面上门服务。在农村，深入开展“百乡千村万户”大走访活动，组织党员干部进家入户讲政策、听意见、察民情，竭力解决实际问题。

2. 心贴心为民解忧

贵阳市积极面对问题，竭力化解矛盾。四大班子领导包片包案带头化解，各级党政“一把手”站在一线、接访协调，其他领导“一岗双责”，按照一件案子一个包案领导、一个工作班子、一套化解方案、一套稳控措施、一定的化解时限、一个化解结果、一个后评效益评估报告的“七个一”要求，通过靠前指挥、事要解决、建强平台、健全机制等措施，尽心竭力维护好、解决好群众的切身利益，做到群众来信来访 100% 有说法、100% 有结论。

2014 年，贵阳市将其确定为“积案化解年”，把信访维稳工作作为全市教育实践活动反“四风”的“一号工程”来抓。截至 9 月初，“一号工程”中省“百日攻坚”和市“积案化解年”交办的 1562 件信访案件，已化解了 1547 件，化解率达 99%。

3. 实打实为民办事

贵阳市在发展任务很重的情况下，围绕“收入低、就业难、上学难上好学难、看病难、养老难、治安形势严峻、住房难、行车难停车难、买菜难买菜贵、活动空间少”等民生“十困”，每年投入 60% 以上的财力，办了一批群众看得见、摸得着、感受得到的实事好事。在为民办十件实事工程建设中，为了把有限资金用在“刀刃”上，贵阳市变“政府配餐”为“群众点菜”。在每年年底发布征求意见信息，办理内容由群众提议、建设过程由群众监督、建设成效由群众评议、建设成果由群众维护。同时，贵阳市为切实转变政绩观，建立健全绩效评估体系，下发了《贵阳市社会稳定风险评估办法》，其目的就是要实打实为民办事，坚决杜绝工作中的推诿扯皮、敷衍塞责，让市民的幸福指数与全市的经济社会发展指数一同增长。

（四）完善“四项制度”，健全群众工作的长效机制

1. 建立联系群众制度

贵阳市出台了《干部联系群众实施细则》《后备干部到群众工作机构挂职锻炼制度》等制度，鼓励和引导各级干部深入基层，采取基层问政、网络听政、一线施政等方式，做到查实情、办实事、求实效。2014 年，全市选派 220 名副科级以上机关党员干部，到农村建强基层党支部、推动社会综合治理、促进当地经济社会发展。

2. 建立群众参与制度

贵阳市研究制定了《公众参与社会管理办法》《社会管理和群众工作公众评价方案》《重大事项社会稳定风险评估办法》等制度，鼓励和引导公众积极参加基层民主管理，参与公共决策，把群众支持不支持、拥护不拥护作为决策、立项和创新改革的重要依据及前置条件。

3. 建立监测评价制度

贵阳市建立了由公共服务、医疗卫生、社会保障、公共支出等十个方面 37 个指标构成的社会治理统计监测指标体系，采取年度监测与阶段分析相结合的方式，对社会治理工作的目标任务完成情况进行科学监测和客观评价。

4. 建立考核奖惩制度

贵阳市充分发挥考核的“指挥棒”作用，把群众工作实绩纳入干部考察考核的重要内容，实行群众工作绩效排位制、问题限期整改制和责任追究制，促使各级干部站在群众的立场想问题、作决策、抓工作。为此，贵阳市每年拨出专款进行考核、奖励。

（五）重点治理三大领域，促进社会和谐发展

为更好地推进社会治理创新，贵阳市重点对流动人口、特殊人群、互联网这三大领域进行研究。贵阳市将以往的管控模式转变为服务模式，在服务中进行管理，有效地将管理与服务融为一体，切实促进社会的和谐。

1. 着力推动流动人口服务管理均等化

贵阳市将原来由公安部门对流动人口进行管理，调整到人口计生部门对人口进行服务，并以“三管”“六自”“九均等”为突破口，着力解决流动人口享有均等服务。“三管”即通过“以证管人”“以房管人”“以业管人”等方式，做到流动人口底数清楚、家庭情况明白、变化动态准确。“六自”即采取自我约束、自我管理、自我教育、自我服务、自我发展、自我监督的措施，引导流动人口主动融入城市、融入社会。“九均等”即在就业、社保、住房、教育、医疗等推动流动人口逐步转化为户籍人口。

2. 着力引导特殊人群融入社会

贵阳市为使特殊人群尽快融入社会，社会正确对待特殊人群，不歧视、不抛弃，制定下发了《特殊人员安置就业办法（试行）》等文件，鼓励企业接纳特殊人群就业，同时给予贷款贴息、财政补贴等扶持政策。据不完全统计，近年来，贵阳市社会力量兴办阳光就业基地15个，安置特殊人群5300余名，投入扶持经费622.5余万元。

3. 着力维护网络安全与健康网络环境

贵阳市成立了市互联网信息安全工作领导小组及办公室，办公室为市委宣传部所属从事互联网内容管理、互联网信息传播趋势研究和新闻应对的财政全额预算管理副县级事业单位。此外，贵阳市还建立了互联网舆情研判导控服务平台，由全市60余家单位时时进行监测、研判，并共同引导、处置网络舆情，打击网络造谣，维护健康有序的网络环境。

二、城市社区体制新探索

推动城市基层管理体制的改革，是社会治理创新工作的重要基础，是适应当前社会发展新形势下的必然要求。只有当基层管理结构和运行机制理顺、实现“上通下达”的良好效果后，管理人员与社会群众之间才能进行充分交流及意见反馈，社会秩序才能得以稳定运转，社会治理工作才能顺利贯彻执行。从2010年2月起，贵阳市开始整体谋划，在全国率先开展了城市基层管理体制改革，以“减、转、分、合”为核心，以打造新型社区、建设温馨家园为着手点，促进社区职责规范化、服务精细化、管理制度化。根据新型社区面向社区居民、单位服务的功能定位，贵阳市制定了地方性法规和规范服务的管理制度，将社区服务、管理纳入法治化、规范化、制度化的轨道。

（一）“减”——精简层级，工作重心下移

1. 三级管理

为精简社区管理层级、实现管理结构扁平化、提高服务效率，贵阳市撤销街道

党工委和街道办事处，成立新型社区党委和社区服务中心，变“市——区——街道——社区居委会”四级管理为“市——区——社区”三级管理，实行“区直管社区”，促使服务管理扁平化。全市共撤销49个街道办事处，重塑管理体系，成立93个新型社区。原来街道办事处和社区居委会的牌子被撤下，以往办事要跑街道办事处和社区居委会两个地方，现在只需到“社区服务中心”即可。

2. 一社多居

以地域面积和服务半径为主要依据，兼顾人口数量、居民认同感、治安管理、公共服务资源配置等因素，合理划定新型社区管理服务范围，每个社区地域面积2—3平方公里、人口数量2—4万人，打造“15分钟服务圈”，满足社区居民多样化服务需求。将“一社一居”模式改为“一社多居”模式，每个社区设置3—4个居委会。截至2012年4月底，全市撤销所有49个街道办事处，建立93个新型社区，并将其定位为城市最基层的管理单元以及扁平化、综合性的工作平台，不再承担经济职能，不再接受经济考核指标，主要履行服务职能。

3. 温馨社区

在理顺体制机制的基础上，贵阳市按照贵州省委、省政府提出开展“新型社区温馨家园”创建活动的要求，着力创建文明社区、绿色社区、平安社区，建强社区党组织，提升社区群众满意度，并从2012年起，市和区县两级财政每年安排2亿元专项经费，着力解决社区群众身边最现实的民生问题。力争通过3年努力，把80%以上的新型社区建成群众满意的“温馨家园”。

一是打造文明社区。突出社区群众的主体地位，大力弘扬社会主义核心价值观，倡导健康、文明、友爱、诚信和积极向上的社会风尚，使文明之树在社区“开花结果”。

二是打造绿色社区。以生态文明教育为先导，积极倡导绿色、环保、低碳的生产生活方式，引导和鼓励居民做好家庭、小区、社区绿化美化，使用节能、节水、节粮、节材产品和可再生产品等，努力营造良好的生态环境。

三是打造平安社区。平安是最根本的民生。为此，贵阳市健全完善立体化社会治安防控体系和公共安全体系，全面推进社区网格化服务管理，积极预防和化解社会矛盾，同时，以严打“两抢一盗”为着力点，努力提升人民群众安全感。

四是建设社区党组织。为完善区域化党建平台、健全网格化责任体系、构建开放型教育网络、推进精细化管理服务、全面落实民主化管理、建设高标准保障体系，每个社区着力建设“领导班子好、党员队伍好、工作机制好、工作业绩好、群众反映好”的先进社区党组织，形成“条块结合、资源共享、优势互补、共驻共建”的社区区域化党建工作新格局，使党建工作在社区落地生根。

（二）“转”——转变职能，理顺服务管理

贵阳市对成立的新型社区进行了职能的重新定位，拿掉了过去不合理的一些工作职能，如经济职能、计生工作、城市管理等，主要精力放在履行“服务群众、凝聚人心、优化管理、维护稳定”四大职能。将原街道办事处承担的民政、计生、卫生等各类服务性职能划转社区服务中心，工商注册、土地出让金收取、户籍办理等政策性较强的行政审批事项转由区县有关部门派员进驻社区开展工作，城市低保、城镇居民养老保险等涉及面广、服务性强的工作转由区县民政、社保等部门委托社区进行办理，城市管理、人口计生、文化、卫生、社会治安等服务管理职能通过设立社区“一站式”服务大厅、推行网格化管理等方式予以实现。总的来说，在社区层面，主要是将服务与管理有效结合、有效融汇，着力推进社区职责规范化、服务精细化、管理制度化、考核长效化。

1. 职责规范化

贵阳市制定下发了《进一步深化和完善城市社区建设的若干意见》和《关于进一步加强居委会建设的意见》，明确了社区的职能定位、内设机构、运行方式、办事流程和服务标准，以及与区（市、县）各职能部门、居委会的关系。各社区均按服务大厅和党政工作部、社会事务部、群众工作部、城市管理部“一厅四部”设置，统一设计、制作社区门头、标识、牌匾，并按照规范和相对统一的标准为民办事。

2. 服务精细化

社区服务中心大厅与市、区政务服务中心联网办公，实现“一条龙”服务、“一站式”办结。同时，为提高办事效率，贵阳市充分整合资源，建立了社区人口、设施、事件、城管等基础信息数据库和社区管理综合信息平台，并建立了“12319”公共服务平台，80 余家省、市单位联动，为社区居民提供应急处置、政务事务受理、政策业务咨询

等优质服务。此外，为进一步提升服务水平，全面推行网格化管理，按照 200 至 400 户左右划分网格，每个网格配备 1—2 名网格社工，明确工作职责，做好收集社情民意、调解矛盾纠纷、服务居民群众等工作。打通联系服务群众的“最后一公里”，按照“四有六统一”标准在 912 个村、515 个居委会成立了群众工作室，让群众话有地方说、事有地方办、困难有人帮、问题有人管。

3. 管理制度化

贵阳市先后出台了《贵阳市城市社区工作条例》地方性法规，下发了《城市社区工作目标管理绩效考核指导意见》《贵阳市社区管理暂行办法》等一系列文件，将城市基层社会管理工作纳入法治化、制度化、系统化、规范化轨道，确保社区健康有序运行。

4. 考核长效化

为贯彻执行法规政策的顺利开展，贵阳市完善了保障机制和考核机制。保障机制通过“四个纳入”实现了更高层次的“四个有”，“四个纳入”即社区机构纳入事业单位序列、工作人员纳入正式编制、工作经费纳入财政预算、办公服务场所纳入城市建设规划；“四个有”即有机构管事、有人理事、有钱办事、有场所议事。考核机制在《贵阳市社会管理工作目标考核办法》的指导下具体施行，不再设有经济指标考核，而将群众满意度改为50%权重，作为核心考核指标。

（三）“分”——居社分离，厘清政居职责

贵阳市着力探索实行“居政分离”模式，明确居委会和社区各自职能和运作方式。为使居委会切实承担起群众自治组织的职能，实行“去行政化”，将以往承担的行政职能以及出具证明等工作全部交由社区服务中心负责，回归自治属性，在社区服务中心的指导下，由市、区财政保障办公费用，依法组织群众开展精神文明建设、办理公益服务事业、开展群防群治、调解民间纠纷等自治活动。对于需要居委会协助的工作，政府通过向社区服务中心购买服务，实现“费随事转”和“养事不养人”，社区服务中心根据政府的需求，为居民提供专业化、个性化、社会化服务。

（四）“合”——资源整合，形成共治合力

新型社区进行了最佳的社会管理资源配置，拥有更多的资源和较强的统筹能力，更加贴近群众，更好地服务于居民。在社区推行“一委一会一中心”（即社区党委、居民议事会、社区服务中心）治理模式，通过“社区居民提议，社区党委决策，社区服务中心执行，群众评议成效”的方式，构建了“党委领导、政府负责、社会协同、公众参与”的有效载体和工作平台，形成了城市基层社会管理新格局。

1. 建立社区“大党委”制度

以社区党委为核心，驻区单位党组织共同参与建设区域化“大党委”，领导新型社区建设。社区党委书记通过“公推直选”的方式选举产生，选聘有影响力的驻区单位党组织负责人兼任社区党委副书记或委员，实现党组织和党的工作全覆盖。社区党委通过“大党委”工作机制发挥作用，定期召开“大党委会”或联席会议，实现了社区党建工作条块联动、组织联建、党员联管、活动联搞、资源联用、服务联做，构筑了以社区党组织为核心、以辖区党组织为基础、驻区单位党组织共同参与的基层区域化党建工作新模式。

贵阳市社区治理体制创新举措

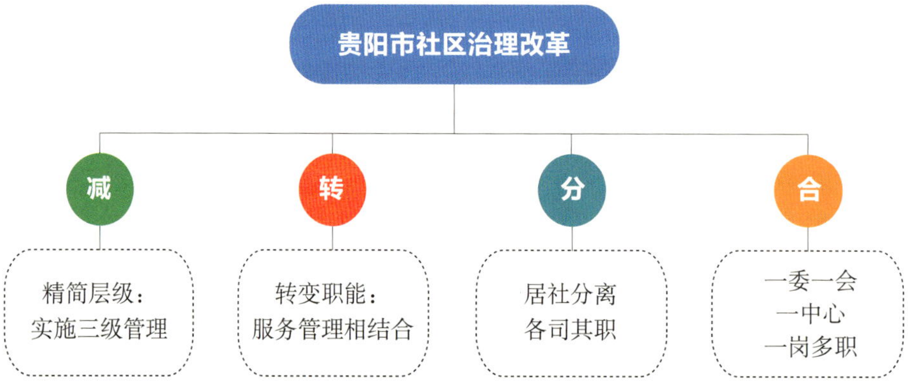

2. 成立居民议事会

居民议事会为社区议事协商机构和体现居民意志的平台，由社区内各行各业代表和居委会负责人组成，在社区党委领导下，采取“群众意见收集会广听民声、议题讨论会汇聚民意、议事决策会兑现民愿、述职评议接受民评”的“三会一评工作法”，代表居民群众和驻区单位对社区事务进行民主决策、民主管理、民主监督，引导群众有序参与社区建设。

3. 建设社区服务中心

社区服务中心是社区从事公共服务和社会管理的事业组织，是直接面对社区群众开展服务管理的平台，设有便民利民服务大厅、居民议事厅、卫生服务站、信访接待室、体育活动中心、社区文化中心、信息中心、警务室等场所和窗口。

4. 打造一岗多职模式

依托信息化手段，实现对上和对下双向连通：对上，与市、区（市、县）两级政务服务中心对接，实现了资源共享、联网办公；对下，在网格化管理模式中，网格社工作为一岗多能的“全科医生”，负责收集社情民意、调解矛盾纠纷、服务社区群众等基础工作，并协助有关部门开展社会治安、社区矫正、劳动就业、城市管理等工作，推动公共服务和社会管理向社区居民延伸，使党委、政府社会服务管理工作“一竿子”插到底，做到“信息全收集、事态全掌控、服务全覆盖”。

三、农村社会治理新突破

加强农村基层民主建设是构建社会主义和谐社会的重要举措，是推进社会主义新农村建设的有力保证。我国行政管理体制改革将民主建设提到前所未有的高度，以民主参与来集思广益，让社会治理措施方案的制定更加切合民生实际需要；以民主监督来保障管理机制的稳定运作，防止治理过程的腐化变质；以民主自治来激发群众的主人翁意识和内生性可持续发展，减少管理部门不必要的冗余职能，提高社会治理工作的效率。近年来，贵阳市开阳县将基层民主建设与农村社会治理有机结合起来，以创新型农村社会治理的进行来推动基层民主建设不断完善，以基层民主建设的强化来巩固农村社会治理成效，二者相辅相成、互有助益。

（一）加强组织建设，开展基层民主有基础

将民主建设融入农村基础组织建设中，通过让人民群众全面参与村干部领导选举、党务政务监督反馈、与党员充分交流等方式，为社会治理工作的进一步深入开展实施奠定好良好的群众基础，获得群众的理解和支持，调动群众对社会治理举措的主动性和积极性。

1. 改进民主选举制度

深入实施“领头雁工程”，不断改进民主选举方式，在有条件的村开展试点，推行“公推海选”制，让选民全过程参与到换届选举中，充分尊重选举人意愿，严厉打击在选举中出现的违法违纪行为和人员，确保基层组织的战斗堡垒作用。

2. 健全群众参与制度

推行党务、政务公开，实行村监会、村（居）民议事会、村（居）民代表大会等制度，强化人民民主权利，提高群众在社会治理中的参与度与主人翁意识，集思广益，保障群众在社会发展和农村治理中的表达权和决策权。

3. 加强党员群众交流

结合教育实践活动，通过“党员干部大走访”、“党员保姆”、“基层夜话”

等活动载体，与群众拉家常、问发展、话政策，与群众进行充分交流沟通，使广大人民群众的智慧和诉求得到充分的运用和落实，广泛收集群众对社会治理工作的反馈意见，及时调整改进社会治理措施和方向，以求更加切实符合群众需求。目前，一共开展“基层夜话”1000 多场，参加群众 4 万余人（次），入户走访群众 7000 余户。

（二）搭建群工网络，开展基层民主有平台

建立完善现代化、信息化的群众工作网络，开拓与群众充分交流沟通的线上渠道，方便群众动态监督社会治理工作的开展，及时收集群众提出的意见和建议，根据具体情况和切实需要调整工作举措，提高社会治理工作的针对性和有效性。

1. 创建参与监督平台

在农村建立群众工作网络，在乡镇级群众工作站和村级群众工作室中设立“六大员”，即便民代办员、人民调解员、治安巡逻员、政策宣传员、信息收集员、法制督查员，推动农村群众积极参与到社会治理中，为群众参与民主管理、民主监督提供平台。

2. 建立农村网格化管理数据库

针对村大难管的实际情况，以自然村寨或片区为单位，推进农村网格化管理，网格长、网格员、信息员、代办员等均由当地群众担任，公布网格管理服务人员的姓名、联系方式、工作内容和监督电话，建立农村网格化管理数据库。目前，全县有 2600 多名群众参与到群众工作站（室）和网格的管理服务中。

（三）发展农村经济，开展基层民主有保障

无论是经济建设还是民主建设，所需资源均涉及人力、物力以及财力三个方面，其中财力支持是建设的根本和必要条件，村级集体经济的壮大是保障农村基层民主建设顺利进行、促进社会治理工作有效推进的关键因素。

因地制宜制定村级集体经济发展模式，重点发展好资源开发型、特色农业型、项目带动型、服务创收型、资产经营型等五种类型的村级集体经济。建立村级集体

经济的保障机制，以资金扶持、结对帮扶、盘活集体土地资源激励、税收减免让利、权益保护为主要形式，用好用活“3 个 20 万”政策。目前，全县 108 个行政村，95 个村已有集体经济收入，村级集体经济积累 7156 万元， 其中 50 万元以上有 12 个，十万元以上有 28 个。

对产权问题、财务管理、收益分配、民主理财等方面进行规范化管理，定期对村务和村级财务情况进行公示，实行严格强化考核督查，确保村级财政用在群众需要的地方。

（四）服务改善民生，开展基层民主有抓手

切实加强机关单位对群众的服务质量，改善与群众切身利益紧密相关的生活水平，保证社会治理举措落到实处，提高群众对社会治理的满意度和支持率。

一是推行窗口单位群众满意度测评制度，对县政务服务中心、乡镇全程代理大厅、村级便民服务大厅进行定期测评，测评结果向社会公开，并纳入各级单位的年终目标考核。

二是推行民生特派组制度，分派专门工作小组，对涉及民生的项目进行监督和管理，督促确保惠民项目落到实处。

三是开展“美丽乡村·四在农家”建设试点工作，采用事前征求群众意见进行民主决议、事中动员群众广泛参与监督、事后组织群众代表验收共管的模式，将上级工作要求转变为群众意愿，让群众全程参与农村建设，增强群众参与村务管理的积极性和主动性，使群众成为管理村务的当家人。

（五）加强教育宣传，开展基层民主有能力

全面提高农村群众的科学、技术、文化知识和思想道德水平，巩固强化他们对社会治理工作的理解和参与民主建设的能力。充分利用农村“道德讲堂”、农村远程教育等平台，以开“院坝会”的形式建立起流动宣传站，加强对农村民主建设的宣传力度，提高群众民主参与意识。目前，已开展流动宣传讲堂 100 多场。继续推广普法活动。利用法律知识竞赛、学法用法演讲、法制故事宣讲等多种形式加强普法教育，增强群众的民主法治意识。深化群众自治，建立完善村规民约。充分尊重

群众的主体地位，通过召开村民代表大会、群众会等形式修订完善约定内容，使广大群众积极参与到共同治理社会的工作中。

（六）促进社会和谐，开展基层民主有成效

目前，开阳县通过拓展多渠道、多层次的基层民主建设，全面促进了农村社会的和谐，取得了多项成效，为农村社会治理树立了良好榜样。

一是解决社会矛盾纠纷隐患。建立动态排查、化解、评估、稳控、处置“五位一体”长效工作机制，推动矛盾由末端处置向源头治理转变、由被动应付向主动作为转变、由注重过程向注重实效转变。

二是建立第三方调处工作机制。创建以德高望重、公道正派的寨老、老党员、老干部、老军人、老教师等“和事佬”为主导的第三方调解机构和志愿者服务机构，动员群众积极参与社会治理，依靠群众力量解决群众问题。

三是开展“民间评比”活动。设立“道德模范奖”“孝敬父母奖”“好人好事奖”“优秀民兵奖”“团结和睦奖”“文明村寨奖”“卫生村组奖”等12个民间奖项，激发

群众之间相互监督、相互促进和相互学习，让群众在争先评优中自觉遵守各项制度、自主做好自身管理、自发参与社会治理。

四、流动人口服务管理新举措

人口流动是经济社会发展到一定阶段的必然趋势，涉及社会发展和经济发展的方方面面。目前，我国流动人口问题已经由改革开放初期以治安问题为主转变为涉及经济社会发展的全方位、多层次、立体性的综合问题，切实做好流动人口服务保护工作，改善流动人口工作生活环境，是社会治理顺利开展的必然要求和重要任务。贵阳市作为省会城市，由于经济社会发展较为迅速，流动人口所占比例较大，人口来源和构成较为复杂，具有一定的潜在社会风险，流动人口管理工作任务较重，社会治理压力较大。截至 2014 年 6 月底，贵阳市流动人口 176.58 万人，占全市总人口的 27.24%。其中，流入人口 123.59 万人，省外流入的 36.02 万人，占 29.15%，省内市外流入的 66.42 万人，占 54.55%，市内流入的 20.14 万人，占 16.30%；流入三城区人口 73.44 万人，占 59.42%；流入三郊区人口 36.29 万人，占 29.36%；流入三县一市人口 13.86 万人，占 4.8%；全市新增采集信息 66.79 万条，录入全员人口服务管理信息平台 19.31 万条，通过开展信息比对排查出重点人员 4837 人，查处案件 161 件，抓捕犯罪嫌疑人 112 人。为改进和加强新形势下流动人口的服务管理、大力提升城市社会治理与公共服务水平，贵阳市开展了广泛深入的调查研究，推出了一系列创新性举措。

（一）建立四级联动、部门协同的工作体系，构建“大人口”格局

基于流动人口基数庞大、人员构成复杂、流动性强的特点，贵阳市创建了纵、横两向交错的网络化社会治理工作体系，统筹整合了流动人口和房屋租赁等相关数据，让管理人员能准确、实时掌握监控流动人口信息。

1. 纵向建立四级联动机制

贵阳市在纵向上建立了“市级统筹、区县负责、社区主抓、村居落实”的四级

联动机制，形成了一级管一级、层层抓落实的工作格局。

为统一各级认识，贵阳市委、市政府多次召开市委常委会议、市长办公会议，就抓好流动人口服务管理工作做出了一系列重要指示和批示。市委、市政府分管领导经常下到基层社区服务中心和村（镇）调研、指导流动人口服务管理工作，并提出具体工作要求。成立了贵阳市流动人口服务和管理工作领导小组办公室（以下简称为市流管办），由市流管办定期召开对流动人口服务管理的工作落实会、工作培训会和现场观摩会。通过一系列措施，逐步形成全市上下联动、左右协作、齐抓共管流动人口的共识。

建立健全出租房屋和物业服务四级管理体系。10个区（市、县）全部挂牌并以编办文件正式明确了机构，落实编制36人，其中，观山湖区5人、开阳县5人、南明区4人、白云区4人、清镇市4人、云岩区3人、花溪区3人、乌当区3人、修文县3人、息烽县2人，实际到位31名（其中2名兼职、1名临时聘用）；社区（乡、镇）设立流动人口服务管理工作平台，明确分管领导、牵头部室和专兼职人员，扎实有序推进流动人口服务管理工作；居（村）委会建立综治工作站，按照“一格一警二员”的模式推进工作，配备了社区网格管理员4215名、网格辅警827名和人口计生专干2150名，整合基层工作力量，负责流动人口服务管理的信息采集、录入、比对等相关工作。

2. 横向建立部门互动机制

贵阳市在上下贯通的联动机制基础上，横向建立了部门互动机制，形成了部门齐抓共管、综合治理的工作格局。市、区两级流动人口服务管理工作领导小组每月召开联席会议，听取工作情况汇报，解决工作中存在的突出困难和问题，研究部署长期性和阶段性工作任务。全市初步形成了综治、计生、公安、住房城乡建设、人力资源社会保障5家部门牵头负责，34家市直部门协作配合的工作网络，建立了县、乡月例会部门信息交换工作制度。

（二）探索“三三五”工作运行机制，明确目标、规范流程、统一标准

为提高管理人员的意识和能力，让治理人员准确清晰地理解、把握流动人口管理工作，有系统、有步骤、规模化地实施管理工作，贵阳市实行“三个盯住”、“三个统一”和“五个清楚”的“三三五“机制工作机制。

1. 坚持“三个盯住”，做到任务清晰

始终盯住“两严一降”这个目标，做到始终围绕“两严一降”来制定工作措施，并以“两严一降”来检验各部门工作成效。2014 年 1 月至 6 月，全市刑事发案率同比下降 16508 件，同比下降 22.41%。

始终盯住队伍建设这个要求，按照市委的决策部署，各级部门建立健全了市、区、乡三级流动人口服务管理工作机构和队伍。目前，市、区、乡三级共有专兼职流动人口服务管理工作人员 487 人，确保了各个岗位有人干事。

始终盯住综治工作站这个关键，全市建立了居委会综治工作站 480 个，挂牌办公，配备办公场所和办公设备，整合基层力量，做到信息在综治站收集、数据在综治站交换、工作在综治站完成，切实把工作统筹分配好。

2. 明确“三个统一”，做到信息完整

为规范流动人口的信息采集，贵阳市下发《贵阳市流动人口信息采集工作规范》，提出“三个统一”的信息采集方案，即统一一张基础信息采集入户登记表、统一一支信息采集工作队伍、统一录入一个信息平台。把各部门需求整合起来，制成一张表册，由网格管理员、计生专干、社区民警、辅警统一进村入户采集信息，统一录入全员人口信息平台，解决各自为政的混乱管理和扰民行为，形成“出门一把抓，进门再分家”的工作方法。

流动人口服务管理工作分为三个阶段：第一阶段是集中采集阶段，通过地毯式集中清理，掌握流动人口基本情况；第二阶段是查缺补漏阶段，彻底搞清流动人口底数，分门别类地建立流动人口一般户、关注户和重点管理对象等管理台账；第三阶段为经常性管理阶段，建立完善流动人口长效工作机制。为此，市级财政拨出 100 万元对基层信息采集工作予以补助，对基层每新增采集 1 户流动人口补助 2 元（区级再补助不少于 3 元）。截至 2014 年 6 月 24 日，全市采集流动人口信息 111.43 万余条，其中采集流动人口房屋信息 26.88 万条，调查流动人口用工单位 69592 家，采集就业信息 27.91 万条，办理居住证 81 万个。

3. 落实“五个清楚”，做到全程掌控

“五个清楚”即出租房门牌清楚、居住人情况清楚、居住人职业清楚、居住人来去清楚、重点人员清楚。

为解决口径不一、各自为政的问题，贵阳市自主开发了“全员人口服务管理信息平台”，建立一个横向连接各部门、纵向贯通市区乡村的全员人口信息数据库，为全市提供流动人口“大数据”。该平台于2014年4月1日运行，截至6月24日，已录入流动人口信息108.82万余条，录入率达到了97.66%。

围绕“五个清楚”的要求，市流管办开创流动人口流动“轨迹”管理模式。全员人口信息平台实现1人1档，具有唯一性，每个人的信息不能同时在两地出现，防止动态管理情况不清的现象。如果流动人口发生住址变动，立即会在其户籍地或拟流出地进行信息提醒，若不处理信息就会不停闪动提醒，强迫户籍地追踪和流入地核实。同时，流动人口所有运动轨迹都将在平台上如实记载，有力强化社会治安管控。比如开阳县南山社区人员流入南明区，又经南明区流入花溪区溪北社区，只要南明区录入离开信息和拟流出信息，那么开阳县南山社区和花溪区溪北社区就会收到流动人口提醒信息，处理后提醒信息消失，否则就会不停闪动提醒。

（三）建立四层级预警监督机制，实现流动人口服务管理有序推进

为保障新工作机制的顺利施行，贵阳市建立健全了日交换、月调度、季考核、年评比的预警监督机制，保障针对流动人口服务全天候良好运行，扎实有序地推进监督管理工作，提升流动人口的生活质量和满意度。

1. 信息“日交换”

首先是基层信息交换，特点是“及时”，各社区（乡、镇）、居（村）采集的信息必须在24小时内交换给辖区派出所比对使用，加大社会治安管控力度。通过实时基层信息交换，全市查处案件665件，抓捕犯罪嫌疑人389人。

其次是部门信息交换，特点是“全面”，为加大对流动人口中重点人员的管控力度，市流管办与市公安局网安支队和治安支队召开专题会议，达成信息定期交换使用的协议。2014年4月中旬，市流管办将470万条人口信息提交比对，排查出全省治安重口管理对象4631人（信息交换次日，市网安支队即在观山湖区上麦村破获1起摩托车飞车抢夺团伙，抓获犯罪嫌疑人3名，市流管办对提供信息和配合工作的观山湖区上麦村予以1万元奖励）。通过多次紧密配合，经过两个月时间，市网安部门共抓获流动人口犯罪人员31名，挖破案件29起，其中打掉盗窃团伙2个，抢

劫团伙 4 个，诈骗团伙 1 个。

2. 工作“月调度”

每月对工作进展情况进行督导，掌握工作动态，召集工作例会，研究对策措施。目前市流管办召开了 7 次工作例会，下发了两次督查通报，全力推进工作落实。

3. 目标“季考核”

由市流管办牵头，市综治办、市群工委、市督办督查局联合，对市相关部门和各区（市、县）的工作进展情况进行季度检查，记入年度目标考核内容。截至 2014 年上半年，市流管办开展了一次季度检查和一次半年督查，并对督促检查结果进行了通报，提出了工作对策建议，市综治办开展了一期“非一对一交叉检查”，推进了工作有序开展。

4. 效果“年评比”

市委分管领导分别与 16 家市直相关部门和 10 个区（市、县）负责人签订了目标管理责任书，建立健全了纵向、横向的“双线”目标考核机制，并纳入了市委、市政府的共性目标考核内容，每年年度分别对各区（市、县）和市直相关部门进行考核评比奖惩。

（四）创新“三管”方式，实现工作由突击式清理向常态化管理转变

贵阳市制定流动人口服务管理工作年度推进计划、流动人口服务管理工作流程图、流动人口目标责任书考核办法、流动人口服务管理经常性工作制度（联席会议、联络员工作、信息交换、重大信息报告、月例会、双月调度、季度考核等 11 项制度），使基层工作做到规范运行、有的放矢；出台了“以房管人”、“以业管人”、“以证管人”一系列的指导性文件，指导基层有目的、有计划、有步骤地开展工作，实现工作由突击式集中清理向经常性长效管理转变。

1. “以房管人”

贵阳市下发《贵阳市出租房屋管理工作督查制度（试行）》《贵阳市出租房屋

管理工作考核评估制度（试行）》《贵阳市出租房屋管理联合执法工作方案（试行）》《贵阳市出租房屋巡查管理工作规范（试行）》《贵阳市出租房屋“人、房”信息登记管理工作规则（试行）》《贵阳市出租房屋信息报送工作制度（试行）》等文件，并将房屋租赁管理职权下放各区（市、县）住建局，督促各区（市、县）建立房屋租赁物业管理服务中心。

2.“以证管人”

贵阳市印发《流动人口服务管理工作年度推进计划》《流动人口服务管理工作制度》（十一项）《流动人口服务管理工作流程图》《流动人口信息采集工作规范》《流动人口服务管理目标责任书考核办法》《流动人口示范点建设工作规范》等八个文件，确保基层熟练掌握工作程序，有的放矢地开展工作。同时，市公安局下发《关于按规定时限组织开展＜贵州省居住证＞办理工作的通知》《关于规范办理＜贵州省居住证＞的通知》《贵阳市公安局社会联防联控网底建设工作实施意见和机制》等文件，进一步强化居住证办证和社会治安管理工作。

3.“以业管人”

贵阳市出台《贵阳市流动人口就业和用工管理暂行办法的通知》，督促全市用工单位、企业将其用工情况按月向辖区社区（乡、镇）或居委会综治工作站报告。同时，市人力资源社会保障局下发《贯彻落实〈贵阳市关于进一步加强流动人口服务管理的实施方案〉的工作方案》，指导基层做好“以业管人”工作。

（五）以重点问题为突破口，提升流动人口服务管理的整体水平

由于流动人口人员构成复杂、机动性强、来源去处不稳定等特殊性，关于流动人口的社会治理工作环境尤为复杂，针对流动人口管理过程中最关键的环节和亟须解决的问题，贵阳市创建了多项有效举措。

1. 实施“积分入户”

2013 年 4 月，市委、市政府出台《贵阳市流动人口积分入户管理暂行办法》，同时为对积分入户管理工作的细化与量化，市流管办出台《贵阳市流动人口积分入

户管理实施细则》，两份文件的出台为基层开展流动人口积分入户工作提供了强有力的制度保障，有效推进了农业转移人口市民。

各区（市、县）流管办、各乡镇、社区要分别成立不少于3人组成的流动人口积分入户评审工作领导小组，各区（市、县）流管办、各乡镇、社区分管领导担任组长，对所有上报或移交其他部门的积分入户资料进行集体审核；各相关部门制定具体实施方案，确定分管领导，指定具体处室负责，明确1名联络员专抓积分入户管理相关工作。同时，市直各部门、各区（市、县）在流动人口积分工作方面加大对乡镇、社区的支持力度。

市流管办到各区（市、县）对乡镇、社区具体工作人员进行业务培训，使之熟练掌握流动人口积分入户管理的相关工作流程、工作业务和工作要求，更好地为流动人口提供方便、快捷、高效的服务。同时，各区（市、县）规范了乡镇、社区工作，将相关工作制度、计分标准、工作流程上墙，既方便群众也提醒自己；确保服务窗口时刻有人办公，受理流动人口申请或提供咨询服务；明确专人负责积分入户管理，建立流动人口积分入户管理的个人档案，和人事档案一样，一人一档，专人负责，专柜保存，并录入微机管理。

各区（市、县）、各部门把流动人口积分入户宣传教育工作作为宣教工作的一项重要任务来抓，按照市的宣传方案制定自身宣传方案，同步安排好相关宣教工作；将政策精神、积分入户的项目、标准、办事流程、工作地点以及服务电话等向群众进行公示；进村入户广泛宣传，将宣传延伸到城市的每个层面和每个角落，宣传品入户率达100%，流动人口政策知晓率达90%以上。同时，鼓励基层收集流动人口积分入户典型事例，通过媒体进行宣传，营造有利于加强和创新流动人口服务管理工作的舆论环境。

为规范操作，贵阳市规定了八个工作步骤。第一步，资料准备，流动人口对照积分入户管理计分标准一览表准备相关证明材料；第二步，受理初审，到乡镇、社区申请积分入户管理、填写申请表，乡镇、社区收集流动人口资料并扫描录入微机建立流动人口个人档案；第三步，初步积分，乡镇、社区对照计分标准进行初步积分；第四步，部门复核，对初步积分在260分以上的将资料送部门复核，部门应当自收到资料之日起5个工作日内复核并将结果反馈乡镇或社区，调整完善流动人口积分；第五步，积分排名，乡镇或社区将流动人口的积分情况报区级流管办，区级流管办根据辖区入户指标数进行积分排名，并将积分排名情况反馈乡镇或社区；第六步，进行公示，乡镇或社区对流动人口积分排名情况进行公示 7 天；第七步，办理入户，公示无异议，通过区级流管办将积分排名情况提交区级公安分局出具入户准入证明，并反馈到各乡镇、社区，随后乡镇、社区将入户准入证明送达流动人口手中，流动人口持入户准入证明和公安部门要求的相关资料到居住地派出所办理入户手续；第八步，退出管理，已办理入户的流动人口作退出积分管理处理，保留档案另行封存。

2. 创新农房管理

农房管理特别是城郊接合部的农房管理向来是流动人口管理服务工作的重点和难点，难在难以辨识、难以管理，为此，部分地方结合实际，对城郊接合部的农房进行统一编号（如云岩区蔡关社区第 5 网格 0001 号），一方面便于群众生活，比如寄进寄出东西都有了明确的地址。另一方面便于加大管控，管理单位能准确掌握本辖区有多少房屋、有多少出租屋、租住多少流动人口、其中有多少重点对象，在打击犯罪时也能清楚准确地指向具体房屋。

3. 开展分类管理

通过大规模的宣传、培训和实践，基层人员认识得到提高，不再单纯就流动人口管理流动人口，而能结合“两严一降”、“平安建设”等要求做好流动人口服务管理工作，基本掌握了根据不同人群生活的特点做出不同反应，如对用水、用电超常的人户会及时上报社区核实是否有传销嫌疑，对一些有明显标识（如头巾、服饰）的特殊人员（涉藏涉疆人员）会及时上报相关部门，对一些长期白天睡觉不上班的年轻人和一些家中有较多同类物品（如手机、提包）等人员会作为重点监控对象报告当地派出所。在大量实践基础上，探索铸造了一支全民防控的基层队伍。

4. 下放房屋租赁职权

市住建局逐级下放了房屋租赁、物业企业和房地产经纪机构管理的管理职责和权限，使社会治理工作重心下沉到社区（乡、镇），充分调动了基层的工作积极性和提升了管理效能，促使物业服务企业、房地产经纪机构和广大群众主动参与到“以房管人”工作中来，积极报送相关人、房信息。通过建立市、区、乡、村四级管理考评制度，责、权、利逐渐明晰，促使出租房屋及流动人口管理工作向“底数清、管得住、服务好、涉案少” 的目标稳步发展。

（六）通过示范点以点带面，推广成功经验

贵阳市制定了《贵阳市流动人口服务管理工作示范社区（乡、镇）建设标准》，在全市选定15个流动人口较为密集的社区（乡、镇），引导基层抓点示范，以点促面提升整体工作水平。在各区（市、县）的高度重视和大力支持下，15个社区结合实际分别探索出了一些成功的经验做法，比如云岩区蔡关社区的农房编号工作、流动人口“五化”管理、南明区二戈寨社区的部门联动全面防控等，市流管办召开现场观摩会在全市予以推广。

此外，各区（市、县）创建了一批各具特色的有力措施。南明区确立了“一个网底覆盖、两个平台统分、三级信息交换”的工作机制，对工作进行了科学顶层设计；云岩区率先在全市启动信息采集工作，在农房编号工作上进行了探索实践；白云区对流动人口服务管理工作实行周调度；修文县首家实施对房屋租赁户的处罚；乌当区单独设立流动人口便民服务窗口，在全市首家购买省级居住证制证机；清镇市网格管理员配备在全市较为齐全，网格格警全部按照事业单位人员管理；观山湖区在常委会通过并率先兑现流动人口信息采集经费；开阳县每月对网格管理员管辖的出租房屋进行检查，对出租屋管理达到“五个清楚”要求的按每户5元予以补助，实行以奖代补，提高网格管理员报酬；息烽县强化信息采集工作，信息采集率、录入率均达100%。

五、特殊人群管理新工程

加强特殊人群管理和服务，对于实施社会治理有着极为重要的现实意义。之所以这么说，是由特殊人群的“特殊性”决定的。其一，特殊人群由于自身或社会原因，属于边缘人群，容易被社会“忽视”、“遗弃”或“歧视”，因而具有弱势群体的特征，需要对特殊人群的生活改善给予高度关注；其二由于种种原因，特殊人群带来的社会矛盾和社会问题比较多，甚至可能会影响、破坏到正常良好社会秩序的形成。近年来，贵阳市对特殊人群管理服务给予了高度关注，创新了管理服务方式，在对贫困精神病人、空巢老人、留守及单亲儿童、残疾人、特殊群体人员、城市流浪乞讨人员、特殊病人、重点青少年群体等八类特殊人群的教育、帮扶、矫治、管理、服务等方面的工作做出大胆尝试和有益探索。

（一）针对贫困精神病人：实行住院治疗补助政策

2011 年 2 月，贵阳市残联下发《贵阳市贫困精神病人住院补助管理规定》，对参保参合的精神病患者，其住院治疗费用按参保参合规定报销后，自费部分分别由区（市、县）残联补助和医院减免；对未参保参合的患者，其住院治疗费用由区（市、县）残联补助一部分、患者家庭承担一部分［无力承担的家庭由街道办事处（乡镇）残联补助］、医院减免一部分。对贫困精神病人住院治疗实行的补助政策，让贫困精神病患者从中获益，基本实现了零负担住院康复。

（二）针对空巢老人、留守儿童：建立社区“亲情联系点”

针对部分留守儿童因长期亲情缺失致性格孤僻、空巢老人因心灵孤独性格偏执甚而严重者还患上抑郁症等现象，贵阳市观山湖区碧海社区服务中心从源头上对空巢老人和留守儿童给予帮助，设法让他们与亲人“见面”。该社区服务中心以远程教育为平台，购进多套视频聊天设备，把教学与服务相结合，建立了“亲情联系点”，并将每天下午 14:00—15:00 作为定时亲情视频聊天时间，免费向空巢老人、留守儿童等开通。“亲情联系点”的建立，弥补了特殊群体对亲人的渴望，使他们从孤僻、偏执当中解放出来，重新绽放笑容、拥有快乐。

（三）针对农村留守及单亲儿童：建设“农村留守儿童之家”

近年来，贵阳市在关爱服务留守儿童方面做了大量卓有成效的工作，不仅在息烽县实行了“代理妈妈”制度，2013 年，全市还建立了 32 个“留守儿童之家”，市妇联自筹资金，在全市建设“留守妇女儿童之家”31 个，并与相关部门共同实施了“共享蓝天关爱农村留守流动儿童行动”等活动。目前息烽县已成为全国妇联农村留守流动儿童关爱服务体系试点。

（四）针对残疾人：实施康复重点工程

贵阳市计划用五年时间（2011—2015 年），通过实施残疾人康复重点工程，使

具有适应指征的一批贫困视力残疾人、贫困听力残疾人、贫困肢体残疾人、贫困精神残疾人、贫困智力残疾人、贫困言语残疾人，分别在白内障复明、助听器适配、普及型假肢装配、精神病人服药、精神病人住院、肢体残疾少年儿童肢体矫治、聋儿听力语言康复训练、自闭症儿童康复训练、智力残疾少年儿童康复训练、脑瘫残疾少年儿童康复训练等方面得到康复服务，确保2015年实现残疾人“人人享有康复服务”的目标，使广大残疾人与健全人共享改革发展的成果。

（五）针对特殊群体人员：实施“阳光工程”模式

贵阳市特殊人群管理服务工作项目组着力打造“阳光就业”品牌，构建“社会力量帮扶特殊群体”新格局，积极协调有关部门研究探索建立鼓励社会企业吸收特殊人群培训就业的贷款贴息、财政补贴扶持机制，拟定《贵阳市关于特殊群体人员就业安置的办法（试行）》《贵阳市刑释解教人员、社区矫正人员、戒毒康复人员综合安置帮教基地的实施意见》。

2012年5月，贵阳市花溪区政法委与爱心企业家合作，成立首家花溪区社区戒毒、社区康复人员集中就业安置点——“阳光就业家园”。2013年6月26日——“国际禁毒日”，贵阳市花溪阳光就业家园燕楼基地落户台资企业贵州康宝农业发展有限公司。该公司为吸毒人员提供了生活、生产平台，志愿帮助其生理脱毒、身心健康、就业安置、融入社会。

贵阳市白云区铝兴社区铝兴居委会设置“阳光工程”就业安置点，引进贵州富康龙泉水有限责任公司设立送水点，鼓励戒毒人员积极参加送水工作或自主创业，建立起以社区为基础，家庭为依托，戒毒治疗、康复指导、救助服务功能兼备的社区戒毒康复工作新体系，以就业安置为核心，形成集生理脱毒、身心康复、融入社会、就业安置四位一体的社区戒毒康复“阳光工程”模式。

（六）针对城市流浪乞讨人员：实施救助管理

城区主要街道、景区、繁华商业区、车站、广场等场所是流浪、乞讨、露宿的重点区域，为加大对流浪乞讨群体的救助，2013 年 9 月贵阳市政府下发《关于进一步加强城市流浪乞讨人员救助管理工作的通知》，规定对流浪未成年人、生活不能自理的老人等特殊人群，实施有针对性的分类救助，并专门成立由民政、公安、城管等 30 多个部门（含各区县市）为成员的流浪乞讨人员救助管理工作领导小组，对各级各相关部门的流浪乞讨人员救助管理工作开展定期或不定期督导检查，将督查情况及时通报并纳入年度目标考核。市、区两级城管和公安部门在巡查中积极劝导流浪乞讨人员，

针对特殊人群的管理措施

特殊人群	管理措施
贫困精神病人	住院治疗补助政策
空巢老人、留守儿童	社区亲情联系点
农村留守及单亲儿童	留守儿童之家，代理妈妈制
残疾人	实施康复重点工程
特殊群体人员	阳光就业工程
城市流浪乞讨人员	分类救助管理
特殊病人	特殊病医院
重点青少年群体	工读学校，台账管理

并告知其向救助管理机构求助。此外，对于无民事行为能力或限制行为能力的流浪乞讨未成年人，被胁迫、诱骗、利用的流浪未成年人、残疾人、妇女等人员，身边无人照料且生活不能自理的老年人、残疾人等流浪乞讨人员，流浪乞讨人员中的危重病人、疑似精神病人（包括痴呆病人）实行分类施救，由110指挥中心通知辖区城管或属地公安派出所将其引导、护送到救助管理机构实施保护性救助、帮扶性、特殊性救助。

（七）针对特殊病人：建设“特殊病医院”

截至2013年6月底，贵阳市累计发现艾滋病病毒感染者和艾滋病病人2400多例，80%以上是青壮年。目前，贵阳市统一在每年的3月和9月对这些门诊的病人进行检测随访，并探索建设“特殊病医院”，收治一批特殊病人和吸贩毒人员。为帮助因注射毒品而感染艾滋病的患者，采取与医院合作的方式，建立一个专门的“特殊病医院”，收治艾滋病人群中的涉毒人群，同时提高美沙酮维持治疗门诊病人艾滋病检测的随访率。

（八）针对重点青少年群体：发展“工读学校”

贵阳市预防青少年违法犯罪专项工作项目组制订《关于开展重点青少年群体排查摸底试点工作的实施方案》，建立未成年人员信息管理系统，对不在学、无职业、流浪乞讨青少年和服刑在教人员未成年子女、刑释解教青少年、农村留守儿童等青少年群体实行台账管理，录入计算机信息库。着力构建失范失足青少年教育挽救工作新格局，制定下发《贵阳市未成年人违法和轻罪记录消除实施细则（试行）》，对未成年人违法和轻罪记录实施消除机制。

针对青少年违法犯罪现象，贵阳市坚持以法制教育和矫治不良行为为核心，开办贵阳市“工读学校”，以预防青少年再次违法犯罪。贵阳市工读学校的教师通过和学生谈心谈话，了解学生犯罪的原因，收集整理典型案例，认真总结，积极探索预防未成年人犯罪的教育内容，延伸工读学校教育的职能，配合普通中小学对学生进行普法教育。目前，学校已在观山湖区金华中学、开阳县第三小学等多所中小学建立了试点，今后还将为更多的学校服务，这是落实贵州省“育新工程”的重要项目之一。

六、老旧小区改造新模式

对老旧小区进行改造和管理，一直是各地政府在社会管理中面临的一个重点难点问题，也是一项关系普通百姓利益的惠民工程。近年来，贵阳市老旧小区的问题逐步凸显。老旧小区面积占到全市小区面积的一半左右，集中于云岩和南明两个老城区。因缺乏规范化的物业管理而导致老旧小区普遍存在配套设施不全、卫生脏、治安差、环境杂、安全隐患多等多种难题，无法满足广大百姓对生活宜居性的基本需求。为此，贵阳市依托“深入推进城市基层管理体制改革，全力打造‘新型社区　温馨家园’”试点工作，本着“因地制宜、放权基层、建立机制”的总原则，跳出物业管理市场化和社区管理行政化的固有框架，站在社会治理的立足点上，以宏观管理的思维去审视、思考和开展实施老旧小区改造惠民工程，取得了良好的效果。

（一）推动标准化建设，探索改造新模式

老旧小区中保留着老贵阳的建筑和风貌，承载的是贵阳发展的历史，是贵阳历史文化的真实写照。老旧小区改造是为了改善小区内居民现有的居住条件和提高生活水平，并非得要大拆大建或异地搬迁。因此，改善老旧小区面貌，就要探索老旧小区改造新模式，不但要注重城市规划的统一性，而且更要注重城市文化的保护和人民群众的满意度。

1. 分类推进，明确改造原则

贵阳市根据各小区建成使用年限长短、破旧破损程度、配套设施状况以及业主改造意愿等因素，将老旧小区分成五类，对各小区问题进行各个“击破”，有序推进整治工作。一是对部分年代久远，存在安全隐患难以满足现代居住要求的房屋，以及存在严重环境卫生问题而又难以处理的老旧小区，列入城区综合建设、改造目录。二是对年代较长但结构稳固无安全隐患的房屋，开展适当修缮工作。三是对缺乏完整供水、供电和卫生设施的小区，在原有基础上进行增补配套设施的改造。四是对小区内搭建的违法建筑，坚决予以清除，并将腾出的空地用于修建公共设施、绿地草坪等。五是对于小区内原有不合规的道路、给排水系统、照明、文体、安保设施等，

进行统一规划、分步改造。

2. 规划先行，明确改造内容

贵阳市对老旧小区的人口构成、土地使用现状、建筑物现状、公共服务设施和市政公用设施现状进行深入调查，作为制定改造规划的主要依据。按照加强维护、合理利用、调整布局、逐步改善的原则，在改造规划中明确老旧小区重点整治改造的十项内容，并在控制性详细规划中加以落实。

一是停车位改造整治。对原规划停车设施被改作他用的，先进行整治，恢复停车功能；重新合理规划小区内公共区域，增加车位；根据小区车辆保有情况，选择附近合适地点，增建扩建停车位、增划车位，引导居民小区外停车。二是雨污管网改造整治。对小区内老旧雨污管网进行疏通改造，增设雨污水管网，以实现雨污快速分流，减少雨污水堵塞和沉积。三是绿化改造整治。对原有草坪、花灌、乔木等进行规划设计，增加行道树，以达到绿量平衡、整洁美观。四是供水改造整治。实行“一户一表”，抄表到户，并确保多层房屋水压能够保证顶层使用。五是环卫设施改造整治。对原有垃圾房、垃圾池进行拆除，更换成封闭式垃圾桶、垃圾箱，分类归集。六是通信线路改造整治。将原有杂乱牵拉明线拆除，建设集中通信管线，电信、移动、联通等通信线路统一走管，隐蔽走线，七是供气改造整治。将天然气供气管路引进小区，安装到户。八是技防设施改造整治。更换、维修或增设技防设施，使其探点布置合理、清晰度符合要求。九是道路、硬化、照明改造整治。对小区内破损的道路、下水道、楼梯扶手及路灯、楼道灯等照明设施进行修复，结合停车位增划进行道路拓宽，对居民活动场所等进行硬化，对小区外沿主次干道的道路进行修缮硬化。十是小区容貌改造整治和小区文明创建。对小区内乱搭乱建、乱堆乱放、乱贴乱画、饲养家禽家畜以及创卫宣传落实不到位事项进行集中整治；开展“文明小区”创建、评选活动，完善文化、娱乐、健身等文体活动配套设施，提倡科学、文明、健康、向上的生活方式。

3. 试点突破，明确改造目标

贵阳市直相关部门坚持“因地制宜、公开公平”的原则，放权基层、建立机制，分区分批解决老旧小区改造提升工程。贵阳市政府出台全市老旧小区加强物业管理的指导性意见，明确小区管理、费用来源、机制建立等问题；统筹部署，制定全市老旧小区3—5年改造方案；在老旧小区改造中充分发挥社区、居委会、业主代表的积极性，在老旧小区实现管理组织到位、体制机制到位、生活环境到位。

云岩区白腊井小区。位于云岩区宅吉社区的白腊井院落占地约11000，改造前由6个凌乱分散的开放性院落组成，始建于20世纪80年代初期，有楼房11栋、单元19个，居民达294户，822人，区内存在着大量私搭乱建的违章建筑，水不通、气不畅、灯不亮、路不平、卫生差、治安乱等问题普遍存在。为解决拆违难问题，云岩区宅吉社区多次组织该院落居民召开座谈会，向居民代表们介绍小区整体规划设想，悉心听取群众提出的意见建议，同时派出6个工作组深入群众反复开展大量动员、沟通工作，通过耐心细致的工作赢得了广大群众的支持与配合，目前，第二批申报的对白腊井、丰庆老旧院落进行整体提升改造项目已获批准，涉及金额650万元。如今的白腊井已是集文化休闲区、健身活动区、国学小讲堂、道德文化墙、白腊井保护区和规范停车区等六大功能为一体的封闭式小区。

南明区玉田坝小区。玉田坝小区原来依靠收取停车费支付物业管理开支，但由于缺乏组织领导，停车费收取困难，物业管理逐渐退出小区，市民强烈反映小区“卫生脏、环境乱、治安差”等问题。2014年5月，贵阳市委书记陈刚在调研该小区整治改造工作后指出，南明区要把玉田坝小区的改造提升工作作为老旧小区管理改造的“样板”。在管理上，成立了由区指导、社区牵头、居委会负责，小区居民、业主代表参与的物业管理机构；在基础设施建设上，由市、区财政共同出资，先期投入一笔费用，建设和改造小区值班室、老年活动房、公共绿化池等基础设施；在停车管理上，经业主表决同意后对小区内停放的车辆收费，收取的费用全额用于小区建设，形成一套可持续的物业管理规范。目前，玉田坝小区环境已得到明显改观，院落广场、亭阁、花池整齐干净，照明、文体、安保设施一应俱全，道路、给排水系统等大为改善。

玉田坝小区的问题具有普遍性，反映了全市各地特别是中心城区、城乡接合部老旧小区物业管理不规范的现状。贵阳市以南明区玉田坝小区老旧小区的改造作为样板，在全市加以推广，分期分批地规范全市老旧小区物业管理和整治改造工作。截至2014年7月初，贵阳市云岩区已重点整体改造了20多个老旧小区，局部改造了100多个老旧院落；南明区对辖区内47个老旧院落进行了逐步改造，解决了老旧院落“卫生脏、治安差”等问题。

（二）推动协同化参与，探索自治新模式

老旧小区改造涉及千家万户，是一项长期的系统工程。要做好小区改造工作需要充分了解居民所思所盼，提高其主人翁意识，并积极调动其参与管理积极性。居住在老旧小区的居民，一类是长期居住未搬迁的老住户，另一类则是租住的外来务工人员或处于社会中下阶层的低收入家庭，此类人员职业不稳定、收入较低、成分复杂。以上两类人群的文化程度往往也不高，认为小区内的事务理应由政府来解决，不愿参对小区的治理。因此，贵阳市在老旧小区改造过程中，尤为重视调动居民参与度，放权基层，强调居民自治。

1. 前期调研：自找自查，改造有的放矢

为快速获知小区的老弊端、旧问题，了解居民的新诉求，贵阳市积极邀请居民参与小区改造的前期摸底调研，共建“干净整洁、功能完善、绿化美化、生活方便、秩序井然、管理规范”的宜居、宜业小区。

云岩筑兴苑小区是贵阳市医疗器材厂在十几年前修建的职工宿舍，由于管网设计不合理，两个水箱都埋在地面下，其中一个还紧挨着化粪池，水质污浊，还会流出红线虫、蜈蚣之类的虫子，管网跑冒滴漏现象亦严重，小区居民急盼对供水系统进行改造。经过调研后，贵阳市群众工作委员会投资 80 多万元专项资金，小区居民每户出资 800 元，一共筹集到 27 万余元，参与供水系统的改造。

2. 改造实施：倾听民意，坚持民生导向

一所小院、一座亭阁、一棵老树都可能承载着小区居民的回忆。城市的老旧居住小区往往传承着几代人的记忆，对这些小区如何做到既改造升级建筑设施，又保留原有的居住文化，是现代城市管理的一道难题。贵阳市在整治改造时，注重倾听民意，兴利除弊，保护好代表小区文化的物质载体，把握好适合小区传承发展的改造风格和文化方向，打造真正的老贵阳个性小区。

如云岩栖霞小区广场建于 2005 年，广场总面积 900 平方米，居民反映广场绿化密集，休闲和健身区域比较小，提议广场改建后晨练地方应更大些。经过居民议事会征得居民同意后，广场改造主要是将破旧的健身器材拆除，新建休闲棋牌桌椅，

将原来密集的绿化带移到周围，有五棵比较大的树将保留，周围的几窝竹子也将保留，广场路面由鹅卵石和水泥路面变身为大理石路面，新安装节能路灯 25 盏，新增一套 12 件的健身器材，设立一块社区服务中心宣传栏。居民表示，广场改建后，中央空地更多了，功能区分更合理了。

3. 后期维护：自我管理，共建美好家园

改造升级后的小区，需要居民们的共同维护，激发居民主人翁意识，自觉自愿地维护小区环境，只有实现了小区自我管理和自我服务的改造工程，才是最高质、最高效、最持久的改造升级。如云岩区把小区管理的主动权最大限度赋予居民群众，在小区内组织筹建了业主委员会，并全力支持居委会和业主委员会共同自主开展群众性工作，依靠居民自治实现小区的长效管理。

（三）推进规范化管理，创新老旧小区治理新模式

老旧小区不宜居住很大程度上可归咎于缺乏规范化的物业管理，未形成长效的管理机制。贵阳市物业管理起步较晚，中心城区与城乡接合部半数以上的老旧小区（面积约有 5、6 千万平方米）尚未实现专业化的物业管理。目前，贵阳部分老旧小区居民仍持传统消费观念，“花钱买服务”的意识相对缺乏，进驻的物业公司往往遭遇收费难、管理难的境地。另外，由于基础设施差、小区住户少、规模小、无办公用房等因素，不少市场化经营的物业公司对老旧小区“避之不及”。因此，老旧小区管理模式多是业主自治，且仅是针对卫生保洁问题，缺乏规范化的物业管理，给居民生活、社会治安带来了较大隐患。综合上述问题，贵阳市急需建立健全物业管理机制，以规范和保障老旧小区的长期综合治理。

1. 制定标准，规范物业管理机制

物业管理工作与群众的切身利益息息相关，规范物业管理市场秩序需要健全物业管理的信誉机制，使物业管理的各方行为主体不愿违规，不敢违规，对于提升城市品位，优化人居环境，提高居民生活质量，有着十分重要的意义。为规范贵阳市物业管理行为，推进物业管理健康可持续发展，市政府颁布实施《贵阳市普通住宅小区物业管理服务等级标准（试行）》（以下简称《标准》）。《标准》明确了小

区管理、费用来源、建立机制等问题，同时指明了管理单位和广大居民双方的权利与义务，既让管理单位有规可依，也让广大居民心中有数。

2. 拓宽渠道，建立财政保障机制

贵阳老旧小区改造存在的最大困难在于财力受限，面临着“无米下炊”的困局。老旧小区居民整体的改造意愿很强但经济承受力弱，在居民力所能及的承受范围实现改造，需要政府和市场共同出力，破解资金困局，促进改造任务的顺利完成。因此，在政府政策层面上，给予老旧小区改造税收、贷款、收费和配套设施建设上的倾斜；在市场物业层面上，采取“先行入驻先垫付，后取费用后补助”的方式，由物业垫钱改造老旧小区，再实行分期收费；此外，通过政府投入、社会捐助等方式进一步加大投入力度，确保改造资金及时足额到位。

例如，南明区以政府主导、部门协同、居民参与的工作机制，推进老旧院落改造工作，并以市、区两级财政为主体，建立财政保障机制，为老旧小区综合治理的顺利实施打牢基础。

3. 监管并重，健全长效管理机制

物业管理是一个新生行业，仍处在培育完善当中，物业管理作为一项系统工程，涉及众多业主和相关部门，某些问题和矛盾仅靠物业公司企业行为和业主委员会的自治能力尚无法解决，必须要相关部门的齐抓共管，特别是基层政府的作用不可替

代，建立基层政府主导下的物业管理联席制度。老旧小区改造要监管并重、重在管理，改造后的小区要及时建立健全长效管理机制，因地制宜地采取管理措施，切实提高小区管理水平，维护和巩固改造成果。一方面，对于具备实施物业管理条件的小区，政府和相关部门积极引导、鼓励物业企业多尽社会责任、积极接管，为广大居民提供专业化服务。另一方面，对于不具备实施物业管理条件的小区，按照属地化管理原则，由各社区实施统一管理。同时，加大普法宣传，转变业主消费观念、消费意识，增强对物业管理重要性的认识和对物业管理消费的认同感。

例如，云岩宅吉社区的白腊井小区，在卫生保洁方面，通过收取居民卫生费，对小区内一级垃圾进行清运和日常清扫保洁；在公共设施管护、绿地养护、小区治安巡逻问题上，则安排公益性岗位人员或选聘居民代表对其进行管理和养护；在社区管理上，推行居民自管模式，让小区居民自发组成管理站，对小区进行日常管理；在社区日常管理中，引入“准物业”管理模式，倡导自我管理、自我服务和自我监督。同时，宅吉社区还专门邀请物业服务公司的资深管理人员对业主委员会进行专题培训，提高他们的管理能力和服务水平；在税费收支上，小区收取的停车费和物管费全部用于小区维护管理的日常开支，极大地减轻了社区的经济压力，也降低了平摊到每位居民头上的“准物业”管理费用。

老旧小区的改造工作正摸索多层次、全方位的管理模式，并将其机制化，为小区居民营造一个道路整洁、绿树成荫、功能完备的宜居环境，进而提高小区居民的幸福指数。

七、虚拟社会治理新方式

网络的产生和应用为人类的社会活动和信息交换提供了虚拟空间，在虚拟空间生存的个人、组织及其各种交流交往活动构成了虚拟社会。虚拟社会已经渗透到现实社会的各个角落，其扩大了人们实践活动的范围，扩展和延伸了社会交往的时空关系，同时极大地提高了人们的感受能力、反应能力和智力系统。然而，我们受益于虚拟社会的即时性、交互性和开放性的同时，也深深忧患由这些特性衍生出来的一系列现实的网络问题。对于虚拟社会呈现出的复杂性、多变性和敏感性，贵阳市全社会上下都高度重视，深入研究和积极应对。针对虚拟社会出现的新情况、新问题，贵阳市在虚拟社会治理方面积极探索，在推行“网络议政”、构建应急处置模式工作方面取得了显著进展，竭力消除虚拟社会的弊端，使之正确有效地服务于社会和市民。

（一）建立网络沟通平台，创新公众参与工作载体

“网络议政”主要指为适应虚拟社会的快速发展形势，了解、掌握、运用网络舆情，通过与网民进行沟通，倾听网民呼声，迅速、正确地应对各种社会问题。贵阳市主要通过搭建交流平台、开通服务热线、设立舆情导控平台等方式推行“网络议政”服务。

1. 搭建网络议政、问政平台，创新推动跨越发展

贵阳市搭建了“百姓——书记市、区（市、县）长交流平台”、“互联网舆情研判导控服务平台”，开通“12319 公共服务热线”等政府察民情、纳民意、聚民智，扩大民主，接受批评和监督的重要平台，拓宽群众参政、议政、问政渠道，汇集民智，推动跨越发展。全市各级各部门面向社会公布部门公共电子邮箱，明确专人负责每天查看邮件，及时了解群众意见。开通工作微博，依法、规范、定期发布消息，广泛了解网民意见。例如，贵阳市公安局在工作微博上及时发布涉及本市重大的社会信息，让广大市民了解真实情况，同时微博还常发布大量自救知识，帮助群众提高防范能力。

2. 建立信息受理反馈制度，认真回应民众关切

每周填报《网民意见登记督办表》，对网民提出的意见和建议或诉求进行梳理、汇总、处置和反馈。将已经处理的网民意见、建议或诉求及时向网民反馈，对不能立即处理的，应明确相关人员办理并将进展情况及时与网民沟通，对重大紧急信息提交领导批示并督促相关单位办理，做到“民有所呼、我有所应”。

3. 坚持正确舆论导向，弘扬时代主旋律

贵阳市各相关部门认真办理“百姓——书记市（区、市、县）长交流台”“互联网舆情研判导控服务平台”以及“12319 公共服务热线”等转办的各类群众诉求。

建立网络信息阅评员队伍，每天监测、浏览网络舆情，对重大社会事件、群体性事件和社会关注的热点、难点问题，及时发布党委和政府的政策、意见，并加强网络舆情研判导控平台联系沟通，第一时间统一回复、统一应对、统一引导，唱响网上主旋律，掌握舆论主动权。针对网络造谣行为，第一时间做好辟谣工作，积极营造健康的网络环境。

（二）推进网络文明建设，规范网络传播秩序

贵阳市加强构建网上、网下相结合的防控体系，统筹网上、网下两块阵地，做好网络舆情的收集、分析工作，深入研究网上舆论传播特点和规律，加强网上热点问题的分析研判，健全网上舆情通报制度。全面加强网上有害信息巡查处置工作，加大网上情报信息搜集工作，全力打击各类网络违法犯罪活动，确保舆情应对与事件处置同步，建立协同联动管理机制，综合使用正面引导、依法管理、打击处置等措施。

网上应急处置和舆论引导工作方面，在主要网站设立“报警岗亭”和“虚拟警察”等网络报警平台，畅通群众报警渠道，推进网络报警自动化，不断提高网上应急处置能力。建设网络诚信体系，建立网络社区巡查处置管控系统、网安综合应用平台以及县级虚拟身份系统。加强网警队伍建设，“微贵阳”系列微博平台和政务微博平台建设。

（三）理顺网络管理体制，提高虚拟社会管理水平

贵阳市利用网络推广、发布、转发、评论功能了解社情、关心民意，关注民生、回应诉求，主动沟通、加强服务，发布信息、扩大宣传，打造创新虚拟社会管理方式的“大平台”，收到了良好效果。

各级党政机关官方及时发布政务信息，认真回应关切，实现了与公众的良性互动，改变了官方和公众话语权整体格局，改变人与人之间的沟通方式，也为各级政府的社会管理创新提供了新的平台。

贵阳市市委市政府提供网络社情民意，为领导提供决策参考依据，相关单位根据信息内容、事件发展走势进行研判分析，制订应对、回复、处理方案，并把政府

的意见、决定及时通过网络发布，让网民能够在第一时间了解真实信息，形成上情下达，下情上传的良性循环机制。

在具体工作中，对正当的利益诉求，积极推动相关部门予以解释、处理；对思想认识方面的问题，着重解惑释疑；对因信息不畅造成的误解，积极做好政务信息公开，及时发布公众最想知道、需要知道、应当知道的信息，澄清事实，消除误会误解；对怀有不良企图的恶意炒作，采取强有力的措施，坚决不让负面信息裂变，坚决不让别有用心的人得逞。

（四）完善应急管理体制，提升突发事件网络舆论引导能力

当前我国正处在社会转型期和矛盾多发期，自然灾害、事故灾难、公共卫生事件和社会安全事件等突发性事件频发。贵阳市着力提高突发事件的应急处置能力，在处置突发事件舆论中组织报道工作，抢占舆论制高点，特别是对突发事件信息在网络上的传播具有较强的舆论引导能力。以贵阳“2.27”公交纵火案舆论处置事件为例，贵阳市紧急启动应急预案处置工作，及时公开事故处置和调查的具体信息，积极掌握舆论的主动权，有效引导了网络舆论的发展。

2014 年 2 月 27 日 12 时 37 分，贵阳市一辆 237 路公交车在观山湖区金阳南路发生燃烧，事故造成 6 人遇难、35 人受伤。事故发生后，部分市民在互联网上发布了大量现场照片。事故原因在网络引发激烈讨论，如不及时处理，负责部门不将真相及时而全面地告知民众，不明真相的群众可能会将其与 2013 年厦门公交纵火案相联系，从而引发社会恐慌。事故发生后，贵阳市委、市政府立即组织有关部门赶赴现场，开展抢救工作，与此同时，公安机关全面开展侦查工作。2 月 28 日上午 11 时，市政府专门召开新闻发布会，向媒体通报公交车燃烧事故的有关情况。经过 24 小时的缜密侦查，公安机关成功抓获“2.27”公交车纵火案犯罪嫌疑人并及时向新闻媒体通报了放火原因。

在处置“2.27”公交车纵火案中，贵阳市相关部门有序开展救援和舆论引导工作，在新媒体、电视、网络等平台上及时、准确、详尽的及时报道，让广大民众第一时间知道真相，了解事故的进程，正确的舆论引导才未引发恐慌，维护了社会的稳定。

八、诚信体系建设新实践

建设社会信用体系，是完善我国社会主义市场经济体制的客观需要，是整顿和规范市场经济秩序的治本之策。为加快推进我国社会信用体系建设，进一步完善社会主义市场经济体制，构建社会主义和谐社会，2014 年 6 月国务院发布实施了《社会信用体系建设规划纲要（2014—2020 年）》，标志着我国社会信用体系建设进入制度化、体系化的新阶段。贵阳市是我国在诚信体系建设方面行动得比较早的城市之一，贵阳从全局出发，拟定计划，抓住重点，做好典型，在做细、做小、做实上下功夫，在全社会营造良好的诚信氛围。尤其是以诚信农民建设为开端的清镇市诚信建设，已拓展到经济社会发展各个领域，形成了以深化诚信农民、推进诚信市民、加强诚信企业、打造诚信政府为主要工作内容的“四位一体”新模式。

近年来，贵阳清镇市坚持以政府主导、农民（市民）主体、企业主推的“四位一体”模式，按照“定标准、严评定、广宣传、重实践、敬诚信、惠诚信、树典型、惩失信”的工作步骤，以“建诚信清镇、创文明城市”为目标，广泛开展社会诚信、政务诚信、商务诚信、司法公信建设，以诚信于党和政府、诚信于法律法规、诚信于市场准则、诚信于金融支持、诚信于合同约定作为诚信内涵，将公民道德建设实施纲要、社会主义核心价值观等具体化，把诚信文化、诚信理念渗透到社会的各个领域、各个环节，把诚信建设作为加强群众工作、创新社会治理的重大举措、重要手段，努力使诚信成为每个社会成员的思想意识、思维方式、行为规范、自觉追求，成为一种生活态度、价值取向。

（一）清镇市诚信体系建设的背景与进程

清镇市是一个农业大市，基本市情是小城市、大农村。为此，清镇市将“农民不富”定位为制约科学发展的三大突出问题之一。而要破解这一难题，除资金、项目、市场等要素外，诚信是当时最亟待解决的问题。为此，清镇开始着力构建诚信农民建设体系，规范农民诚信行为。

时任中共中央政治局常委、国家副主席的习近平同志专门在贵州上报的《贵州省清镇市“诚信农民建设”的实践与思考》上批示：“建议中央创先争优活动领导小组办公室在活动简报上反映贵州诚信农民建设的经验，摘要刊发此材料，供各地创先争优活动中借鉴”。中央创先争优活动领导小组办公室随即刊发了我市诚信农民建设情况（《深入开展创先争优活动简报》第1082期）。2011年5月10日，习近平同志在贵州省党政领导干部座谈会上指出：“清镇市开展‘诚信农民建设’活动，抓住了教育引导群众的一个关键问题，取得好的效果，应当进一步总结和深化”。

根据中央、省、贵阳市各级领导的指示精神，结合中央在全社会广泛开展政务诚信、商务诚信、社会诚信和司法公信建设的要求，围绕“定、宣、评、践、敬、惠、树、惩”诚信建设八法，在全市全面开展以深化诚信农民、推进诚信市民、加强诚信企业、打造诚信政府“四位一体”的诚信清镇建设，努力把诚信打造成清镇的品牌和核心竞争力，使全市上下形成重诚信、讲诚信的良好氛围，继而有力推动了经济社会又好又快、更好更快地发展。

（二）构建诚信农民建设体系，促进农村和谐发展

1. 强化五大任务，规范农民诚信行为

清镇市农民诚信体系建设强化教育农民诚信于党和政府、诚信于法律法规、诚信于市场准则、诚信于金融支持、诚信于合同约定。

2. 三位一体，构建诚信农民建设新体制

“三位一体”即政府主导，打造诚信政府、开展诚信升级竞赛活动；企业主推，以龙头企业项目推动，开展定誓言、定模式、定规划活动，金融企业资金推动，保险企业保障推动；农民主体，要求农民要讲诚信、会管理、会协作。

3. 三维联结，打造诚信农民建设新机制

诚信农民联结诚信政府，解决扶持问题。清镇市政府建立诚信发展投入机制，以高于地方财政收入增幅的比例将支农资金纳入财政预算，每年增加5000万元的信贷支农资金和不少于1000万元的财政贴息，支持农业“三化”产业发展，重点支持有龙头企业带动辐射的主导产业、支柱产业以及诚信农民、诚信企业。

诚信农民联结诚信龙头企业机制，解决市场问题。“四提供一回收一确保”模式，“公司＋基地＋农户＋标准＋技术＋环保＋管理＋市场＋保险＋政府重点扶持”模式，“集中饲养、分户经营、统一服务、共担风险”模式，都是龙头企业与农民

利益联结机制的成功范例。

诚信农民联结诚信金融企业机制，解决资金问题。清镇信合在清镇市范围内率先开展信用农户、信用村组、信用乡镇的信用等级评比创建活动，为诚信农民建设奠定了坚实的基础，提供了有益的经验，不断激活金融资本服务于农村，服务于农业，服务于农民。

4. 实行“三大优惠”，解决农民发展资金

清镇市农村信用联社立足实际，创造性地提出了“三大优惠”政策：即贷款三优惠，一是贷款额度优惠，二是贷款利率优惠，三是特事特项优惠；服务三优先，一是资金优先安排，二是业务优先办理，三是产品优先使用；持卡三优势，一是拥有业务办理优势，二是信息查询优势，三是身份优势。

5. 落实“七大扶持”，政策引导助推诚信

坚持“资金跟着项目走，项目跟着基地走，基地跟着诚信走”，专门制定了《关于对诚信农户、诚信村（组）、诚信社区（乡、镇）和诚信企业实行财政奖补扶持的意见》，出台了“七大扶持”政策，即贷款贴息、财政奖补“一事一议”、财政购物补贴、产业发展资金和项目、农业农村基础设施配套项目、民生保障项目、社会发展项目和精神文明创建活动项目。

（三）探索诚信清镇建设，构建“四位一体”诚信体系

1. 三项举措，建设诚信政府

严格开展诚信职工、诚信机关创建工作。2011 年 7 月，清镇市在全国率先成立正科级常设机构——诚信办公室，并配备专职工作人员 10 名，纵深推进诚信清镇建设。清镇市 84 家单位结合部门职能职责，制定诚信职工标准 5807 条，按照评定办法召开职工诚信大会，采取职工自己报，群众提，单位诚信建设领导小组审定的办法完成诚信职工评定工作。同时，在服务对象中广泛开展诚信创建活动，以创建促行风转变，以创建促社会经济良性发展。如工商、发改、卫生、生态文明等部门分别开展“诚信工商户”“诚信价格单位”“诚信药店”“诚信医院”“诚信环保企业”等诚信创建活动。

制定针对职工和服务对象的诚信奖励政策。制定干部任用政策，坚持诚信优先原则。在评先选优、提拔任用、年度目标考核等方面，实行非诚信职工一票否决。加大一卡两制建设步伐，在完善落实诚信奖励、失信惩戒机制的同时，以工薪乐、随薪贷等为载体，对诚信职工给予信贷资金的支持。对服务对象制定诚信优先优惠政策。对评选出的诚信经济组织，在有效期内，给予信贷、承接工程以及行政审批等方面的优先优惠，提高经营者守法意识、诚信意识。

以诚信指数作为机关考核指标。在清镇市纪委与市诚信办分别设立诚信监督电话，开通网上投诉、举报平台；整合纪检监察力量，开展乡（镇、社区）、机关诚信工作检查，以诚信综合指数考核工作业绩，实行失信问责制与连带责任制，为诚信建设提供有力的纪律保障。组建由清镇市委办、人大办、政府办、政协办、纪委、组织部、综治办、目标办、计生局等八家单位组成的诚信机关考核领导小组，通过分散核实、集中评定的方式评定诚信机关，并对评定后的“诚信机关”实行动态管理。

2. 两个名单，建设诚信组织

采取了两个名单开展经济组织和社会组织诚信建设。两个名单即红名单和黑名单，通过清镇市各行业主管部门结合相关管理规章制度，制定不同的诚信创建标准、评定办法和诚信等级动态管理标准，开展诚信创建，凡被评为诚信企业的经济组织均进入诚信建设管理系统红名单，由管理部门与市诚信办联合对其悬挂诚信行业牌匾，在诚信等级动态管理中如发现有不良行为的经济组织将被公开摘牌，并列入诚信建设管理系统黑名单。针对红名单内的经济组织，管理部门分别制定了不同的优先优惠政策，在项目、资金和政策上给予一定的倾斜，对黑名单上的经济组织，管理部门将责令其限期整改，整改期间不得享受相关诚信优先优惠政策，对属于违法乱纪的行为，移送司法机关处理。

截至 2014 年上半年，清镇市共建立 1 万多家经济组织的基础信息和 100 多家社会组织基础信息，由农业局、卫生局、城管局、生态文明局等 13 家单位率先开展行业创建，共评定诚信经济组织 134 家。对诚信的经济组织，可吸收到由市诚信办创建的“诚信商圈”，凡进入“诚信商圈”的经济组织，既在享受各管理部门的诚信优先优惠政策的同时，必须为诚信市民（职工）、诚信农民提供相应的诚信优先优惠折扣，从而实现诚信双赢、共同发展的目标。清镇市已有 46 家经济组织加入“诚信商圈”，并提供 100 余条折扣优惠，最高折扣可至 8 折。

3. 四个步骤，建设诚信个人

以规范的标准引领诚信。在以“五大任务”为内容、“三位一体”为载体、“三大优惠”“七大扶持”为助推剂的诚信农民建设基础之上，制定了诚信农民100条、诚信市民100条标准，组织各乡（镇、社区）开展评定、升星、复评工作。截至2014年上半年，共评定诚信农户88727户、星级诚信农户37812户，诚信市民5898户、星级诚信市民4036户，创建诚信文明示范户19050户，有序推进了诚信创建工作的稳步开展。

以全覆盖的时时动态工作管理诚信。在制定创建标准的基础上，制定了诚信信息管理办法，并组织各部门结合管理职能制定了5339条日常管理标准，开设358个信息录入端口，对各端口分别设置不同的管理和使用权限，明确了信息采集人员和端口录入人员，完成了日常管理信息录入工作，如交警部门规定了交通处罚时记扣当事人诚信分，城管部门规定了按照门前三包管理原则实施乱堆乱放记扣当事人诚信分等，各机关单位制定了干部职工诚信加分、失信扣分的管理办法，同一个社会成员的行为将受到来自社会方方面面的诚信动态管理，逐步实现信息采集无盲点，管理更全面。

以奖励扶助政策激励诚信。为营造敬诚信、惠诚信的良好氛围，传递向善和向上的正能量，制定了各项优先优惠政策共350条，以政府主导、企业主推、个人主体的方式开展诚信奖励扶持。

以失信受制的方式惩戒失信。为有效约束失信行为，建立失信惩戒制度。通过完善的诚信等级动态管理工作，把诚信档案中的不良记录与个人评级授信、评先选优和优先优惠等连接起来，充分发挥诚信记录的综合作用。

4. 一项宗旨，建设诚信司法

司法诚信建设旨在提高司法公信力，让老百姓学法、用法、信法、守法。以诚信机关、诚信职工创建来加强干部职工的诚信教育。完善人民陪审员制度，健全参审机制，来保障人民陪审员依法履行职责，避免陪而不审、合而不议。通过加强法官与当事人的沟通，积极开展风险提示、权利释明、庭前沟通、判后答疑等工作，把辨法析理贯穿审判全过程，用群众听得懂的语言把法律关系理清楚，把法律依据讲透彻，把裁判理由说明白。健全完善民意沟通机制，认真研究吸收人大代表、政协委员、特约监督员、特邀咨询员及社会各界提出的意见建议，从群众意见建议中找到工作着力点。

加强司法监督，通过政府的率先垂范，引领诚信建设，使诚信成为每个社会成员的思想意识、思维方式、行为规范、生活习惯、自觉追求，成为一种生活态度、价值取向，形成全面推动“诚信清镇”建设的强大合力；通过开展“诚信创建活动”、“诚信创业工程”，营造诚信建设的浓厚氛围，使诚信建设成为推动工作的重要平台、推动发展的重大杠杆、创新社会治理的重要手段、造福人民的重要途径。

（四）落实“八个一”工程，筑牢“诚信清镇”的建设体系

1. 建立一个机构，提供组织保障

清镇市各乡（镇、社区）、各单位成立诚信建设领导小组，明确分管领导，组建诚信办按照市诚信办的总体要求抓落实，为全面深入开诚信建设奠定坚实的基础、提供有力的组织保障。

2. 明确一个目标，找准工作重点

以“建诚信清镇、创文明城市”为目标，大力开展政务诚信、商务诚信、社会诚信和司法公信建设，引导人们树立社会主义荣辱观，形成重诚信、知荣辱、讲正气、促和谐的良好风气，把诚信打造成清镇的品牌和核心竞争力，实现硬实力（经济发展）和软实力（环境改善）的同步提升，确保经济社会又好又快、更好更快发展。

3. 打造一个平台，全面开展管理

通过充分利用网络技术，结合已构建的电子政务系统，开发、建设、完善诚信建设综合管理系统，建立健全覆盖全市的诚信征信系统，实现“加分晋级、扣分退出”的动态管理。

4. 建立一套机制，形成政策激励

着力建立健全诚信激励、失信惩戒机制。以“诚信清镇卡”为桥梁，让持卡的诚信主体在行业管理部门创建出的诚信经济组织中享受“吃、住、行、娱、游、购”的 VIP 服务及折扣优惠，以此来加强行业管理部门、诚信经济组织、诚信主体之间的联系，推进出台各类各级优先优惠政策，规范行业管理，提升市民素质，时时体现诚信优先。启动失信惩戒机制，让失信者处处受制，寸步难行。

5. 塑造一批典型，模范力量感召

清镇市各乡（镇、社区）、各单位在开展诚信创建过程中挖掘典型，利用模范力量感召群众。道德模范、诚信标兵袁宗义，诚实守信、惠泽乡亲刘赐琴，军人本色、敬业模范汤正权等等诚信市民、诚信农民、诚信职工的典范不断涌现。

6. 抓好一堂一团，传播诚信能量

结合自身实际，利用清镇市 117 个道德讲堂，请先进典型代表讲课，现已举办道德讲堂 600 余场次。成立各级“百姓宣讲团”，现有清镇市市级宣讲员 34 名，各单位宣讲团成员 164 名，到村（居）、网格中开展宣讲 69 场，通过朴实语言、真实的故事，践行着诚信职工、诚信市民、诚信农民应遵守的诺言。

7. 组建一支队伍，加强社会监督

由清镇市人大办、政协办、文明办牵头，组建了由人大代表、政协委员、道德模范、劳动模范、新闻媒体、市民志愿者参加的共 36 人巡查队伍，分三队每月两次深入到全市食品行业、窗口单位和公共场所进行巡查，深入查找诚信缺失和公德失范问题，现场向存在问题的有关部门提出整改要求，督促其限期落实。同时通过电视台、网站、村（居）、网格宣传栏公布监督举报电话，畅通举报渠道。

8. 用好一个阵地，加大宣传力度

通过与电视台联合开设《诚信清镇》专栏，用实例全面系统地向广大市民介绍诚信建设措施、成效和政策解读；引导各乡（镇、社区）积极开展各具特色的诚信宣传，如站街镇自行创作的《诚信站街》曲调优美，王庄乡的诚信山歌在百姓中广为流传；开通诚信清镇微博、微信，组建网络传播志愿者。

（五）“诚信清镇”建设取得五大成效

1. 推动了农村经济发展

在诚信农民体系建设的推动下，清镇市农业规模化、标准化、产业化步伐明显加快。诚信就是梧桐树，为清镇经济发展引来了金凤凰。

2. 促进了农村生产生活条件改善

广大农户都竞相讲诚信、重承诺，争取政府在基础设施建设上的支持，有力地推动了农村基础设施建设。

3. 推动了城市扩容提质

通过开展诚信建设，全市干部群众以崭新的精神风貌投入到职教城、物流新城、百花生态新城建设中，进一步提升了城市品位。

4. 推进了生态文明建设

全社会环保意识明显提高，绝大多数企业均能严格按照清洁生产及节能减排要求从事生产经营活动，可持续发展能力得到了增强。

5. 推进了社会治理能力发展

通过开展诚信建设，以诚实守信为荣、以见利忘义为耻的社会风气逐渐形成，有力地促进了社会和谐。与此同时，清镇市摘掉了五年之久的全省毒情重点整治市的帽子，获得了“全国平安建设先进市”的荣誉称号。群众安全感不断上升，信访人次逐渐下降。由此可见，诚信建设是推进社会治理的重要基石和有效手段。

（六）贵阳市推广清镇经验，全面推动诚信体系建设

贵阳市在着力深化清镇诚信体系建设的同时也加强了其他区县诚信体系建设工作。2014 年 3 月，息烽县正式启动以政府部门、经济组织、司法系统、社会组织和个人为主体的五大诚信体系建设。息烽县开展诚信单位命名授牌、个人诚信认证、诚信品牌建设和道德模范评选等活动，搭建全县统一的诚信体系数据平台，为政府部门、企业、社会组织和个人从事相关活动提供“诚信”依据，营造文明健康的社会环境。

清镇市作为贵阳市诚信建设的试点，将其成功的经验进行提炼和升华，形成贵阳市打造“诚信之都”的实施方案。贵阳市以打造“诚信贵阳”为目标，以社会征信体系建设为载体，以褒扬诚信、惩戒失信为手段，以形成有利的社会舆论为推动，以培养诚信文化为根本，通过“红黑榜”发布制度，实施诚信体系建设的新实践，形成了“奖励诚信、约束失信”、“守信光荣、失信可耻”的社会环境。

九、“两严一降”工作新成效

当前，贵阳正处于快速发展期、社会转型期、利益调整期和矛盾凸显期，社会治安工作不断面临着新情况、新问题，特别是由于警力、装备等基础条件较为薄弱，社会治安形势依然严峻，以“两抢一盗”为主的刑事案件呈现高发态势。

保稳定就是保发展。贵阳市委、市政府决定，把解决当前的社会治安问题放在突出位置，在全市范围内开展“两严一降”（即“严厉打击两抢一盗犯罪”、“严密防范两抢一盗犯罪”及“刑事发案率下降”）专项斗争，切实发挥好各界各方的积极作用，力争通过 3 年努力，实现社会治安根本好转，逐步建立维护安全稳定大局的常态机制，不断提升人民群众的安全感。

市委、市政府将社会治安整治暨“两严一降”工作作为推进民生工作的重点和地方党委、政府的重要职责，建立“党委领导、政府负责、综治协调、公安主力、社会协同、公众参与、法制保障”的工作格局。自全市开展严打严防“两抢一盗”、降刑事发案专项工作以来，以“十个一”工作要求为抓手，“两严一降”工作取得了阶段性成效。

（一）“一号工程”推动“两严一降”，建立长效治理机制

针对严峻的治安形势和复杂的深层次问题，贵阳市把“降低刑事发案率”作为建设平安贵阳升级版的核心指标和主要突破口，启动“书记工程”的“两严一降”专项斗争，倒逼各级各部门完成目标任务。在开展“两严一降”工作过程中，形成了指挥调度、民意监督、联动协作、宣传发动、责任倒逼五大机制，着力克服“运动式”“突击式”倾向，努力建设推进平安贵阳升级版的长效机制。“书记工程”，即“书记抓”、“抓书记”。“书记抓”，就是市委书记亲自抓“两严一降”工作，亲自安排部署、亲自督促推动。“抓书记”，就是把“两严一降”工作的责任落实到全市各级党委书记的肩上，市委书记与各区（市、县）委书记、区（市、县）委书记与乡（镇、社区）党委书记层层签订责任书，牢固树立社会治安是书记“主业”的意识，明确各级书记为第一责任人，健全工作责任体系。在各级书记的督促下，各级各部门、社会各界愈发重视社会治安问题，区（市、县）、乡（镇、社区）党委书记统筹规划，改变各自为政的状况，社会治安形势得到有效改善。

1. 联合部署，建立指挥调度机制

市委、市政府成立由市委常委、市委政法委书记担任组长，市长助理、市公安局长担任常务副组长的贵阳市“两严一降”工作领导小组；成立由市政法委副书记、市综治办主任担任主任的工作指挥部，下设多个工作组，统一管理，集中办公，通过收集，研判每天发案情况，定期发布打防指令，统一指挥调度治安整治行动暨“两严一降”工作。

2. 警民合作，建立民意监督机制

贵阳市委政法委“两严一降”工作指挥部面向市民开展“我为治安防范支一招”活动，市民可通过热线电话及电子邮箱，就如何搞好平安贵阳建设工作建言献策。贵阳市成立平安建设督办平台，在全市采集了40余万住户座机电话，在主城区设立1530个治安观察点，就治安问题主动问计于民，问需于民，广纳民意。

3. 联防联控，建立联动协作机制

完善上下联动、部门联动和区域联动的立体化工作联动机制，实行县级领导干

部包保“两严一降”、综治委成员单位联系平安社区工作制度。以居委会综治工作站为平台，整合各方资源，发动辖区群众，建立以居委会为主导的联防联控组织，实现“条抓块统”。

4. 全民参与，建立宣传机制

组织电视、报纸、网络等媒体，对全市“黑灯巷”“敞风小区”进行曝光。召开新闻通气会、市民恳谈会，向市民介绍工作情况；开通“两严一降”热线电话、邮箱，开展“我为治安防范支着”有奖征集活动，营造“人人都是‘两严一降’参与者、人人都是平安建设者”的浓厚氛围。

5. 明确责任，落实倒逼机制

以电话专访、工作组明察暗访等方式，查找存在的问题，通过信函“点对点”通报辖区党政主要领导、协调有关部门联合整治、专项督办等形式，督促各级各部门采取有力措施，倒逼责任落实，解决存在问题。

（二）统筹“严打”与“严防”，“治标”更“治本”

“严打”是短平快的“治标”手段，集中优势力量，稳准狠地重拳出击，较短时间内显著改善治安状况。“严防”是根本性的“治本”手段，消减案件滋生土壤、压缩案件发生空间，持续改善社会治安、改良社会风气。

切实加强对全市刑事打击工作的管理、统揽、指导、督促、协调，在原有专班研判打击模式的基础上，整合“天网”工程视频资源，形成新的刑侦、技侦、网安、视频、情报信息“五位一体”的情报研判打击模式，并积极推进卡口、电子围栏、视频监控、车辆、手机、网络等轨迹信息，拓展“多轨合一”的技战法，实现对多发性侵财犯罪、地域性职业犯罪的体系化、规模化打击。

分类梳理治安乱点、复杂区域、治安隐患、薄弱环节，按照“一个乱点、一个领导、一个班子、一个方案、一套措施、一抓到底”的“六个一”工作要求，组织开展集中清查整治、集中打击等专项整治行动。对楼群院落、停车场、集贸市场等“十大”防范重点区域，加强守护，建立完善基础治安台账。依托情报信息研判，深化进攻性盘查机制，量化了对特警、巡警、交警、社区民警每日盘查和信息采集等指标，切实做到“三定”（规定巡逻盘查量、标准动作、战果指标），使巡逻防控向专业化、职业化和精细化方向发展。

实施“两严一降”工作以来，破案攻坚能力明显增强。截至 2014 年 3 月 20 日，共破获刑事案件 3408 件，现行破案率上升 1.03 个百分点。抓获犯罪嫌疑人 2483 人，共打掉“两抢一盗”犯罪团伙 26 个。侦破了“11.04”部督特大贩卖管制枪支、刀具案、“2.27”公交车纵火案等一批社会危害大、群众反映强烈的恶性案件。治安防控体系日趋完善。截至 3 月底，全面启动 480 个居委会综治工作站，累计投入 570 万启动经费，配备站长 375 人、副站长 321 人。全市社区专业巡防队伍达到 818 支 5735 人。

（三）区（市、县）结合实际，“两严一降”执行落地

为打好“两严一降”综合治理“攻坚战”，贵阳市委、市政府将社会治安整治暨“两严一降”工作作为推进民生工作的重点和地方党委、政府的重要职责，建立“党委领导、政府负责、综治协调、公安主力、社会协同、公众参与、法制保障”的工作格局。市委站在改善民生的高度，将“两严一降”工作由党委统筹，市委主要领导亲自与各区（市、县）党委书记签订目标责任书。要求区（市、县）党委书记与社区（乡、镇）党委书记、社区（乡、镇）党委书记与村（居）委会党支部书记、辖区单位党委书记、职能部门根据各自职责与各类社会组织等层层分别签订责任书，明晰职责任务，有针对性落实责任目标。

1. 云岩区：打好群防群治“持久战”

云岩区加大与群众联络，深入基层开展调查，切实了解突出治安问题和群众最不满的治安问题，并建立《云岩区治安防范基础台账》，对群众反映强烈的盗窃、赌博、诈骗犯罪进一步加大打击力度。组建专业巡逻队伍，由社区民警带领，强化对村民小组、背街小巷、居民小区、楼群院落的覆盖巡逻。健全社区（镇）和包保单位及村（居）委会干部、辖区“红袖标”志愿者等辅助巡逻队伍，加强驻地楼群院落和沿街门面的巡逻看护。建立由专业巡逻车、电瓶巡逻车、移动警务平台车、派出所机巡组、武装口卡等组成的移动巡逻防控力量。利用技防设备，安装防盗门、“平安 E 家”报警电话、超级防盗锁芯，并对偏远地区安装照明路灯。启动网络文明引导志愿活动，上千名志愿者通过手机微博、微信、短信等方式，展开“两严一降”

专项行动宣传。各社区（镇）组建“小喇叭”志愿者服务队、“平安使者”青年志愿者服务队和文化志愿者服务队，走进楼群院落、大街小巷以及学校开展治安宣传工作，进行防范知识宣传。

2. 南明区：建立“三级四类”台账

南明区大力实施“平安南明提升工程”，完善党政领导、层层负责、社会协同、公众参与、全区动员，全面覆盖、全局推进的工作格局。南明区把加强基层群防群治工作作为“一把手工程”来抓，建立基层防范工作目标管理责任制，逐级进行考评，按照“三级四类”台账（“三级”即区级、区直各单位及乡或社区级、村或居委会级台账；“四类”即防范类、打击类、整治类、管理类台账），全区 146 个居委会全部挂牌成立“综治工作站”，通过开展“一个网底覆盖、两个平台统分、三级信息交换”活动，即组建村（居）综治站，整合社区民警、综治委员、计生委员等基层服务管理队伍，切实抓好流动人口清查普查工作，动态掌握流动人口相关信息。健全组织、落实经费保障，建设社区服务中心，形成以社区民警为轴心、社区居委会为主体、各种专职防范力量为骨干、治安志愿者为补充的综合性治安防控网络体系。

3. 观山湖区：编织六张治安防控网

编织全域治安监控网：积极协调企事业单位、公共娱乐场所、大型商场、宾馆、浴室等出资安装监控设备，增加全区视频监控密度。

编织街面治安巡控网：根据治安形势，在全区各社区、乡（镇）规划好“必巡区域”、“必巡路线”、“必巡点”，并按照“警力跟着警情走”和“以变应变、灵活制动”的原则进行等级布警。编织基层社会治安防控网，全面开展“人防、物防、技防”缺失大整治，提高全区的楼栋守护率、院落守护率、散居院落守护率。

编织行业场所、单位内部、重点区域治安防控网：以旅游娱乐场所等重点行业、场所为对象，加强治安管理，强化内保单位领导问责制、保卫科长承包制等相关机制。

4. 花溪区：三项措施确保发案下降

严厉打击“两抢一盗”犯罪行为：充分发挥政法机关协同、公安机关主力的作用，集中力量组织开展破案大会战、治安大整治、吸毒人员大收戒、“雷霆行动”等行动。

严密防范“两抢一盗”犯罪：坚持全面加强防范，织好社会治安防控网，严密社会面巡逻防范，加强街面和社区两级巡逻防控，严密社区防范，落实楼群院落值守，严密机关、企事业单位的内部防范，严密停车场、沿街铺面安全防范，加强车辆停放安全管理，减少涉车盗窃案件发生，严格出租屋、特殊人群及重点行业的管理，严密农村地区防范。

构建严打严防社会参与平台：充分发挥居（村）委会群防群治的重要作用，筑牢严打严防“两抢一盗”群众基础。

5. 乌当区：群策群力，齐抓共管

坚持预防在先，采取错时巡逻的措施，加大治安巡逻密度，加强社会面巡逻防控，组织动员广大群众参与治安防范，努力减少发案。同时，深入到易发案小区、高发案地段、重点整治区域和人员复杂聚焦地开展治安巡逻防范，各社区治安巡逻防范队也结合辖区治安情况坚持开展治安巡逻。

按照点上守、线上巡、面上控的街面防范模式，针对性推出巡逻大队、机关警力、派出所、社区民警四个层面的复合巡逻机制，将巡逻力量全面覆盖，实现进出城卡口、主干道以及广场、菜场、背街小巷、住宅小区等特殊区域实现了“白天见民警，晚上见警灯”。先后投入资金在重点区域、地段安装高清摄像头、建立一套治安电子监控系统。

6. 白云区："三个一"保障平安

建立一本台账：由区委办牵头，区委政法委、区公安分局积极配合，完善区案件台账。对全区刑事案件进行全面分析，分类研判案件时间、地点、犯罪嫌疑人，全面掌握警情；明确以区公安分局情报中心和辖区派出所为主力，辖区综治部门配合，深入研判案情特点，找出发案特点及规律，为打击防范工作提供参考，针对性地制定刑事打击、巡逻防控方案。

签订一份责任书：签订从乡镇、社区到网格管理员的层层分解目标责任书，明确责任，围绕盲点抓防范。截至目前，全区共有专职巡防力量700人。同时，区四大班子主要领导、区委常委和副区长负责包片帮扶，乡、镇、社区主要负责人与区公安分局班子成员、"平安包保"单位主要负责人实行责任捆绑，全力确保"两严一降"专项行动的顺利推进。

发动一个居委会：充分发挥居委会自我管理、自我服务、自我教育、自我监督的职能。充分调动居委会在群防群治中的作用，不断提高全体社区居民参与辖区群防群治意识，打牢基层防控基础。在各居委会的配合下，白云区按照"属地"和"行业"管理原则建立重点区域、易发案区域台账，强化城乡接合部、城中村、高发案区域、中小旅馆、出租房屋、娱乐场所、网吧、小发廊、小旅店、小浴室、汽车租赁市场、废旧物品收购、典当行、金银首饰加工业、二手市场等重点场所专项治理。为此，白云区还安排专项资金，落实了对1503栋无物业管理的楼栋24小时值守，并对画有停车线40公里的主街面和背街进行24小时值守。

7. 清镇市：全面做好社会治安攻坚

通过"强打击、严防范、大整治、大排查、大收戒、摧网络、断链条"等，全面做好社会治安攻坚工作：一方面，全力打好"两抢一盗"破案、毒品违法犯罪整治、社会治安整治、控制发案"四个会战"。另一方面，按照"打防结合、预防为主，专群结合、依靠群众"的原则，加大资金和人员的投入，通过推进"天网工程"建设、门禁系统安装，全面加强网格大联防、加大巡逻防控力度、加强治安卡点盘查守护、建立完善"110"防控指挥调度体系等社会治安防控措施，严密防范"两抢一盗"等违法犯罪活动，实现社会治安的根本好转。

8. 开阳县：分阶段，梯度进级

动员摸排阶段：成立"两严一降"专项行动领导小组办公室，开展调查摸底，采取多种方式进行宣传，动员群众积极检举揭发各类违法犯罪行为。

打击整治阶段：把“两抢”、扒窃拎包、街头诈骗等多发性侵财犯罪行为作为整治的重点，突出打击团伙性、系统性侵财犯罪。

完善机制阶段：深化安治防控体系建设、强化治安管理、建立治安防范长效机制三方面，包括大力推行群防群治，增强群众防范意识，积极协助组建社区、乡村巡逻队，提高人防、物防、技防水平，加强对本单位、本辖区流动人员、暂住人员的管理等。

总结考核阶段：结合年度综治目标考核，对措施得力、群众满意的单位进行奖励，对群众安全感低于市、县规定的，予以“一票否决”。

9. 修文县：联动联防，严打严惩各类犯罪行为

各乡（镇）、各部门结合实际，找准突出的治安问题和平安建设的薄弱环节，制定切实可行的工作方案。集中行动、强化攻坚，集中优势力量组织开展滚动打击，对治安复杂区域开展集中清查整治，整改各类治安隐患。以“破现案、攻积案、打团伙、追逃犯、缴赃物”为重点，强化各种打击手段，保持对违法犯罪的主动进攻态势；强化治安管控，织好织牢社会治安防控网络，努力探索建立责任明晰的严打严防“两抢一盗”等多发性侵财犯罪活动长效机制，提高打击能力，有效遏制和减少侵财性案件发生；强化作风转变，坚持依法办案、严格执法、热情服务，密切联系群众；强化“两严一降”宣传，积极营造严打严防声势；强化齐抓共管，努力构建严打严防社会参与平台。

10. 息烽县：周密部署、上下齐动、一线发力

领导带头，向“硬骨头”开火。县委、县政府主要领导和县委政法委书记带头包保整治 3 处案件多发地，向“硬骨头”开火。县城区域的其他 25 个网格，也均由息烽县四套班子成员、政法部门班子成员负责包保。县级领导和其他干部职工一样，以降低刑事发案为目标，同考核、同奖惩。同时把“两严一降”工作纳入社会治安综合治理目标管理内容，对各级各部门工作情况开展定期或不定期督查并通报，督促落实工作措施。

构筑点、线、面相结合的综合防控体系。以特巡警大队、警犬大队、便衣中队，实行全方位、全时段、高密度巡逻蹲守；在县城区域主街面，武警、武装部、公安

和永靖镇、新华社区进行两级防控，巡警和交警联合巡逻；在重点区域、易发案路段、楼群院落，配置专职人员守护；在背街小巷，充分调动民兵、志愿者等力量，组织“红袖标”义务巡防队伍。同时，实施“天网工程”，完成高清探头安装，接入公安视频共享平台；加强单元防盗门、“平安E家”报警电话、超B级防盗锁芯等技防措施；实施“亮灯工程”，解决背街小巷、通道、楼道的照明问题。对机关、企事业单位、金融网点、大型商场、餐饮酒店、批发市场等单位内部治安保卫工作提出明确要求，确保人员到位、设施完善。针对“两抢一盗”犯罪，审判、检察机关加大提前介入和导侦力度，提高批捕、起诉、审判效率，依法快捕快诉快判，“稳、准、狠、快”打击“两抢一盗”犯罪。

加强宣传力度。充分利用报刊、广播、电视、网络等媒介，深入开展对“两严一降”的宣传，增强舆论正能量：在电视台滚动播出行动宣传片，在交通要道设立宣传牌，印发宣传画册，提高市民自防意识，激发社会各方面积极参与，使“两严一降”行动深入人心。

（四）部门联动筑网底强基础，“两严一降”纵深推进

目前，全市“两严一降”专项行动正向纵深推进，各有关部门以实际行动贯彻“十个一”要求，对市民反映的突出治安问题下发督办通知书，落实解决，以开展“清除行动”为载体，深入剖析区域性刑事犯罪规律特点，分类梳理治安乱点，以重点区域、重点场所大排查、大整治和集中清查为主要措施，努力形成“点、线、面”相结合的综合防治系统。同时，“我为社会治安防范支着”等活动的广泛开展，进一步调动起群众主动参与的积极性，形成“各界齐参战，各方总动员”的良好格局和社会协同机制。围绕“打防结合、预防为主，专群结合、依靠群众”的思路，贵阳市各级政法部门积极发挥主动性，走出了一条“筑‘网底’，强基础”的路子。

1. 公安：集中优势，严打严控

针对突出刑事案件、人民群众反映强烈的案件、地缘性犯罪群体，贵阳公安机关采取类案打击方式，相继成立打击入室盗窃犯罪、打击扒窃犯罪、打击撬砸车窗盗窃犯罪、打击盗窃摩托车犯罪、打击飞车抢夺犯罪五个专班，集中优势资源开展打击。公安部门全警出动巡逻布控、全面铺开科技防控，积极发挥全市各卡点、派

出所、社区警务室等一线警力作用，加强重点时段、重点路段的巡逻，提高了街面见警率，破获了一批刑事案件，抓获了一批犯罪嫌疑人，打掉了一批犯罪团伙，群众安全感提升，社会治安持续向好。2014 年 1 至 5 月刑事案件发案数单月分别同比下降 45.62%、25.18%、23.51%、21.82%、20.96%。

2. 检察院：保质保量，办案提速

市检察院“两严一降”领导小组办公室负责人深入一线，了解工作中遇到的困难，分析原因，提出解决问题的意见。市区两级检察院将警力下沉到派出所，建立监督机制，规范派出所执法行为，提高办案质量。在保证案件质量和办案程序的前提下，坚决执行一般刑事案件审查逮捕在三日内审结、审查起诉案件在二十日内审结的工作要求。确保案件在检察环节不梗阻的同时，全市检察机关还改变以往坐堂办案的工作方式，深入办案一线，研究发案规律，协助辖区公安机关构建治安防控体系。2014 年上半年，全市检察机关受理审查逮捕案件数和人数分别同比下降 11.23% 和 11.41%，审查后批准和决定逮捕案件数和人数分别同比下降 13.03% 和 13.73%。

3. 法院：公开审判，震慑犯罪

市法院确立立案从快、审理从快、宣判从快、惩处从重的“三快一重”工作原则，依法严厉打击严重危害社会治安的“两抢一盗”违法犯罪。2014 年上半年全市法院受理的各类刑事案件同比下降，其中“两抢一盗”案件数及人数分别同比下降 16.75% 和 22.58%。武警贵阳支队积极协助公安机关，出动近千名官兵，采取车巡、步巡与武装设卡查缉相结合的方式，投入到维护社会治安的工作中。

（五）以现实为基础，部署落实新“十个一”

2013 年 9 月，贵阳市召开“两严一降”动员大会，提出“十个一”的要求，即召开一次动员会，把“两严一降”的部署贯彻到全市范围；建立一本台账，查清在社会治安上存在的主要问题和防范的重点区域；签订一个责任书，确保级级有责任、层层抓落实；带头帮扶一个重点区域，解决案件高发多发区域的实际问题；召开一次研究居委会加强社会治安防控工作的会议，深入研究如何发挥其在群防群治工作中的基础性作用；解决一批基层公安干警的工作、生活困难，解除其后顾之忧；分析一个降低发案的主要规律，提出切实可行的解决方案；投入一笔专项资金，确保经费用在关键；制定一个宣传方案，形成强大的宣传合力；总结形成一套“两严一降”的长效机制，切实提升工作能力和水平。

“两严一降”工作任重道远，虽取得一定成效，但依旧面临一些基本的现实问题。例如，产业发展滞后、群众收入低、就业困难；当前社会发展仍处于犯罪案件高发期；解决社会治安问题的“网底”还未形成；刑事案件顽固性犯罪群体仍然存在。随着社会发展，贵阳市“两严一降”工作又将面临新挑战：解决问题仍滞后于社会治安问题发生，街头扒窃发案率出现上升，入室盗窃案件下降率不高；“两抢一盗”案件转化为新的暴力性质案件，犯罪分子铤而走险，可能采取暴力手段获取利益；城乡接合部和流动人口群体问题进一步暴露，甚至出现恶化。

为此，在继续做好“十个一”的基础上，贵阳市部署落实新的“十个一”举措，即召开一次专题工作会，深入推进“两严一降”专项行动；形成一个社会治理机制，强化居委会功能，构建社区、网格、居委会有效互动的格局；健全一套管理制度，一年内完善对流动人口的普查登记和动态管理；建立一批社会组织，打造以居委会为主导的“两严一降”联防联控体系；梳理一批本地区发案的新领域，研究治安新形势和新机遇；发动一批社会组织和志愿者，发挥社区义工、志愿者正风气、促和谐的有效作用；安排一批就业岗位，通过政府购买服务、动员社会增加岗位等形式，解决刑释人员回归社会后的生计与发展问题；打掉一批涉黑团伙，彻底清除驻扎在本地区的社会毒瘤；继续解决一批公安局、派出所、警务站、驻区民警的工作和生活困难，优化警力配备、提高警务效率；营造一个“两严一降”工作的社会氛围，深化公安、社区与市民的互动，强化社会治安“人人受益、人人参与”的舆论导向。

（六）“两严一降”阶段工作取得成效

2012 年，贵阳市“两抢一盗”案件发案高达 4.3 万起，万人刑事案件发案数达 112 起，明显高于周边的成都、长沙、南宁等省会城市，中国社科院发布的“2012 年 38 个城市公共安全要素满意度总体排名”曾将贵阳市列为最后一名。

2013 年以来，贵阳市开展“两严一降”为重点内容的社会治安专项整治行动，印发了《贵阳市“两严一降”工作方案》，建立市“两严一降”指挥部并拟出十项严防重点工作任务，包括：社会面巡逻防控、楼群院落守护、完善技防和物防措施、车辆停放安全管理、机关和企事业单位内部防范、沿街铺面安防、严格出租屋管理、农村地区防范、组织群防群治等。

2013 年贵阳市刑事发案数同比下降 1 万件、降幅 18.24%，在全省占比从 1/3 下降到 1/4，其中“两抢一盗”案件发案数同比下降 19.45%，刑事发案数在全省的占比由 2012 年的 30.2% 下降到 25.16%；人民群众安全感达 94.20%，同比上升 4.83%，超过全省平均值；满意度达 93.64%，同比上升 4.95%。在中国社科院发布的“2013 年 38 个城市公共安全要素满意度总体排名”中，贵阳市上升为第 10 名。

十、党风廉政建设新使命

党风廉政建设和反腐败斗争，直接关系到中国共产党和国家的生死存亡，密切联系群众，保持清正廉洁，是我们党立于不败之地的根基所在。贵阳市充分认识党风廉政建设和反腐败斗争的重要性和紧迫性，把反腐倡廉建设放在更加突出的位置，贯穿于全市经济、政治、文化和社会建设各个领域，体现在党的思想、组织、作风和制度建设各个方面，反腐倡廉常抓不懈，拒腐防变警钟长鸣，推动党风廉政建设和反腐败斗争深入开展。

近年来，贵阳市党风廉政建设，以开展党的群众路线教育实践活动为抓手，着力整治“四风”方面的突出问题。把防治腐败的要求和措施体现到各项改革制度建设之中，最大限度堵塞制度漏洞，避免制度真空为腐败提供可乘之机。完善惩治和预防腐败、防控廉政风险、防止利益冲突、领导干部报告个人有关事项、任职回避等方面法律法规，推行新提任领导干部有关事项公开制度试点，健全民主监督、法律监督、舆论监督机制。明确各部门和岗位职责权限，划清责任红线，做到定位准确、边界清晰、人事相符、权责一致，确保权力依照法定程序行使。全市党风廉政建设和反腐败工作取得了新进展、新成效，党员干部和人民群众对反腐倡廉工作的信心进一步增强，党风廉政建设满意度不断提升。

（一）以专项活动为载体，强化干部作风建设

贵阳市紧扣为民务实清廉的主题，坚持“忠实务实实干兴省、同心同苦同步小康”，以“整治‘四风’回应群众关切、深化‘三找’推动发展升级”为载体，以“转作风、抓反腐、办实事、树形象”为抓手，以问题为导向，深入开展各类专项活动，教育引导党员干部树立群众观点，弘扬优良作风，解决突出问题，保持清廉本色，使干部作风进一步转变，干群关系进一步密切，为民务实清廉形象进一步树立。

1. 开展党的群众路线教育活动，正风肃纪

贵阳市全市各级各部门深刻认识开展教育实践活动的重要意义，切实增强政治自觉、思想自觉、行动自觉，高标准、高质量、动真格地推进活动，带动社会风气整体好转，实现了“新风扑面、焕然一新”。

在党的教育实践活动中，贵阳市突出整治重点、突出领导带头、突出令行禁止，坚决落实中央、省委和市委纠正“四风”的相关规定，出台整治公职人员打麻将赌博行为制度、婚丧嫁娶报告制度，促进干部作风转变。定铁的纪律，下决心正风肃纪，针对群众身边的“小官巨贪”现象，通过广泛收集线索、加大惩处力度、建立长效机制，有针对性地开展专项治理，让腐败分子受到党纪国法的严惩，逐步把权力关进制度的“笼子”里，实现反腐版斗争。全市把开展教育实践活动同打造贵阳发展升级版

紧密结合起来，取得了群众满意的实效，实现了“两不误、双促进”。

2. 开展专项整治活动，抓整改、抓落实

贵阳市牢牢把握省委提出的突出主题不变、镜头不换，突出领导带头、层层示范，突出问题导向、聚焦“四风”，突出分类指导、有序推进，突出群众参与、开门互动，突出建章立制、简便易行 6 个方面的基本要求，主要围绕学习教育、听取意见，查摆问题、开展批评与自我批评，整改落实、建章立制三个基本环节，突出抓好 11 项专题活动，切实开展好教育实践活动。

贵阳市开展“抓典型、转作风、提效能、强服务”专项活动，重点整治“门难进、脸难看、话难听，事难办”和“吃、拿、卡、要”、慵懒散慢、漂浮不实、贪奢浪费等行为；重点查找单位干部职工是否按时上下班，是否存在迟到、早退、旷工等现象；工作期间是否存在脱岗、离岗、窜岗等现象；是否存在上班时间进行一些与工作无关的事情，如上网聊天玩电脑游戏等；是否存在为群众办事态度不好、办事推诿，效率不高、不负责任等现象；是否存在损害群众利益影响政府形象等；政务大厅各办事窗口是否设立了人员去向牌、办公指南，工作人员是否设有胸牌、桌牌等。

整治作风顽疾，贵阳市相继出台“五大禁令”，明文规定党员干部打麻将“三不许”，婚丧喜庆事宜“四严禁、一严格”，参与违法种房“三禁止”，规范公务活动“四严格、十不准”以及支持政法机关依法履行职责“三不准”。市各级各部门因病开方、对症下药，打出“组合拳”医治市、县机关“慵懒病、冷漠病、浮躁病、享乐病、贪欲病”，乡镇、社区“走读风、赌博风、衙门风、懒散风、滥办酒席风、优亲厚友风”等群众反映强烈的“五病六风”。从贵阳市群众“最反感的事”、企业“最烦心的事”、机关“最难办的事”抓起，以“万人评公共服务窗口”、“万人评社区服务中心”、“万人评基层站所”等系列活动为载体，提出全市党员干部必须严格遵守的“三大纪律”、“九个严禁”。

3. 开展“一把手”示范，抓作风建设抓常态

从 2013 年 7 月“找问题、找目标、找差距”主题大讨论活动“预热”，到 2014 年 1 月“转作风、抓反腐、办实事、树形象”动员令的吹响，在这场党性“大考”中，贵阳市以认真的态度抓学习、严格的制度转作风、务实的举措惠民生，让全市群众真切感受到了党风政风带动社风民风的巨大变化，办成了一批群众急盼的实事，

建立了一系列关键的制度，凝聚了一股强劲的转型升级发展动力。

贵阳市选派1786名干部组建355个驻村工作组，从市、县机关企事业单位选派220名副科级以上干部到需集中整治的软弱涣散村级党组织担任第一书记，建立了18个市级领导整顿软弱涣散党组织联系点，明确78名县级领导干部定点联系116个整顿对象。市、区（市、县）四大班子党员领导干部建立基层联系点763个，全程指导教育实践活动。各级各部门“一把手”把教育实践活动作为责无旁贷的政治责任和重大的政治考验，一级做给一级看，一级带着一级干，形成了以上率下的生动局面。

通过组织开展精简会议文件、规范公务接待和严格公车管理等工作，“文山会海”现象得到有效遏制，节庆活动次数和规模大幅减少，2013年全市接待费用比上年减少24.32%，共有76552名党员干部做出会员卡“零持有”报告。2014年以来，集中开展了27次专项整治、组建4个市级巡视组，全市有521人因违反规定和“五大禁令”受到处理，给予党政纪处分64人，通报打“苍蝇”典型案件40起。全市查处在公务活动和节日期间赠送、接受礼品、礼金和各种有价证券、支付凭证及公款大吃大喝、参与高档消费案件16件，查处干部30人；查处“吃拿卡要”、“庸懒散拖”案件48件，查处干部82人；查处侵害群众利益行为418件，查处干部299人。严肃查处和曝光了南明区小碧乡干部公款旅游等一批典型案件，处理了违反规定的170名国家公职人员，先后3次向全市通报14起典型问题。加大明察暗访、案件查处、典型曝光和群众评议、社会监督力度，全市共有188人被问责。

全市有10个科室、10个单位窗口、7个政务服务大厅、10个公共服务窗口在万人评议中分别获得“满意科室”、“优秀窗口”、“优秀大厅”和“优秀文明服务单位”等称号。

（二）以惩防体系为支撑，强化反腐倡廉建设

贵阳市坚持标本兼治、综合治理、惩防并举、注重预防的方针，建立健全惩治和预防腐败体系。在加大查办案件工作力度、依法严惩腐败分子的同时，更加注重治本、更加注重预防、更加注重制度建设，切实做好从源头上防治腐败的各项工作。市纪检监察机关勇于亮剑，坚持“老虎”“苍蝇”一起打，以反腐倡廉建设的新成效取信于民，为打造贵阳发展升级版、建设全国生态文明示范城市提供坚强有力的纪律保障。

1. 完善制度体系，加大查处力度

扎实有序推进构建惩防腐败体系各项工作，必须依靠机制制度作为根本保障。2013年，贵阳市出台了《进一步严明纪检监察机关办案工作纪律的通知》《案件检查工作点使用和管理办法》等15项规章制度和纪律规定，形成制与执机制。

案件工作点运行一年多来，各级纪检监察机关共受理信访举报件2549件（次），同比上升61.23%；初核373件，同比上升31.34%；立案226件，同比上升8.13%；给予党政纪处分275人，同比上升13.17%；查处县处级干部13人，同比上升8.33%。先后查处市直机关事务管理局腐败窝案、白云区沙文园区“两违”建筑腐败窝案等一批在全市有影响的典型案件。

2. 加大巡视力度，开展清权查险

为进一步强化巡视工作，不断增强监督实效，切实提高巡视质量，贵阳市委印发《中共贵阳市委关于组建市委巡视组的通知》，组建4个巡视组，对全市各有关单位和部门在党风廉政建设和反腐败方面存在的问题进行监督。着力发现领导干部是否存在权钱交易、以权谋私、贪污贿赂、腐化堕落等违纪违法问题；发现是否存在形式主义、官僚主义、享乐主义和奢靡之风等违反中央八项规定精神的问题；发现领导干部是否存在对涉及党的理论和路线方针政策等重大政治问题公开发表反对意见、搞“上有政策、下有对策”等违反政治纪律的问题；发现是否存在买官卖官、拉票贿选、违规提拔干部等选人用人上的不正之风和腐败问题。全市各级各部门在重点领域、重点岗位排查出廉政风险点1.6万个，制定防控措施2.1万条。

各地各部门对各行政执法主体的行政权力进行全面梳理、逐项规范，列出权力清单，编制权力运行流程图。各级党员干部针对日常工作生活中可能出现的思想道德风险、制度机制风险和岗位职责风险，从“个人岗位、科室职责、单位职能”三个层面，采取“自己找、群众帮、领导提、集中评、组织审”等多种方式，排查工作生活中各个环节存在的风险点。深化改革，建立完备的法律、法规和政策体系，通过优化城市开发模式、改变土地出让模式，变“生地熟挂”为“净地出让”，从制度上缩减权力寻租空间，防止产生滋生腐败的温床和条件。

3. 加强纪律建设，开展监督检查

全市纪检监察机关将维护党的纪律，特别是政治纪律放在首位，围绕加快发展

这条主线，重点开展对实施创新驱动区域合作、保障和改善民生等重大决策执行情况的监督检查，出台12条措施服务和保障中关村贵阳科技园建设，推动中央和省、市决策部署的贯彻落实，查处套取国家征地补偿金和冒领集体补偿金案件16起，涉及金额850万元。

定期不定期地开展组织对全市执行工作纪检情况的明察暗访工作，对发现存在问题的单位，除了对当事人进行相关处理外，还将对单位主要领导进行问责。各区县及相关部门通过加强教育、建章立制、分清责任、严格考核、严肃追究等工作方式，切实加强对干部职工的监督管理，提高工作人员的责任感和使命感，促进作风转变和行政效能的提高。

（三）以纪检监察队伍建设为抓手，强化组织基础

纪检监察机关是抓党风廉政建设和反腐败工作的职能部门，肩负着“维护党纪政纪”的重要职责和特殊使命，其内部建设、队伍建设关系党风廉政建设和反腐败工作的全局。党风廉政建设和反腐败工作任务繁重而艰巨，纪检监察组织强化“打铁还需自身硬”、“监督者更要自觉接受监督”的观念，为反腐倡廉工作提供坚强有力的组织保证。全市纪检监察机关在全系统深入开展“三找”主题大讨论活动，进一步找准职责定位和工作方向，凝心聚力、鼓舞干劲，进一步加强自身建设，转职能、转方式、转作风。

1. 目标导向，完善绩效考评体系

贵阳市纪委监察局着力调整优化机关内设机构，加强监督和办案力量；坚持目标导向，从完善考核机制入手，建立纪检监察系统目标绩效考评体系，制定《贵阳市纪检监察工作绩效考核办法（试行）》《党风廉政建设社会民意调查结果责任追究办法（试行）》《对各区（市、县）纪委监察局2013年度查办案件工作考核方案》等。各级纪检监察机关带头执行作风纪律各项规定，全市专兼职纪检监察干部均做出会员卡“零持有、零报告”书面承诺。

2. 派驻统管，加强基层监督指导

贵阳市成立专门机构统筹协调全市派驻统管工作，10个区（市、县）全面完成

派驻机构组建，制定统管工作实施办法和立体考评细则、“三重一大”事项监督办法等工作规范，开展廉政风险防控与预防职务犯罪试点，纪工委（监察分局）进驻重点部门、进驻乡镇工作试点和案件交叉审理试点等，建立委局领导班子成员联系基层制度，加强对基层纪检监察工作的督促指导。

3. 科学指导，深化廉政建设成果

贵阳市为适应新形势新任务的要求，加强以党章为核心的党内法规制度体系建设，着力提高制度的科学性、系统性、权威性，做到用制度管权、用制度管事、用制度管人，着力推进党风廉政建设和反腐败工作不断深化。2013 年，贵阳市各级纪工委（监察分局）共监督检查“三重一大”事项 2440 次，提出意见和建议 1232 条，立案 134 件。根据省纪委通报，2013 年，十项重点工作考核贵阳市总体排名全省第一，其中有 6 项重点工作排名第一，人民群众对我市党风廉政建设的满意度位列全省第一，纪检监察工作得到省委、省纪委领导和市委主要领导肯定性的批示和表扬 29 次。

（四）以落实党风廉政责任制为重点，强化制度保障

党风廉政建设责任制，是深入推进党风廉政建设和反腐败斗争的一项全局性和基础性制度，是深入开展反腐倡廉建设的“龙头”。赵克志书记强调，要切实把思想和行动统一到十八届三中全会关于落实党风廉政建设责任制的要求上来，立足于抓早、抓小、抓到位，把对干部的严格要求、严格管理、严格监督贯穿始终、落到实处，有腐必反、有贪必肃、有案必查、违规必究，正风肃纪、常抓不懈，努力实现干部清正、政府清廉、政治清明。

1. 加强工作落实，推动党政领导班子及成员履职尽责

贵阳市各级党委严格执行党风廉政建设责任制，担负起领导反腐倡廉建设的政治责任，把反腐倡廉建设列入重要议事日程，纳入经济社会发展总体规划，同改革发展工作一起部署、一起检查。各级领导干部始终把党风廉政建设作为党委政府的核心工作来抓，始终坚持守土有责、以身作则、率先垂范，自觉、严格地遵守廉洁自律各项规定，带头接受群众和社会监督，抓好班子、带好队伍，管好下属、亲属和身边的工作人员，把以身作则作为全市党风廉政建设责任制总负责人责任的一种

方式。

在各项工作中，市各级党委担负起主体责任，切实做到“两手抓、两手都要硬”，按照“谁主管、谁负责”的原则，把党风廉政建设任务分解到相关职能部门和每个领导干部，一级抓一级，层层抓落实，既坚决查处领导干部违纪违法案件，又切实解决好出现在群众身边的不正之风和腐败问题。2014 年以来，贵阳市以的全市党的群众路线教育实践活动为载体，深入推进用制度管权管事管人，强化权力监督制约机制，在制度上为党风廉政建设责任制提供了保障。

2. 加强事后究责，加大制度执行力度

反腐败体制机制改革，就是厘清责任、落实责任。落实党风廉政建设责任制，纪委负监督责任，强化责任追究。贵阳市纪检机关以对党的事业高度负责的精神履行监督责任，不管有多大压力、有多少阻力，都咬定青山不放松、不达目的不罢休，强化反腐倡廉问责，严格执行责任追究办法，对领导不力、不抓不管而导致不正之风滋长蔓延，或者屡屡出现重大腐败问题而不制止、不查处、不报告的，严肃追究责任。

在执纪的过程中，贵阳市坚决动真的、来硬的，不折不扣地加大制度的执行力，谁没有很好地负起责任，出了问题就要严格追究。2014 年以来，贵阳市针对“四风”进行明察暗访，查处并曝光了一批典型案件，在全市干部特别是领导干部中引起震动，使得各级党政领导班子及成员在落实责任制过程中履职尽责，有效避免责任制成为“一纸空文”，有力促进党风廉政建设责任制的落实和深化。

贵阳市纪检干部有针对性地弥补自身知识的“短板”，自觉增长知识、锻炼才干，努力把学习成果转化为有效防治腐败的能力。积极探索机关纪检工作规律，运用信息、通信和网络等现代科技手段，不断提升监督水平。全市为提高纪检干部履职能力，按需求、分阶段、分层次地加强培训，完善集中培训制度，丰富教育培训内容，提高纪检干部的党性修养、业务素质和执纪能力。

Part

5

Experience of the social governance system and governance capacity development of Guiyang

贵阳社会治理体系和治理能力发展经验 >

一、云岩区：大数据全方位激发社会活力

当前，我国正处于社会转型的加速期，社会的快速发展和急剧变迁，使得包括人、财、物、事等在内的社会治理数据和信息变得愈发庞大和复杂。与此同时，伴随着云计算、物联网、移动互联网的发展，我们正在进入一个大数据时代，我们的生活、工作和思维正在发生全方位的改变。大数据技术的创新与发展，以及对数据的全面感知、收集、分析与共享，为推进社会治理创新提供了巨大空间和技术支撑。特别是党的十八届三中全会明确了国家治理体系和治理能力现代化目标之后，如何在大数据时代推进社会治理创新，更成为我国各级政府和社会治理主体极为关注、迫切需要解决的问题。

也正是在这一背景下，贵阳市全力实施创新驱动发展战略，不仅具有巨大的经济价值，更有了社会治理的创新意义。云岩区是贵阳市中心城区之一，在经济综合实力日益增强的同时，紧紧抓住贵阳市大力发展大数据产业的重大契机，把大数据理念灵活运用到社会治理领域，积极探索创新社会治理和加强群众工作的新机制、新方法，整合各方资源，发挥各类社会要素的最大效能，全方位激发社会活力，建立起行之有效的社会治理融合模式和网格信息化工作体系，有效地提升了社会治理和群众工作的信息化、精细化、优质化和科学化水平。

（一）云岩区基于社会治理两大问题寻求资源集成共享的新方式

云岩区位于贵阳市南北向“船形盆地”的北部，土地总面积 93.57 平方公里。全区辖 1 个镇及 26 个社区服务中心。近年来，云岩区通过新型社区规范化建设，全面提升了社区建设的规范化水平，构建起“区—社区—网格”三层级互动工作网络，为推动社会治理创新奠定了良好的基础。但与此同时，云岩区在社会治理方面还面临一系列问题，创新社会治理的新机制、新方法显得格外迫切。

一是信息数据庞大复杂，对社会治理方式提出了新要求。最为突出的就是人口存量大，传统社会管理方式不能满足市民多样化需求。云岩区辖区人口约 135 万人，其中常住人口 98 万人，流动人口 37 万人，其常住人口占贵阳市常住人口的四分之一，人口规模大、人口结构日益复杂，如何真正摸清人口底数、了解市民多样化的需求，成为制约其提高社会服务水平的重要瓶颈。在这一背景下，云岩区开始思考如何通

云岩区流动人口与常住人口占比（万）

过社会治理方式和手段的创新来解决这一问题。

二是部门资源难以共享，对社会治理机制提出了新要求。目前，受传统体制机制的影响，云岩区各个部门在为社区、居民提供服务的过程中，存在部门分割严重、信息碎片化、资源难共享等问题，重复工作的问题时有发生，这在很大程度上造成资源浪费，降低了工作效率。打破部门分割，实现部门间数据信息和资源共享是推进社会治理水平，提升政府服务能力的重中之重。针对这一现状，云岩区以实现资源共享为突破口，逐步探索建立新时期适应社会治理要求的新机制。

纵观云岩区社会治理面临的问题，把握和利用好大数据的技术和平台是破解云岩区社会治理瓶颈的共同指向。恰逢其时，贵州省明确了大力发展大数据产业的战略部署，研究制定了《贵州省大数据产业发展规划纲要》，提出力争将贵阳打造成为立足西南、辐射全国、影响东南亚的全国大数据产业创新发展先行区的战略目标。在这一背景下，云岩区立足自身在社会治理中存在的问题，借助贵州大力发展大数据产业的良好机遇，积极发展云计算和大数据产业，并逐步探索出一条将大数据运用到社会治理领域，全面提升社会治理水平，增强社会活力的发展路径。

（二）以“大信息”平台为突破口，以大数据引领，逐步实现社会治理信息化、网络化

云岩区在吸取北京等地先进管理经验的基础上，结合本地实际，把大数据理念深入运用到社会治理工作的相关领域，通过整合人员、资金、信息、数据等各方面资源，建立了基于网格管理模式的社会治理综合信息系统，构建起集区级人口、城市部件、法人单位、房屋四位一体的共享融合的高度关联性的“数据库”，充分发

挥各要素最大效能来全方位激发社会活力，形成了以大数据为引领的具有云岩特色的社会治理模式。

1. 建立区级信息数据共享平台，打破部门信息孤岛

云岩区依托 12 个大数据相关项目（科技服务类大数据 7 个、金融类大数据 2 个、物流服务类大数据 1 个、物联网 1 个、信息安全 1 个）的辐射平台，全面整合公安、工商、税务、教育、就业等多家数据库，打破信息孤岛，打造出可以互联、互通、互享的云计算数据中心，深入运用到社会治理工作的相关领域，不断提升社会管理和群众工作的信息化、精细化和优质化水平。

2. 构建区级信息指挥中心和社区综合指挥信息平台，提升服务效能

云岩区将“云岩区 12319 公共服务指挥中心”、“云岩区社区网格化管理服务平台”和“百姓——书记区长交流台”按“三合一”模式进行有效整合，成立新的 12319 区级信息指挥中心，负责统筹、协调、督促全区大小社会民生事务。开通 6312319 的 24 小时民生服务热线，为群众提供全天候、全方位、全程式的优质服务。依托 12319 区级信息指挥平台和 26 个社区综合指挥信息平台，对群众反映及网格社工发现的问题按照各部门、各社区的工作职责在指挥平台上进行分派、跟踪、督办、反馈。同时，各部门、各社区依据不断完善的“数据库”，探索“电子认证”办事流程，提升办事效率，降低办公成本，实现了为民服务的“一证办结”（居民在社区大厅前台出示身份证或居住证就可以办理相关事项），提升新型社区网格化、信息化、精细化和优质化管理水平。

3. 建立人口管理综合信息管理服务系统，实现人口动态监测

针对人口规模大、流动人口多的特点，云岩区搭建起租赁房屋管理平台、流动人口信息管理平台、企业用工信息管理平台、重点人群管理平台等四大平台，创新推行“12345”流动人口服务管理工作法，在流动人口服务管理上取得重大突破。

4. 成立社区公益事业项目库，有效整合民意需求

2013 年，云岩区通过项目申报向贵阳市争取到近 5000 万元“新型社区 • 温馨家园”社区公益事业专项资金，在全区 26 个新型社区全方位实施项目建设，着力整治

解决社区环境，改造基础设施等问题。按照建设“新型社区·温馨家园”的目标，云岩区以社区公益事业项目为载体，坚持民需导向，通过12319区级信息指挥平台、6312319热线电话、手持智能终端（APP）、走访座谈等各种方式广泛深入收集社情民意，重点抓住群众所急、所盼、所需，并以社情民意为导向，结合各社区实际建立社区公益事业项目库。在项目立项、实施、验收过程中，充分发挥社区居民群众参与的积极性、主动性、创造性，在项目覆盖范围内的居民群众中聘请义务监督员，对项目实施的全过程进行跟踪和监督，对已完工项目进行民主评议，努力形成了项目管理长效机制，实现了群众参与项目实施全过程，有效地鼓励和引导公众有序参与社会管理，打造出多元主体参与的社会治理格局，实现了、政府职能由“划桨”到“掌舵”的转变，以有限的财政资金投入获取最大的社会效益，从而进一步激发出社会活力。

（三）从云岩实践看大数据时代社会治理的三大转型

大数据时代的到来，对我国社会治理既提出了挑战，也带来了新的机遇。如何有效把握和运用大数据带给我们的机遇，有效规避风险，是当前我们社会治理中必须重视解决的问题。云岩区紧抓贵州省、贵阳市大力发展大数据产业这一机遇，主动将大数据产业运用到社会治理的各个方面，既激发了社会活力，全面提升了区域

云岩区2007—2012年生产总值趋势图（亿元）

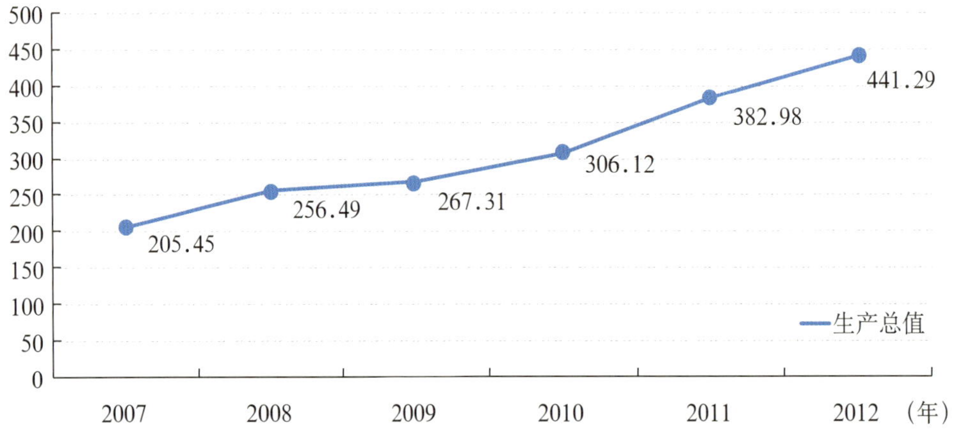

社会治理能力和水平，又深刻生动地诠释了大数据给社会治理带来的改变，并为有效运用大数据提升社会治理能力，实现社会治理现代化进行了有益探索。

1. 转变社会治理方法，实现从碎片化处理到网格化集成

大数据的一个显著特征就是信息的巨量化和碎片化，反映在社会治理领域，就是社会治理涉及的人、财、物、事等在内的数据和信息变得愈发庞大和复杂。特别是我国正处于社会矛盾的凸显期和集中爆发期这一背景下，如何从庞杂的数据信息中获得有价值的数据，迫切需要建立一套完整的数据综合处理系统，对大数据进行整合分析。以人口数据为例，云岩区通过搭建租赁房屋管理平台、流动人口信息管理平台、企业用工信息管理平台、重点人群管理平台四大平台，构建起的“四位一体”人口数据库，已将生活、工作在云岩区的每个人纳入“四位一体”的网格之中，实现了对人口数据的高度集成，为人口的实时监测，动态管理提供了基础。

2. 转变社会治理模式，实现从静态治理到动态治理

长期以来，我国社会治理的目标被设定为维持社会稳定，而基于这一目标所开展的社会治理实践是一种静态的治理模式。但经过改革开放 30 多年的发展，不同社会阶层之间的社会流动性不断增强，原有的静态社会治理模式已经不能适应经济社会发展的需要，急需以动态的社会治理模式取而代之。及时地、全面地掌握社会治理相关数据的变动情况和变动趋势，对于实现从静态社会治理模式向动态社会治理模式的转变具有非常重要的意义。在大数据时代，突飞猛进的大数据技术为及时地、全面地掌握社会治理相关数据的变动情况和变动趋势提供了技术支撑。云岩区在社会治理创新实践中，充分借助大数据技术，把管理和服务的触角延伸到每个家庭每个社会成员，做到信息全收集、事态全掌控、服务全覆盖，建立起行之有效的社会管理层级模式和网格信息化工作体系。

3. 转变社会治理机制，实现从部门分割到统筹协调

当前，社会治理中部门分割严重是我国社会治理体制存在的主要问题，具体表现为：承担社会治理职能的各政府部门各自为政，协同性不足，同时不同部门的职能之间存在交叉和重叠，“信息孤岛”和“信息打架”现象并存。在大数据时代，信息共享变得可能和必要，从而有助于推动各社会治理主体之间的协同与合作，进

而促进社会治理体制从碎片化向网格化转变。云岩区正是有效运用了大数据，建立了大信息平台，统筹协调公安、地税、工商、教育、就业以及卫生计生等各方信息和数据资源，实现跨部门的信息互联、互通、共享，有效提升了新型社区网格化、信息化、科学化管理水平。

二、南明区："社区服务 365"提升群众满意度

随着城市化进程的加快，外来人员的增多，社区的工作发生了新的变化，这种变化体现在由要求向需求的转变，由管理向服务的转变。面对人们物质生活文化的进步，原有的城市基层管理模式已经不能适应新的形势发展，社区管理面对更多的挑战。

在这一背景下，贵阳市南明区以社区治理为统领，以服务群众为宗旨，以针对性强、便于操作的"社区服务 365"活动为载体，科学整合各方资源，构建社区服务体系，拓展社区服务内容，创新社区服务方式，形成了"服务平台多元、服务队伍优质、反应系统快速、评价机制健全"的新格局。

（一）南明区新形势、新要求下着力破解传统社区管理模式三大问题

南明区是贵阳市的中心城区之一，是省委、省军区所在地，全区总面积 209.34 平方公里，2013 年总人口 84.76 万，辖 4 个乡、19 个社区服务中心和 144 个居委会。近几年，南明区城区建设的不断加快，社区管理方式也有所创新，但传统的管理模式仍然占据了社区管理的大量"空间"，阻碍了社区治理体系的进一步发展。

一是传统观念不能适应居民群众的新要求。由于传统观念的影响，南明区一些社区还是以管理为主，存在着重管理、轻服务的现象，与居民群众的要求相比，还有一定差距。尤其是对待前来办事的群众一定程度上存在"冷、硬、生、推"的现象，服务人民群众、服务基层一线、服务中心工作的措施没有完全落实到位。这些传统观念和管理模式导致了社区在管理机制上科学性不够，在具体工作中时效性差、程序不规范等问题。

二是传统服务方式不能满足群众多元化需求。目前，南明区社区的管理仍然是

2008—2012 年贵阳市人口密度上升趋势（人/平方公里）

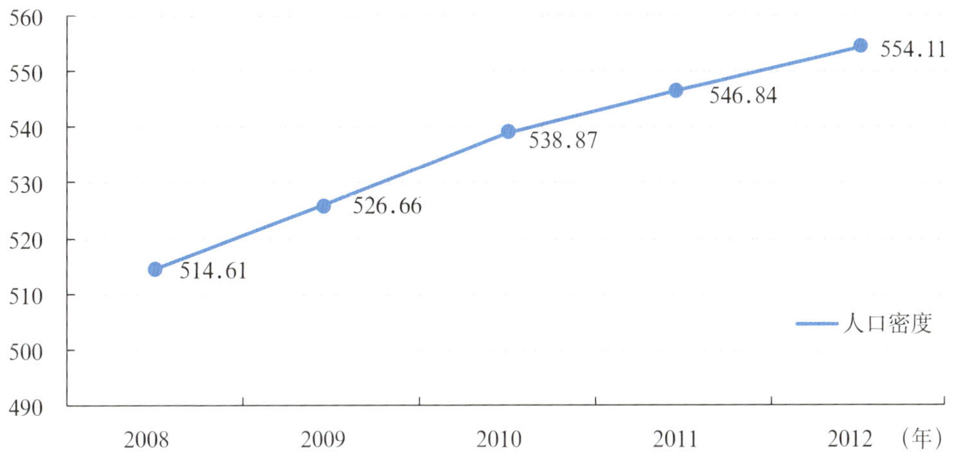

以行政化管理方法为主，社会力量和居民参与社区管理的深度和广度不够，导致服务方式比较单一，服务质量不高，不能满足群众日益多样化的客观需要，社区服务功能整合和优化的空间较大。另外，南明区的社区居民参与社区管理还大多停留在社区的卫生建设等事务或已经安排好的活动上面，很少能在服务群众、社区建设等问题上表达意见，导致社区整体服务方式单一，水平不高，不能满足群众的多元化需求。

三是分散的管理力量不能适应全新的发展形势。虽然各社区在开展为民服务过程中创造了许多好的做法，如设立“爱心超市”、“绿色网吧”、“四点钟乐园”、“居家养老服务”等，但仍存在着党建资源缺少整合手段、党组织和党员发挥作用缺少平台、党建工作缺少抓手等情况。尤其是在城市社区中，居民委员会、业主委员会、物业管理类公司作为社区治理中的主体，三者分别从社会治理、自治治理和专业治理的角度，共同对社区进行管理，各主体之间的利益还存在着某些不一致性，社区管理缺乏统一的资源整合平台，不能让更多群众共享改革发展成果。

（二）南明区构建“365 新型社区服务体系”，提升服务品质

所谓“365 新型社区服务体系”，是指围绕服务居民群众这条主线，按照承载力强、带动力强、联合力强的原则，在各社区、村居设立社区服务综合大厅和群众接待场所，

统一办事流程和服务事项，公开工作人员姓名和岗位职责，实行首问责任制、工作责任制等相关制度，构建多元服务体系，真正为居民群众提供了一年 365 天全覆盖、全方位、全过程的贴心服务。通过开展“社区服务 365”，使服务范围由“窄”变“宽”，使服务层级由“浅”变“深”，使服务方式由“老”变“新”，把服务“一竿子插到底”，更切合全心全意为人民服务的根本宗旨，在时间和空间上最大限度地延伸了社区服务功能，为不断提升社区综合服务水平开辟了广阔新路。

1. 打造多元服务平台，为群众提供多样服务

一是建立“365”民情服务站。开通“社区服务 365”民情热线电话，安排专人值守，对群众反映的困难和问题及时记入《365 民情日记簿》，做到“日产日销”。每月 5 日、15 日、25 日，社区书记和主任轮流到“民情接待站”值班，为群众排忧解难。二是建立急难特事服务站。南明区成立社区“急难特事服务站”，对居民反映的急事、难事、特事，采用“特事特办”方式，第一时间进行调查了解并及时加以解决。服务站在接到居民反映的急难特事后，根据事件分类，与相关单位协调联系，调动一切可利用的资源，治好居民们的“心头病”。三是建立爱心互助站。以“晚霞彩带”为纽带，为辖区独居、空巢、孤寡、特困老人提供日常照顾、紧急求助、信息咨询等服务。“爱心超市”定期向公共户单位、社区党员、居民群众筹集帮困物资。“连心桥”利用“爱心 QQ”与爱心人士互动连心、与企业单位开展“一帮一”救助活动。四是建立党员先锋站。向辖区党员提供党务政策咨询、转接党员组织关系等服务，搭建党员学习、交流与活动平台。开展党员服务基层先锋行活动，组织党员到社区认领岗位，1.1 万名左右的党员带头参与社区事务、带头服务群众，形成 1 个党员发动 10 名群众为社区建设做贡献的“1+10”效应。五是建立文化活动站。提供电子阅览、图书借阅、远程教育等服务，设立“四点钟乐园”，由社区工作者、学校老师、青年志愿者及辖区“五老”担任辅导员，每天下午 4 点以及学校放假期间，义务对社区未成年人进行课外指导，切实解决了学生家长的后顾之忧。

2. 建设优质服务队伍，为群众提供贴心服务

南明区以提高服务能力为立足点，多措并举，努力建设一支高素质的社区服务队伍，从各个方面为群众提供多元的专业服务，真正成为群众的知心人、贴心人、解难人。一是选优配强社区党组织书记，为群众提供组织服务。为选配公道正派、

实绩突出、群众公认的“领头雁”，各社区领导班子全部通过“公推直选”或“两推一选”的方式产生，为群众提供公平公正的组织服务，得到了党员群众的广泛认可和支持。二是组建专业化社区工作者队伍，为群众提供专业服务。区财政投入培训经费，分别与省委党校、贵州民院等联合举办社区工作人员专业服务能力培训班，并选聘具备一定文化素质和特长的年轻人到社区工作，不断优化社区工作者的队伍结构，以适应新形势下群众的各种多元需求。三是建立党群志愿服务队，为群众提供志愿服务。区党委动员和整合社区党员、热心群众、社会志愿者等各方力量，组建党群志愿服务队，深入开展“党（团）员社区服务先锋行”活动，进千家门、察千家情、解百姓忧，为群众提供各种志愿服务。

3. 构建快速反应系统，为群众提供快捷服务

南明区通过“快速受理系统”和“快速办理系统”，及时、便捷、高效地快速办理各项事务，在第一时间向社区群众提供最优质的服务。一是构建社情民意快速受理系统。充分利用现代信息技术、通过电话、“惠民通”手机短信平台、“心连心”党建微博、“365 服务 QQ 群”等形式构建社情民意快速受理系统，通过“民情服务站”的周到接待，“民情联络员”的上门走访，以及“民情连心卡”的无缝衔接，群众的意见诉求可以“面对面”的收集和反馈。“快速反应系统”收集到的每一个意见建议和需求，都会被详细地登记下来，为社区服务工作提供有价值的参考。二是构建急事难事快速办理系统。南明区整合各类资源，建立社区党组织、居委会、业主委员会、物业公司、驻社区单位“五位一体”的社区服务协商处理机制，定期对社区服务工作中的问题进行研究，及时商讨解决办法，从人力和机制上为“快速办理”护航。该快速办理系统，在时间上实行“五分钟限时答复”，在工作方法上实行“AB 角工作制”，即每一个岗位都安排 A 角和 B 角，A 角的同志在服务大厅接待群众、办理事件时，B 角的同志就深入社区院落、居民楼栋了解情况、帮助解决问题，两个岗位互为补充，确保服务无间隙。

4. 健全群众评价机制，为群众提供满意服务

南明区以群众满意不满意作为检验工作实绩的主要标准，建立完善群众评价机制。365 天既是一年的天数，也是社区服务的深度和广度，南明区以干部每天的辛苦指数，换来群众的幸福指数。南明区在为群众提供满意服务方面，一是开展群众满

意度测评。在各服务窗口安装“满意度”评价器，由群众在服务结束后第一时间进行按键测评，社区工作者连续三个月测评满意度达不到95%以上的，取消该社区当年参加服务星级评定资格，并要求进行整改。社区中介服务组织连续三次测评满意度达不到95%以上的，取消中介服务组织的服务资格。二是评选社区服务能人。全区每三年评选一次“十大社区服务能人”，由区委党建工作领导小组命名表彰，给予一次性物质奖励。社区主要负责人年终考核评定为合格等次以上的，发放业绩考核奖励。三是开展社区服务星级评定。实行社区服务星级“升降机制”，通过逐项量化的方式，组织社区干部、群众参加，定期考核评定社区服务星级，当年星级上升的给予奖励，并颁发奖牌，星级下降的要求进行整改。四是推行“三会一评”制度。“意见收集会”负责收集和归纳整理有关意见，“议题讨论会”提出具体的办理建议，“议事决策会”进行逐项讨论、审议和办理，年底由社区主要负责人对社区各界代表进行述职并接受其评议。“三会一评”最大限度地保障了基层民主，激发了社区各方面参与社区建设的热情。五是开展“三创一强一提升”。围绕群众满意度提升，突出“群众家园自治主旨”、引导“居民共商建共管”，建设文明、绿色、平安社区、先进社区党组织，创建“温馨家园”。项目建设工作成效明显，建成“1条特色路、27个示范院、2100余个民心点”，群众在“社区服务365”中实实在在受惠。

（三）从南明区“365新型社区服务体系”看社会治理体系建设的重点

社会治理体系的最终目的，是为了更有效的服务人民群众，社会治理能力就是进一步提升密切联系和服务群众的能力。因此，加强社会治理体系，最根本的还是要着眼于基层社区管理模式创新，推动社区管理工作职业化，努力满足百姓所需、所盼，把“民生导向”、“民生幸福”、“共同富裕”等目标落到实处。南明区以“社区服务365”为载体，努力提升人民群众的幸福指数，充分发挥了基层党组织推动发展、服务群众、凝聚人心、促进和谐的作用，在夯实基层党建、优化公共服务等方面进行了有益探索，对加强和创新社会治理方面提供了新的启示。

1. 拓展社区服务，城市社区成为决定社会治理水平的重要平台

把社会治理体系建设的出发点和落脚点定位在服务群众上，不仅是党的宗旨在群众工作中的具体体现，也是巩固党基层执政基础的根本要求。南明区通过开展“社

区服务 365”工作，使各基层组织更加了解群众意愿、倾听群众呼声、增强服务意识、提高服务能力、努力为民办事，从根本上维护和发展了广大人民群众的根本利益，不但提高了广大群众对各级党组织的满意度，而且拓展了社区服务平台，为社会治理体系建设提供了有效的实践经验。2013 年，南明区居民群众对全区社会治理工作满意度达 82.42%。南明区的社区服实践证明，社区工作必须在实践中真正为民服务，在服务群众中发挥作用、扩大影响、树立威信，才能获得群众的认同和支持。

2. 满足多元需求，群众监督成为评价社会治理水平的第一标准

健全联系群众制度，创新联系群众方式，满足群众多元需求，是新时期群众工作的新要求，也是社会治理体系建设的重要内容。南明区突出以服务群众为社区工作的核心，深入开展“社区服务 365”工作，满足群众多元要求，以群众监督健全工作程序，以群众评价衡量工作成效，不但体现了群众路线教育实践活动的新要求，拓展了为民服务的新途径，而且增强了社区党建工作的感召力、凝聚力和影响力，在社区营造了管理有序、服务完善、环境优美、文明和谐的良好氛围，受到了干部群众的热烈欢迎，成为名副其实的“民心工程”。

“社区服务 365”模式开展的实际活动

3. 整合各类资源，互动参与成为提升社会治理水平的主要手段

整合各类资源，调动各种因素共同参与社会管理，是新时期社会治理的显著特征。南明区通过施行区域化“大工委”、探索社区“大支部”制、组建志愿服务队等措施，不仅梳理、创新了南明区社区治理工作的经验和做法，还最大限度地整合集中了各方面资源。在“社区服务365”的体系中，服务群众的力量不仅仅是社区党员干部和工作者，还扩大到各级党政领导、机关党员干部、驻区企事业单位党员干部、大中专院校学生以及社会爱心人士等。南明区的“社区服务365”实践证明，社区服务工作不仅要有平台、有载体，而且还要整合各类资源，注重抓深化拓展，使其常抓常新，充满生机与活力。

三、花溪区：建设“留守学生”之家

随着全球经济一体化进程的加快和我国市场经济体制改革的深入，社会经济结构正发生深刻变革。在社会经济转型过程中，城镇化进程的迅猛和城市空间的拓展，使得越来越多的青壮年农民走入城市，在广大农村也随之产生了一个特殊的未成年人群体——农村留守学生。留守的少年儿童正处于成长发育的关键时期，他们无法获得到父母在思想认识及价值观念上的引导和帮助，成长中缺少了父母情感上的关注和呵护，极易产生认识、价值上的偏离和个性、心理发展的异常，一些人甚至会

2012 年全国与西部留守儿童数量及留守儿童占比（万人）

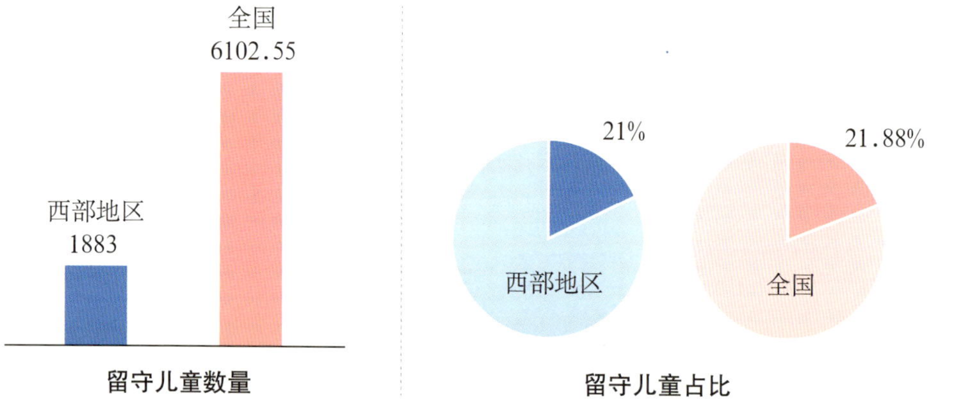

因此而走上犯罪道路。当前，留守学生的问题不但是教育工作所面临的一个新课题，也是社会治理体系建设的重要组成部分，已经成为一个突出的社会问题。它需要政府、学校乃至全社会的共同努力加以解决。

花溪区是人口输出大区，常年外出务工人口较多，留守学生的问题日益凸显。为更好地开展关爱留守学生健康成长，构建和谐社区、和谐乡村，深入推进社会治理体系建设，花溪区马铃乡结合本区中小学及留守儿童的实际状况，自 2009 年以来，积极探索“留守学生”管理新模式，创办“留守学生之家”，在生活、学习、安全和教育管理上为“留守学生”提供多方位的服务，确保“留守学生”健康成长。

（一）花溪区“留守学生”三大问题引发关注

花溪区位于贵阳市南部，全区面积 816.8 平方公里。辖 2 镇 7 乡 18 个社区服务中心，共 122 个行政村，52 个居委会，2013 年末常住人口为 63 万人。其中，马铃乡是一个地理位置偏僻，经济文化相对落后的少数民族乡，全乡总面积 81.3 平方公里，辖 8 个行政村，77 个自然村寨，常住人口 9000 余人。近年来，随着进城务工人员越来越多，马铃乡衍生了大量的农村留守学生。由于亲情缺失和监护缺位，部分留守学生在学习、生活、安全、教育、情感等方面问题突出，越来越引起全社会的关心和关注。

1. 监护不力，义务教育难以保证

目前，马铃乡 80% 以上的留守儿童是由祖父母隔代监护或亲友临时监护，这些监护人或者年事已高，或者文化素质较低，基本没有能力辅导和监督孩子学习。加之农村学校受办学条件、师资力量、教学理念的局限与制约，针对留守学生的教育和关爱力不从心，学校与家庭之间缺乏沟通，导致相当数量的留守学生产生厌学、逃学、辍学现象。留守学生的学习成绩及初中教育的在学率均低于正常家庭学生，据统计，马铃乡 14 周岁留守学生的在校率不足 70%。

2. 缺乏抚慰，身心健康令人担忧

据花溪区相关部门调查显示：全区 70% 的外出父母年均回家不足 3 次，有的甚至几年才回家 1 次；近 30% 的留守儿童与父母通话、通信频率月均不足 1 次。由于

父母长期外出，留守儿童的情感需求得不到满足，遇到心理问题得不到正常疏导，极大地影响了其身心健康，形成人格扭曲的隐患，导致一部分学生行为习惯较差，并且极易产生心理失衡、道德失范、行为失控甚至犯罪的倾向。据最近的一项调查显示，花溪区 26.7% 的留守学生觉得自己不如人，18.9% 觉得自己受歧视，11.5% 有过被遗弃的感觉，在全区青少年犯罪中留守学生所占比例已高达 23%。

3. 疏于照顾，人身安全不容忽视

由于父母双方或一方不在身边，对留守儿童生活方面的帮助和监督大大减少，甚至完全减除了，使孩子在课余生活方面处于一种无人过问的状况，渐渐对生活产生一种无所谓的态度，在偏离健康发展轨道的方向上越走越远。因缺乏管教而引发的行为失范甚至越轨，在留守儿童身上体现极为普遍。另外，由于监护责任不落实，监护人缺乏防范意识，学生防护能力弱，农村留守学生容易受到意外伤害，甚至成为不法分子侵害的对象。公安部门统计数据显示，被拐卖儿童群体中，第一位是流动儿童，第二位是留守儿童。近两年，留守女童收到性侵害的案件也屡见不鲜，对其身心造成了巨大的伤害，如不及时关注，极易酿成严重后果。

（二）社会治理体系下的留守学生问题新探索

针对留守学生问题，马铃乡党委、政府以“创新社会管理”及基层“平安创建”工作为出发点，就如何让留守学生在课余和校外不发生问题，如何减少学生的违法犯罪的概率，如何让学生树立起正确的人生观和健康的心理，如何让学生家长在外安心打工等问题进行走访、调研，并多次组织相关部门研究商讨，最后探索出在该乡中心小学、中学开办“留守学生之家”的路子，达到了给留守学生在生活、学习、安全和教育管理上提供多方位服务、营造良好的生活和学习环境的目的。

1. 为“留守学生”管理工作提供有力的组织保障

马铃乡形成了党委、政府领导，学校具体负责，综治办、关工委、派出所、村支两委及相关部门共同参与的齐抓共管工作新格局，建立了乡村干部联系帮扶机制，充分发挥政府服务职能综合管理作用。从党政班子开始，实行乡副科级以上领导联系村、乡干部和村两委干部联户包人的责任制，对“留守学生”的家庭情况、监护

情况、“留守学生”的生活、学习情况进行摸排统计，动态掌握。同时，定期召开乡“留守学生”管理专题会议，综治办、派出所与中小学校在信息上加强互通，对工作中存在的问题做到及时了解，及时解决。

2. 采取“结对帮扶”的方式不断完善“留守学生之家”软硬件条件

马铃乡党委、政府充分利用农村寄宿制学校建设这一优势，在乡中心小学、乡中学搭建“留守学生之家”，采取集中食宿、集中教学的管理方式，探索出了“留守学生之家”管理的有效途径和管理目标。同时，该乡党委、政府积极协调市、区相关部门、企业等 12 家单位参与“留守学生之家”的关爱帮扶活动中，采取“结对帮扶”的方式不断完善“留守学生之家” 软硬件。在各级各部门的大力支持下，马铃乡“留守学生之家”从原来的靠租用民房居住到学校自主提供用房的转变，硬件条件不断得到改善，软件内容不断得到充实。

3. 实行建档管理，确保“留守学生”身心情况全面掌握

为了让留守学生身心健康成长，开学初，马铃乡的中小学就建立“留守学生信息库”，由乡党委政府组织综治办、派出所、学校对在外住宿的学生逐一进行登记，采取校内、校外分别摸底的方式，确保做到“留守学生”情况的全面掌握。特别是对在校外住宿的“留守学生”进行建档管理，在对学生的档案中记载学生的基本情况、父母外出地址和通讯方式、学校提供的该生在校的表现、学生住宿的多少，逐一将“留守学生”家庭、家长、其他监护人、个人等基本情况登记备案，全面掌握“留守学生”现状和动态发展情况。

4. 对“留守学生”进行“包保”责任机制

一是采取派出所民警、学校教师充当爱心家长的方式，建立民警和教师与留守学生在安全教育、思想教育和心理教育方面的联系帮扶机制。二是建立学校老师对学生进行“包保”责任机制，随时了解留守学生的学习和生活情况。建立“代管家长”队伍，每位留守学生落实一名代理家长，每位教师必须做一名留守学生的代理家长，促进留守学生全面发展。三是转化“问题学生”。针对一些留守学生品德行为偏差和心理障碍问题，一方面学校开设心理教育课，定期开展思想教育和情感教育，开展心理咨询、心理矫正活动。另一方面学校结合“留守学生”的家庭情况，分类进

行管理，建立了学校老师定期家访工作制和与学生谈话谈心的工作机制，跟踪掌握“留守学生”的情况。四是由乡派出所与学校联合开展“平安校运”活动，一方面利用民警下责任区的时机负责在周一、周五接送偏远村寨学生上放学，解决部分偏远村寨学生上学、放学出行难的问题。另一方面建立“亲情聊天室”，开通视频聊天平台，使辖区留守学生在节假日能与外出打工的父母视频交流，增进感情。

5. 借助社会力量多方联动，对“留守学生”结对帮扶

一是采取由政府主导、社会捐助、志愿者参与的方式多方联动，正确引导。一方面加大帮扶力度，建立学校领导及教师结对帮扶机制，切实履行职责；另一方面制定控辍保学措施，确保“留守学生”100% 入学，不辍学。二是招募志愿者组建留守学生家庭教育队伍。学校招募在岗老师与留守学生结对子，实行“一帮一”或“一帮几”的方式，即一名爱心志愿者帮助一名或几名留守学生。三是加大丰富留守学生的业余生活帮扶教育，充分利用区内高校资源丰富的优势，协调相关单位利用节假日、课外时间对学生进行音乐、舞蹈、书画等兴趣培养，通过丰富课余文化生活，吸引他们参加文明健康的活动，让留守学生融入集体之中，消除他们的孤独感、自卑感。同时，采取邀请校外辅导员、利用远程教育资源开展教育辅助工作，对学生进行安全、法制、心理卫生教育；全面提高留守学生素质。

6. 多措并举，为“留守学生”搭建“爱心桥”

一是定期举办留守学生家庭教育培训班。通过培训班，让各监护人着重从思想品德，行为习惯等方面，配合学校，有效实施家庭教育。二是用耐心帮助留守学生树立自信心。通过“爱心热线”、“给父母的一封信”等让他们体会到父母对他们的爱，让他们的心灵不再孤独。组织丰富多彩的校园活动，鼓励他们勇于参与，并给他们提供自我展示的平台，让他们感受到自己不是孤立于集体这个大家庭之外。三是加强对留守学生的心理健康教育。学校定期召开留守学生会议，通过正面引导，使学生理解父母外出打工的艰难，教育学生认真学习，遵规守纪，以优异的成绩回报父母的辛劳。

（三）从花溪区“留守学生”之家看转型期重点社会问题的解决之道

留守学生问题是学界和社会共同关注的焦点问题和热门话题。引发留守学生问

题的最直接和最根本的原因是留守学生家庭教育的缺失。留守学生的帮扶也是社会治理的重要方面。农村留守学生问题，从本质上来说是农村学生作为社会弱势群体的生活、学习问题。花溪区马铃乡针对留守学生家庭教育中存在的问题，从家庭、学校、社会、体制等方面探索出了一些行之有效的解决策略，通过大力建设“留守学生之家”，为外出务工子女提供全方位的关爱，也为经济社会转型背景下一些重点热点的社会治理问题的解决提供了有益借鉴。

1. 更新观念，实现从职能管理向亲情管理转变

“留守学生”的根本问题不是生活学习问题，而是心理情感问题。所以解决“留守学生”问题的核心，是要汇聚各方爱心，为“留守学生”提供补充缺失的“父母亲情”。花溪区马铃乡通过汇聚各方爱心，建立起了政府、学校、社会的“爱心网络”，为全乡“留守学生”建立起“心理健康卡”，留意每个留守学生的心理变化，并作详细记录，对学生的心理异常现象，及时干预，正确引导，并进行有关心理辅导，给他们更多的心灵关怀。并组织“代理家长”到学生的家庭里中去，经常和留守学生进行情感和语言上的交流，以填补他们缺少父母呵护的空白。同时，经常开展形式多样的集体活动，让每一同学都来关心、关怀他们，消除他们的孤独感和自悲感，让他们感受到集体的温暖。实际上，一些重点、热点社会问题在解决过程中，需要改进的也就是这样一种亲情管理理念。

2. 创新模式，实现从一方主导向多元参与转变

“留守学生”教育是当今农村劳动力转移过程中带来的问题，而且将是长期存在且无法回避的问题，由于外出务工这一人群仍在加大，“留守学生”问题将会更加凸显。必须把这个问题纳入到社会经济发展总目标中加以解决，才能够标本兼治，彻底解决留守学生的教育问题。所以，解决留守儿童问题，仅靠学校力量是不行的，必须调动社会各界力量，形成“政府牵头，部门协作，社会配合，人人参与”的多方参与工作格局。花溪区马铃乡在“留守学生”治理过程中，通过政府主导、社会捐助、学校负责、志愿者参与的方式，建立起了政府、社会、学校三方参与的留守学生关爱集体，并将留守学生关爱工作纳入政府和学校的综合目标考核，为留守学生搭建了全方位、多角度关爱网络，实现了从一方主导向多元参与的转变。这既是社会治理的本质内涵，也是解决一系列重大社会问题的根本之路。

3. 丰富载体，实现从单向管理向多元服务转变

由于缺少父母的关爱，生活条件相对较差，从而引发了留守学生生活、教育、情感、心理等一系列问题，影响农村人口素质的提高和社会治理体系建设。所以，解决留守学生问题，不能单纯依靠单向管理手段，而应该丰富教育载体，从各个方面为留守学生提供多元化服务，这也是从社会管理向社会治理转变的有效途径之一。花溪区马铃乡除了在学习教育方面对留守学生实行全方位的服务之外，还充分利用区内高校资源丰富的优势，对留守学生进行音乐、舞蹈、书画等兴趣培养，丰富留守学生课余文化生活，吸引他们参加文明健康的活动，让留守学生融入集体之中，消除他们的孤独感、自卑感，这使外出务工家长倍感党委、政府的关爱之情，2013 年区级群众满意度测评达，群众满意率逐年提升。

2014 年 2 月，马铃乡“留守学生之家”获得了团中央等中央级单位颁发的“全国青少年维权岗”的荣誉称号。目前，“留守学生之家”已经成为留守学生生活、学习的重要场所，承担着服务学生、服务家长、服务社会的重要职能，为维护社会稳定，促进社会治理体系建设做出了突出的贡献。服务是治理的出发点，也是落脚点，很多社会问题的解决根本就在于提升政府的服务水平

四、乌当区：政府花钱买服务，专业社工响应需求

社会治理既是对全社会的治理，同时也是需要全社会共同参与的治理。事实表明，社会共治是科学有效的社会治理机制。政府、营利性组织、社会组织被称为现代社会的“三大支柱”，是社会共治体系不可或缺的一部分。由于社会组织具备政府和营利性组织所没有的独特属性，即非营利性、非政府性、志愿性、互益性或公益性，因而在社会治理中扮演着特殊角色，可以发挥重要作用。随着社会组织的“井喷式”增长，其角色和作用将更加凸显。

如何更好发挥社会组织在社会治理中的重要作用，是一个值得在理论层面研讨、在实践层面探索的新课题。贵阳市乌当区通过政府花钱买服务的方式，有效引入社会组织参与社会治理，在社会上取得了良好效果。2012 年 12 月，乌当区挂牌成立创新蔚蓝社会工作服务社（以下简称“蔚蓝服务社”），这是贵州省首家通过政府购买服务方式运转的专业性、职业化社会服务工作机构。自成立以来，在乌当区委、

区政府的积极推动下，蔚蓝服务社充分发挥其专业性的特点，在探索公共空间建设、推动社区居民自治组织成长、提升社区服务能力等方面取得了一定的成效，在有效拓宽公众参与及社会协同渠道的同时，赢得了社区居民的广泛好评。

（一）乌当区适应社会治理体制机构改革要求，推动社会组织发展

乌当区位于贵阳市东北部，属贵阳市新城区，总面积686平方公里，辖6镇2乡、5个新型社区、 19个居委会，总人口23.11万。随着乌当区经济社会的快速进步，人们对各种公共服务的需求日益增长，利益诉求也日趋多元化，构建社会化的公共服务体系成为发展潮流。而社会组织在反映民生需求、提供社会服务方面，发挥着不可替代的作用。

一是经济的转型快速发展，对社会治理主体提出了新要求。随着乌当区经济的快速发展，社会生活变得日益多样化、异质化，政府面临的内外矛盾和治理环境变得更加复杂多变，政府无法再是社会的唯一管理者，它必须依靠市场机制、众多非政府组织、广大民众来共同管理社会公共事务，也只有这样才能达到社会稳定有序的运行状态。因此，政府作为唯一管理主体的传统模式正受到严峻挑战，为及时回应挑战，社会管理主体势必走向多元化。乌当区通过政府购买服务的方式，有效引入社会组织参与社会管理，是社会管理实践发展的必然逻辑。

二是民生需求的多元发展，对社会治理方式提出了新要求。当前，乌当区城乡之间、社区之间、不同群体之间，在发展条件和发展水平方面存在较大的差距，不同方面群众之间需求的差异性很大，各种矛盾明显增多。如何最大限度地激发社会活力、增加社会和谐因素、化解民生突出矛盾，成为加强社会治理体系建设的关键。乌当区成功引入非营利性社会组织参与社会管理，为满足民生需求的多元发展，提供了有效途径。这些社会组织不仅对乌当的经济社会的发展起到了积极的推动作用，而且正在成为政府对经济社会发展产生积极影响的渠道和载体。

三是体制改革的进一步深化，对社会治理模式提出了新要求。随着行政体制改革的不断深入，政府职能和角色发生了很大变化，政府逐渐由微观管理向宏观管理转变，由直接管理向间接管理转变，推出“划桨人”的角色而定位于“掌舵者”的角色。受政府本身的资源和能力所致，其内在机制亦要求公共管理模式的转变。新的发展模式强调社会组织的作用，重视基层能量和热情的发挥。针对这一状况，乌

2012 年乌当区与贵阳市其他主要区、县生产总值增速比较

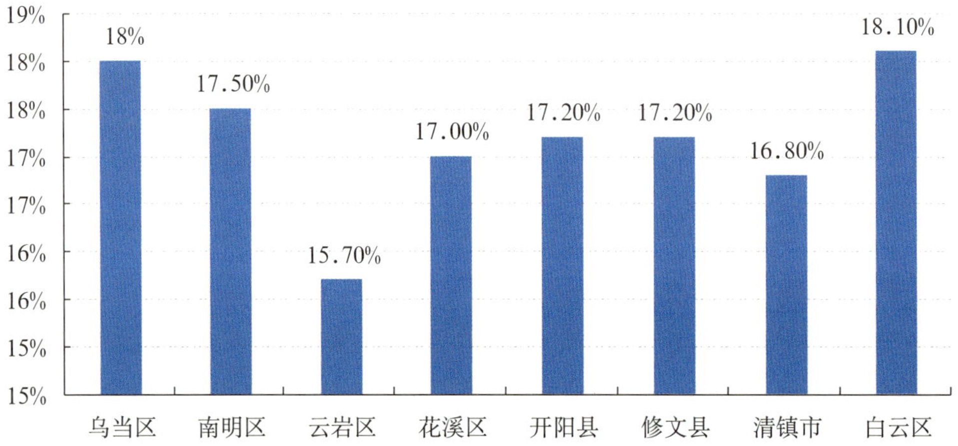

当区以政府购买服务的方式，有效调动了社会组织参与社会治理的积极性，逐步探索出适应社会治理要求的社会共治模式。

（二）乌当区成立“蔚蓝服务社”，推动社会治理体系与治理能力建设

乌当区蔚蓝服务社充分发挥居委会贴近群众的优势，更多、更及时地了解居民的需求和诉求，在助力社会稳定和化解矛盾、弥补公共服务不足、繁荣群众文化体育生活、提供便民服务、整合志愿者资源等方面发挥积极作用，为全市社区社会组织作示范、树典型，为社会组织在社会治理中的作用提供了经验借鉴。

1. 党委政府积极推动，培育专业组织

2012 年年底，在市委群工委、市民政局、专业社工机构和高校的大力支持下，由乌当区委群工委、贵州社区建设与乡村治理促进会、乌当区农村信用联社新天支社和乌当区济康医院作为理事单位，共同发起成立了贵阳市乌当区创新蔚蓝社会工作服务社，旨在通过为其开放空间、提供政策、培育扶持，使蔚蓝服务社植根社区自下而上的成长，使其在为社区居民提供专业服务的同时，引导居民自我管理、自我服务，真正疏通了社区居民参与社会管理的渠道。

为使蔚蓝服务社这个“星星之火”能够成为乌当区专业社会组织的带动力量，

乌当区为其解决了注册资金和办公场地的困难。目前，蔚蓝服务社有 7 名工作人员，其中 1 名兼职人员为高校社工教师，其余 6 名均为社工专业毕业的专业社工。

2. 公共服务项目管理，理清权责关系

为确保专业社工服务的独立性和有效性，2013 年初，通过竞争性谈判的方式，明确了由创新蔚蓝服务社作为创新社区公共服务项目服务方，形成了购买方——创新社区服务中心、服务方——蔚蓝服务社、监督方——乌当区委群工委三方合作关系，并签订《购买公共服务项目合同》，理清权责关系。创新社区服务中心将社区内的一部分公共服务打包成七个项目“承包”给了蔚蓝服务社，其中包括志愿者招募及志愿服务活动的开展、社区组织的培育、社区大学讲堂及活动中心的日常工作推进和管理、特殊群体日常工作支持等服务项目。作为购买方，创新社区服务中心为蔚蓝服务社提供必要的行政支持，其中包括办公场地、办公设备。作为服务方，蔚蓝服务社必须在规定的时间内完成项目细化的各项指标任务，作为监督方，区委群工委会同相关部门对项目实施情况进行全程跟踪和监督，确保项目经费专款专用。

3. 探索公共空间建设，拉近各方距离

在工作方法上，蔚蓝服务社主要是以社区工作手法作为切入点，主要的方法与路径：一是建设公共空间，二是发展公共生活、提供交往机会，三是支持群体建立需求共识，在需求共识的基础上建立行动共识，从而建立组织共识，四是支持社区组织建立，完善组织治理与参与机制，五是陪伴组织成长，支持组织为成员服务的能力提升，六是支持社区组织成员的组织认同，从而建立组织对成员的约束机制，达到“社会协同、公众参与”创新社会管理的目标。同时，通过服务社区“一老一小”两个群体，逐渐探寻服务的流程和方法，通过发现居民需求，提供居民交往机会，发现积极分子，组建互助兴趣小组等一系列途径，针对性地开展社区文体活动、亲子活动、兴趣小组和志愿者队伍，合理安排形式多样、内容丰富的社区活动，多方探寻社区居民之间、居民及社区服务中心的沟通途径。

（三）乌当区“蔚蓝服务社”的创新价值

和谐社会作为一种美好的社会理想，是我国社会建设的战略目标，在很大程度

上与“社会整合”紧密联系在一起，社会整合的水平直接影响着社会和谐程度。贵阳市乌当区蔚蓝服务社自运行以来，有效整合各方资源，组织了各类大小活动，培育了文娱、体育、书画等群众互助组织，对独居老人、青少年儿童、吸毒康复人员、两牢释放人员，以个案的形式进行帮扶，受到了社会各界的热烈欢迎。乌当区的实践，体现了社会组织在推动经济发展、维护社会稳定、满足群众需求方面的积极作用，为在社会治理体系下有效发挥社会组织的作用提供了许多有价值的经验与启示。

1. 社会组织是民生需求的扫描仪

了解和反映民生需求是有效开展社会治理的内在要求。大量的社会组织来自于社会基层，活跃在基层，与民众关系密切。一方面，众多社会组织的工作人员、义工或志愿者本身就来自农村和城市社区，掌握社会信息，了解民生需求并将这些需求汇聚到所在的组织。另一方面，社会组织往往通过亲力亲为的行动来体验生活、洞察民情，如观察、走访、慰问和调查等。这些方法有助于社会组织在第一时间内、大范围获取民生需求信息，真切了解民众的困难和需要。乌当区党委、政府花钱购买社会服务，其实就已经“触摸”到社会组织的公共服务社会化这一新思路的发展脉络了。

2. 社会组织是公共服务的递送者

强化公共服务是有效开展社会治理的重要手段。从现实看，众多社会组织积极投身于服务递送以满足人们需求。这主要通过两条途径来实现：一是自发主动地利

乌当区 2011—2012 年 GDP 与非公有制经济的发展（万元）

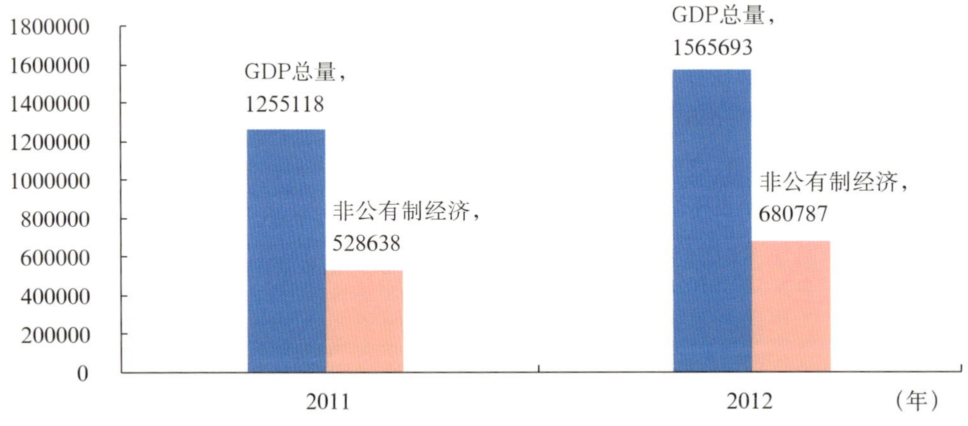

用募集资金向弱势群体提供补充性公共服务；二是作为政府的契约伙伴利用财政拨款提供外包性公共服务。乌当区通过政府购买外包性公共服务，社会组织的服务递送功能都得到社会的高度认可。一年多来，社会组织为乌当区递送了多样化、个性化的公共服务，在社会上取得了良好效果。从这一点来看，作为公共服务的递送者，社会组织有效弥补了政府无力或低效提供公共服务之不足。

3. 社会组织是诉求表达的传声筒

诉求的有效表达是民主社会的标准之一，也是有效开展社会治理的现实途径。人民群众通过一定的渠道和方式向国家表达利益诉求，经过整合的利益诉求转化为整体利益，并最终以法令或公共政策的形式得以维护和实现。在个体与国家之间需要一个传递利益诉求的纽带。除国家的制度安排之外，社会组织可以成为人民群众表达诉求的传声筒，即有效地汇聚和整合分散的、局部的利益诉求，再通过参与社会治理的方式理性地向政府或有关方面表达。乌当区政府运用财政杠杆，通过社会组织，使得公共服务进一步向特殊困难群体倾斜，向农村、落后地区倾斜，从而促进社会整体上的公平和谐。

4. 社会组织是公共冲突的调节器

化解公共冲突是有效开展社会治理的重要方面。公共冲突往往直接或间接地关乎公共秩序、公共安全和公共福利，或深或浅地影响到公共利益的维护与实现。社会组织在调节公共冲突方面的作用从两个层面体现出来。一方面，具有底层优势的社会组织能够敏锐地洞察基层民众的需求、情绪和态度，扼杀可能引起冲突的“苗头”，起到预防作用。另一方面，在公共冲突爆发时，社会组织可以充分利用其灵活性快速而有效地做出回应，起到缓解作用，避免冲突进一步恶化。乌当区的蔚蓝服务社通过合理安排形式多样、内容丰富的社区活动，多方探寻社区居民之间、居民及社区服务中心的沟通途径，有效化解了社区居民间的公共冲突。

五、白云区：创新“全天候”网格化星级服务

社区是向社会公众提供公共服务的最基层单位，改进社会管理、提升公共服务

水平要以社区这个基本单位为依托。随着我国经济体制改革的深入、经济社会的变迁转型，传统的社区管理模式已经不能适应新形势下社会发展的需要。同时，网络信息技术的飞速发展，为形成条块清晰、覆盖全面的新型社区网格化管理模式提供了可能，成为破解城市基层传统管理模式弊端的有效途径。

近几年，随着贵阳市经济社会的迅速发展，城市化进程日益加快，城市规模不断扩大，城市人口逐年增加，传统的基层管理体制渐渐跟不上日新月异的城市发展速度，基层社会管理和党建工作面临新挑战。如何应对挑战，成为基层推动社区管理创新必须破解的难题。从 2011 年初开始，白云区铝兴社区作为贵阳市扩大试点的新型社区，积极探索适应服务形势需要的网格化管理新模式，主动实施扁平化管理、精细化服务，履行服务群众、凝聚人心、优化管理和维护稳定职能，逐步实现符合居民需求、服务功能完善、服务质量较高、居民群众满意的目标要求。

（一）白云区社区管理服务模式重构的三个“转变”背景

白云区是贵阳市六个中心城区之一，也是科技部命名的国家可持续发展实验区，全区总面积 272 平方公里，下辖 2 个乡、3 个镇和 3 个社区，总人口 27 万。其中，铝兴社区辖区面积 3.85 平方公里，总户数 8992 户，2.8 万人。随着白云区城市化进程的加快，原先的“单位人”、“个体人”、“农村人”转变为“社会人”、“社区人”，再加上大量的外来务工人员、下岗职工、退休职工等落户社区，诸多矛盾被激发凸显。特别是随着社区居民的民主意识不断提高，需求呈现多样化特征，传统的管理模式已不能适应发展要求，需要重构社区管理服务模式，以此来推动城市基层管理体制改革。概括起来，社区服务管理模式面临三个方面的问题，迫切需要创新转型。

一是社区资源分散，迫切需要向资源整合转变。近年来，白云区基层发展中面临的最大的瓶颈是，社区事务日益繁杂，社区工作难以满足居民不同层面的需求，与此同时，社区内各种资源分散，很难统一组织开展活动，导致社区自管党员缺乏施展才华的平台，居民参与党组织活动的积极性不高等问题。如何将社区优质资源与社区服务有效对接，白云区的铝兴社区从开展网格化管理入手，建立网格化管理信息共享网络，完善社区网络内基本医疗服务设施，协调物业公司完善社区网格内基本文化娱乐设施，引导网格内自发性群众组织等等，对社区内各种资源进行有效整合。

二是服务主体单一，迫切需要向多元参与转变。社区是社会治理的基础平台，

2012年白云区与贵阳市其他主要区、县非农业人口占比数值

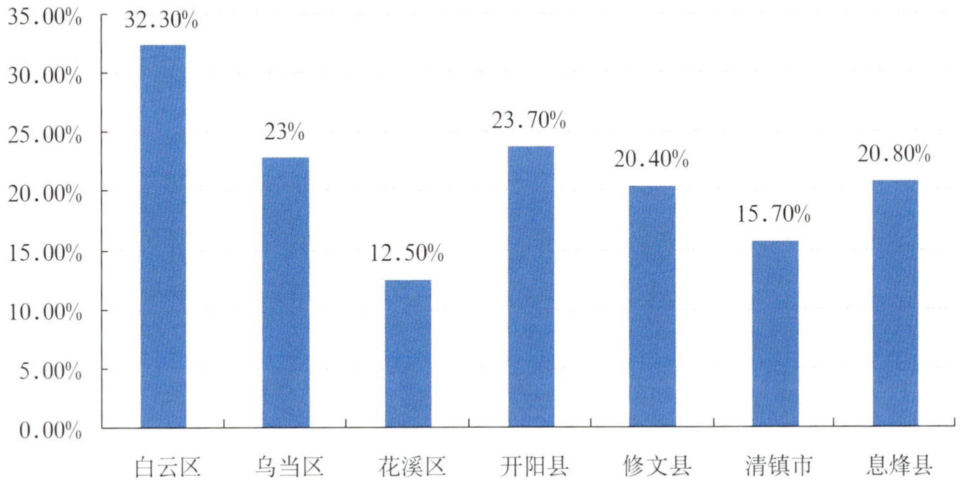

日益成为各种政策的落实点、各种利益的交汇点、各类组织的落脚点、各种矛盾的集聚点，是创新社会治理的重要突破口。未来，社区治理的发展趋势必然是多元主体共治的局面。白云区高度重视社区建设，现有的社区发展模式依然不能适应多元化的社会发展趋势。一方面，社区治理主体职责不清，政府与社会边界模糊、社区服务行政化特点明显，社区治理的系统性、回应性、协同性不足；另一方面，社区自治机制不健全、社会参与不足、社会组织发展相对滞后、社区居民缺乏归属感，社区共治共享、良性互动的局面尚未形成。新的形势下，白云区以搭建网格化平台为突破口，充分发挥政府、社会、公民等多方力量，为社区治理的长效发展注入新的活力。

三是政府单向服务，迫切需要向互动合作转变。社区服务不仅是在社区治理中应对人际疏离和社会原子化的主要手段，也是社区自身通过共同行动和共同参与重视社区友爱互助关系、实现居民自强自立自主的主要内容。由于长期受传统模式和观念的影响，白云区的社区服务模式基本上还是政府单向服务，政府费心费力，老百姓还不买账，原因就是服务形式和内容较为单一，服务供给方与服务需求方不对接，不互动，居民只是被动接受，难以取得良好的服务效果。白云区针对这一问题，着力构建网格化平台，以期从单向服务向互动合作转变，切实提高居民的参与度，让居民在自愿参与、自我服务中不断提高安全感和幸福指数。

（二）白云区“全天候”网格化星级服务模式新探索

所谓网格化服务，就是依托统一的城市服务以及数字化的平台，将城市服务辖区按照一定的标准划分成为单元网格。为切实转变社区管理服务模式，推动城市基层管理体制改革，加强群众工作和创新社会治理，从 2012 年 4 月开始，白云区铝兴社区在区委、区政府的高度重视和支持下，努力创新、先行先试，实施扁平化管理、精细化服务，积极探索适应服务管理需要的网格化管理新模式，初步探索了一套小投入、大成效，小网格、大服务的具有自身特色的铝兴社区社会管理新模式——“全天候”网格化星级服务工作模式。

1. 以网格化为支撑，创新工作机制体制

铝兴社区立足实际，在网格化方案的设计上按照“高效率、低成本、可持续、易操作”的原则，按照 200–400 户为标准，将辖区划分成 26 个网格，实行“一警两员三队”（即正式民警、辅警、协勤）工作机制，建立以网格员为主、格警为辅的管理模式。每个网格配备 2 名网格员和一名网格警员，网格员按照“一格两员，一员十岗”的工作模式开展工作，在此模式下，网格员与居民建立起了深厚的感情基础，熟知网格内的居民以及居民事务，做到了底数清、情况明，为居民提供“全科医生”、“网格总理”式的服务，确保了网格内不发案，群众安全感、满意度达到 100%。

2. 以信息化为手段，建立“民生服务综合指挥调度中心”

在社区服务中心建立网格服务管理站，依托管理站建立集社区公共服务、社区管理、求助帮忙和公共突发应急管理于一体的“民生服务综合指挥调度中心”。一是设立谐音为“事事帮您 110”的服务呼叫热线，即“4480110”，全天候 24 小时接受居民求助，解决居民的急事、难事、烦心事。二是建立信息数据收集系统，按照地不漏房、房不漏户、户不漏人、人不漏项的要求通过网格员全口径收集居民信息，录入系统，并进行动态管理。三是建立快速反应服务管理系统，进一步整合资源，完善联动处置机制，根据工作要求下发指令，对居民反映的问题和需落实的服务事项实行统筹协调、限时办结，未办结事项进行提醒和警示。四是警、地联手在辖区主要路段和小区院落安装 128 个远红外探头，建成全省第一家社区视频监控中心；

设置平安e家报警系统，网格管理员和民警24小时共同值守，建立警情警务联动机制，主动发现并统筹解决突发事件和问题。

3. 以流程化为重点，探索“网格员”代办机制

按照城市基层管理体制改革相关要求，为确保服务质量，铝兴社区按照“全科医生”的要求统一设置综合服务窗口，规范服务事项（大厅直接事项20项，代办18项），实行“前台受理、内部流转、后台办理、社区各网格员代办”工作机制。即：直接办理事项由辖区居民，通过预约服务直接到服务大厅办结或网格员代办；针对代办事项辖区居民可以通过服务大厅或预约服务由到社区服务大厅或管理站通过内部流转后台办理的方式办结。通过各工作部、网格管理站或网格员受理代办等方式为社区群众提供热情便捷高效的服务，使辖区居民真正享受到了“足不出户”的贴心服务。此项服务推出以来，辖区居民直接到大厅办理的数量大幅减少。

（三）智慧城市建设背景下白云区网格化社区服务的重要意义

智慧城市是新一代信息技术支撑、知识社会创新环境下的一种城市形态，依托于现代信息、技术手段，开展城市规划、管理、运营。白云区铝兴社区充分依托信息化管理手段，以社区网格化为支撑，以加强和推进社会管理创新为重点，整合现有资源，实现多方联动，打造了具有自身特色、符合居民需求、服务体系多元、服务功能完善、服务质量和管理水平较高、让组织放心群众满意的和谐文明社区，实际上就是一种“智慧城市”的发展理念与运行模式，对于信息化背景下创新基层管理模式提供了有益的经验启示。

1. 搭建整合平台，重在“网格化”

新的社会治理模式的主要内涵是“一个主题，两个目标，三个多元”。即围绕“多元共治”的主题，以“建立现代社会治理体系”和“构建社会良性社会生态”为目标，形成以“多元主体、多元平台、多元服务”为基本架构的多元共治社会治理体系。白云区铝兴社区通过‘全天候’网格化星级服务，实行了“1+N”服务协作模式，充分发挥社会协同作用，形成联系和服务居民的合力，拉近了居民距离，增强了居民互动，使居民享受各种文化和信息服务，在活动中凝聚了人心，增加了居民对社

区的归属感，提升了群众的幸福指数。2012 年 6 月和 2013 年 11 月，中央综治委领导先后两次调研后评价：“铝兴社区‘全天候’网格化星级服务是可以广泛学习推广和复制的经验。”省、市领导也多次给予肯定，要求总结升华白云区铝兴社区的网格化管理经验并在全市推广。

2. 转变社区职能，重在“星级服务”

创新社会治理体系的根本目的，是为人民群众提供多元化的便捷服务。创新社会治理，无论是从决策层面、执行层面、监督层面还是参与层面，都必须从化解民怨走向顺应民意。民意才是需求，尊重民意才是社会管理创新的最本质规律，要把群众满意作为社会管理的出发点和落脚点，把顺应民意贯穿到社会管理的各个环节，着力解决好人民最关心、最直接、最现实的利益问题。白云区铝兴社区通过创新“全天候”网格化星级服务工作模式，顺应全区居民的多元需求，有效推动了社区公共服务居民的劳动就业、法律服务、社会保障、社会救助、社区养老、医疗卫生、文体教育、社区安全、流动人口管理等服务项目，切实保障了城乡居民群众基本需要和权益，拉近了社区与居民的距离，增强了干部与居民的互动，极大的赢得了居民的信任，体现了社会治理的本质要求。

3. 提升运行效率，重在“全天候”

智慧城市是以公共服务等领域智能化管理为目标的全新城市形态。智慧城市带

2014 年铝兴社区全区公众安全感三次测评指数

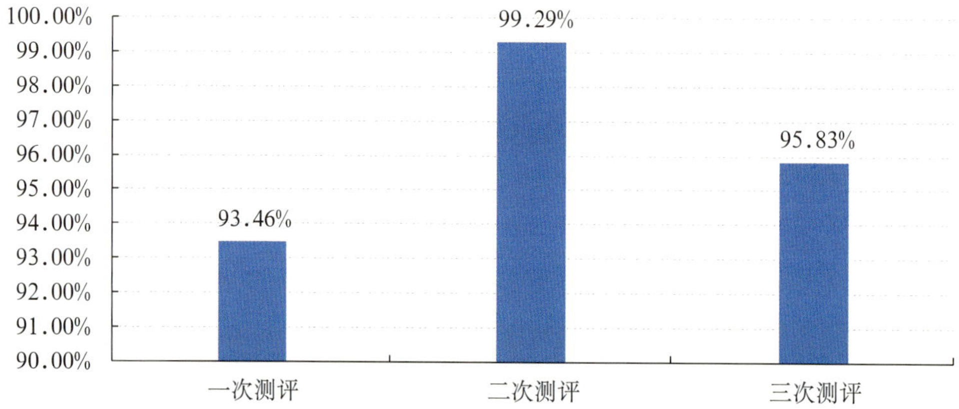

来的不仅仅是生产力的发展，更重要的是带来了生产关系的变革，推动着城市管理理念和管理方式的变革，是从根本上优化城市治理模式、优化城市运行机制的“解决方案”，提高城市的运行和服务效率。智慧城市建设，不仅是以硬件基础设施建设为主的城市改造工程，更是一个城市系统重新再造的过程。白云区铝兴社区充分利用信息化资源优势，积极推进社区服务信息化建设，建成了以社区综合服务设施为主体、各类专项服务设施相配套的综合性、多功能的社区服务设施网络，逐步提高社区信息装备条件和社区服务的信息化水平，实现了面向居民的 24 小时全天候服务，工作效能全面提高，让居民切身感受到了新型社区服务的热情、便捷和高效。

六、观山湖区：“爱心银行”推动志愿服务常态化

转型是当代中国社会的基本特征和基本趋势，也是社会治理体系建设最重要的背景。在此背景之下，尤其是随着城市化进程的加快，城中村改造项目以及城市工程项目的大量实施，社会矛盾复杂多样，移民问题越来越突出，已成为城市发展治理的关键制约因素。

贵阳市在加强和创新移民社区管理方面进行了积极的探索，取得了明显成效。但也要看到，在一些由于城市化而新产生的移民社区中，管理和服务方面还存在不少的矛盾和问题，有的还相当突出。这些矛盾和问题，成为贵阳在社区管理中面临的主要问题和制约因素，也因此成为城市社会治理体系建设的重点和难点。贵阳市观山湖区世纪城社区在社会治理体系建设过程中，充分借鉴过去一些项目业主和基层政府在社区管理中普遍存在的重工程、轻移民，重搬迁、轻安置，重前期补偿、轻后期扶持，忽略了移民安置质量和安置效果以及移民区社会可持续发展等社会管理方面的弊端，通过整合社区资源，柔性化管理凝聚志愿者的智慧和力量解决了社区服务职能不能触及的一些社会难题，用“爱心银行”这一“小支点”，撬动整个社区的服务管理体系，在探索实现志愿者反哺机制和长效管理方面取得了较好的成绩。

（一）观山湖区在城市化进程中出现移民社区问题

观山湖区是贵阳市行政中心所在地，于 2012 年 12 月 21 日正式成立，是贵阳市

最年轻的建制区，辖区面积307平方公里，常住人口28万人，辖2镇、1乡、9个社区。其中世纪城社区位于贵阳市中心城区，辖区面积6.02平方公里，入住人口12万。观山湖区世纪城社区是贵阳市开展城市基层管理体制改革首批试点单位，同时，也是城镇化建设过程中产生的一个纯移民社区，社区居民结构复杂、人员流动性较大，平均以每天50户居民5户商铺入驻的速度激增，人们的思想独立性、多变性、差异性在逐渐增加，公平民主和法制监督等方面的意识也不断加强，社区治理面临严峻形势。

一是移民社区管理难度增加。观山湖区由于是一个新建城区，成立至今不足2年，城区移民较多，历史文化负担较少，社区管理面临新问题、新情况，一些干部对新区管理的特殊性认识不足，重视程度不够，对新型社区管理的重要意义、认识理念和管理内涵比较模糊，工作系统性、统筹性和创造性不够，部分社区干部的思想观念和工作方法还没有从原来的工作方式转换到为社区居民服务上来，仍把社区视为一级单纯的政府组织，存在重管理、轻服务现象。另一方面，新迁居民对社区的认同感和归属感不强，移民未能从“村上人”真正转化成“社区人”，个人的生活习惯和生活方式一时难以改变，导致公共服务基础设施损坏、丢失、占用等不良现象时有发生，一些居民只要求社区为其提供各种服务，而不愿承担社区管理方面的责任，参与意识不强，这些因素大大增加了社区管理的难度。

二是移民社区管理机制未理顺。由于成立时间较短，观山湖区在社区管理机制方面未理顺，群众搬入新社区居住，而户口、土地在原籍，客观上形成户籍所在地组织鞭长莫及，够不着，管不好，现居地组织想管管不到，无法管，形成事实上的“灯下黑”、“三不管”；另一方面，搬入新社区后，人心还是一盘散沙，各项社会事业和公共服务难以均等推进，居民的共同愿望和公共需求没有可依赖的组织者和代言人；居民离开户籍村后，新社区各项组织的功能还没有健全，许多文化组织活动不能正常开展，党员享有的权利得不到保障，应尽的义务难以履行到位。因此，要尽快理顺社区管理机制，建立健全相关管理制度，探索创新移民社区的管理经验，开拓出一条适合移民社区管理的新路子。

（二）观山湖区创新“爱心银行”，探索移民社区多元治理新机制

按照观山湖区党委提出寓管理于服务的“社区服务居民、居民反哺社区”双向

服务理念，立足于移民社区的特点，2012 年 5 月，世纪城社区首先借用“银行”这一概念，创新设立“绿丝带爱心银行”，打造了一个“存储爱心，支取帮助”的志愿服务平台，从而吸引了一批热爱公益的热心人士围绕在社区党委周围，探索出了移民社区多元治理新机制。所谓“爱心银行”，就是充分利用社区远教平台信息发布快、知识储量大、受众覆盖面广的特点，从理念宗旨、服务事项等方面对志愿者的“爱心服务”像银行一样进行“兑换存储”，从而架起了联系群众、服务群众的新桥梁，在社区营造了“人人为我 我为人人”的良好氛围。

1. 小机制——存入“爱心”、支取“帮助”

移民社区的一个显著问题，就是社会矛盾较多。与以前的农村生活相比，移民社区在空间上被大大压缩了，人、财、物高度密集，移民情绪上焦躁不安，楼上楼下、左邻右舍，不同家庭之间、不同家族之间、不同居委会之间发生的各种矛盾和冲突成倍增加。再加上一些非志愿性移民心理上的失落、矛盾和利益冲突，很难让他们对社区产生归属感、荣誉感和集体意识。为有效解决移民社区的各种矛盾冲突问题，观山湖区世纪城社区通过“绿丝带爱心银行”，打造了一个“存储爱心、支取帮助”的志愿服务平台，辖区内居民可以在“爱心银行”自愿领取“爱心储值卡”，即志愿服务卡，社区居民开展志愿服务后，“银行”工作人员根据服务级别、服务时间及社会影响力三个方面为标准给予“爱心储值卡”不同的积分，当自己需要帮助时，通过采取消耗储蓄积分的方式来“支取”别人的帮助。

2014 年，“爱心银行”又开设了“爱心超市”服务项目，“储户”可以将自己用不着的旧物品或者购买的新物品捐献到“爱心超市”，根据捐献物品的情况获得相应的积分。“爱心超市”工作人员根据捐赠物品价格评估的办法，给每件“爱心物品”贴上积分“价格”标签，存放在社区仓库和“爱心超市”展示柜中，同时，在网上同步进行公布，“储户”可以根据自身需要和积分情况兑换相应物品。此外，社区在征求捐赠者同意后或者根据捐赠者的意向，可以将“爱心物品”捐献给社区内或者其他地方的困难家庭，并及时在网上和社区公布捐赠情况，便于群众监督。

“爱心积分”除了可以实现积分兑服务，积分兑物品外，社区还对“储户”进行星级评定，设置了 5 个级别，每年年底社区志愿协会将按星级给志愿者颁发各级奖励证书及相对应的物质奖励等。同时，星级志愿者的评定将作为贵阳市年度“绿丝带”星级志愿者推荐人选的重要依据。最后，“储户”还可以用积分兑换相应的生活用品和小礼品，或者在与社区合作的超市享受打折优惠。世纪城社区通过“绿丝带爱心银行”，在社区探索出了“社区服务居民，居民反哺社区”双向服务机制及志愿服务长效机制，搭建了党员干部联系群众的新平台，同时，还创造性的引进公益律师团队，为社区提供法律咨询，有效化解了移民社区的各种矛盾，获得了群众广泛的支持和赞扬。

2. 小机构——三方共管、阳光爱心

运用一般的社区管理模式很难协调和处理移民社区居民彼此之间的矛盾和利益冲突，必须由政府派出专门行政管理机构，直接深入移民社区。一方面，可以体现党和政府对安置社区移民的关心爱护，另一方面，也便于及早发现问题和矛盾，把各类问题消灭在萌芽之中。世纪城社区根据移民社区的特点，探索出了社区治理的新模式，兼顾了政府主导和居民自治两方面的因素，在管理架构上，采取“领导机构—社区、管理机构—爱心银行、监督机构—爱心银行公众监督委员会”三者并存的权力机构，在社区党委的领导下，最大限度推进志愿服务决策、志愿服务管理、志愿服务监督，确保辖区居民行使知情权、参与权、管理权和监督权，促进“爱心银行”志愿服务工作；在人员机构上，社区党委作为领导机构，对“爱心银行”进行统筹管理。社区分管副主任兼任“行长”，分管部长兼任“副行长”，负责日常指导工作，“银行”专职人员由社区工作者兼任，主要负责办理“爱心银行”储户爱心积分的存入和支取业务、“爱心储户”档案查询和管理、物资及资金的管理和使用以及“爱心银行”日常工作管理，并且负责引导、协助志愿者协会结合社区实际开展志愿服务活动以及动员和招募“爱心储户”和宣传志愿服务精神等工作；在监督体系上，建立“爱心银行”公众监督委员会工作机制，聘请辖区内两代表一委员、居民议事会委员、社会组织和居民代表中的热心、权威人士担任监督委员会成员。监委会主要职责是监督检查“爱心银行”对爱心捐赠、志愿者队伍、志愿服务的管理工作，监督公益资产、资源和资金的管理、处置和使用，重点监督“爱心捐赠”情况和“爱心积分”的记录情况。此外，监督委员会每月一次以委员会会议决议形式对社区“爱心银行”捐赠物资、志愿服务等进行认定，管理员及时将捐赠信息、认定结果发布在社区公布栏内和爱心银行网站上，一旦发现错报或虚报的情况，立即取消志愿者积分和评优资格。

3. 小平台——汇点滴力量，聚社区爱心

移民社区居民构成的最大特点是混合性，各种不同行业、不同区域、不同层次的人居住在一起，人们的交往频次较低，社会关系较为淡薄，社会资源整合度不高，容易出现“异质化”现象，相应的，个体间的矛盾冲突较大，需求较为多元，社区居民参与公共活动积极性不高，社区公共服务难度加大。世纪城社区充分考虑到移民社区的特点，在“爱心银行”下设关爱医疗卫生、法律援助、教育服务、就业指导、群防群治等十余个志愿服务分会，形成以“爱心银行”为枢纽，带动辖区内各类志愿服务队伍共同发展的志愿服务体系。社区一方面创建服务载体、搭建服务平台，调动辖区广大居民、商户、驻区机关事业单位的积极性，为志愿服务活动的开展提供经济保障外；另一方面还为一些社会组织提供活动和办公场所、政策保障和支持。2014 年 3 月，世纪城社区打造以“爱心银行”为平台的专业志愿者团队，鼓励和支持来自贵州中创联、贵州黔鹰、贵州科达、贵州心海等律师事务所执业经验三年以上的 8 位律师组成了世纪城社区公益律师团队。该团队不仅实现了其基本职责，即提供一个法律咨询平台，为辖区居民提供便捷的法律服务。同时，其公平正义的本质、专业有效的服务赢得了居民朋友的信任和认可，从一定意义上填补了社区信访工作的一些空白。

（三）观山湖区“爱心银行”的小探索与社区志愿服务的大意义

我国自改革开放以来，经济领域的转型间接地促进了政府职能的变革，服务型政府逐渐成为政府职能变革的发展方向。志愿服务的发展，在某种程度上减轻了政府的服务压力，改善了社会公共服务水平，符合社会转型期的特点和人民群众的需要，蕴藏着巨大的发展潜力，呈现出旺盛的生命力和广阔的发展前景。随着城市化的快速发展，社区，特别是城市社区，逐渐成为志愿服务的重要实践空间，志愿者，特别是社会志愿者也逐渐成为社区社会治理的重要力量。

经过两年多时间的探索，观山湖区世纪城社区“爱心银行”以“做公益，攒积分，换服务”的方式，已探索出一套行之有效的“志愿服务反哺”激励机制。通过社区居民或企事业单位参加志愿服务或捐赠钱物帮助他人，折合为“爱心值”在“银行”储蓄起来的形式，达到“社区服务居民、居民反哺社区”的目标，引领了新形势下的志愿服务新模式。

1. 立足社区实际，志愿服务成效大

志愿服务活动应该立足社区实际，结合社区需要，围绕社区居民关心的热点、难点问题，确立志愿服务项目，始终把社区志愿服务对象放在最需要帮助的人群身上，以增强志愿服务的实效性。世纪城社区的“爱心银行”从移民社区的实际出发，把社区中的老人、未成年人、下岗失业人员、残疾人和低收入家庭作为重点服务对象，并根据社区内服务对象的不同需求，划分为不同类型，与社区所驻单位共同开展专业化服务活动。如 2014 年，“爱心银行”共组建了法律援助、医疗卫生、幼儿教育、眼科保健、理发服务、舞蹈培训、声乐培训、京剧培训、器乐培训、书画摄影培训等 12 支专业化志愿服务队，与辖区商铺签订了 6 项专业志愿服务合作备忘录，以专业化志愿者和商铺共同构建社区专业化志愿者服务团队。其中，社区公益律师服务团队试运行以来，共接待来访 15 件，占该时段内社区接待来访总量的 38%。其咨询内容均涉及民事纠纷，其中，权益维护 8 件占 53.3%，婚姻家庭 5 件占 33.3%，经济纠纷 1 件占 6.7%，产权纠纷 1 件占 6.7%，15 件均圆满处理，为社区进一步加强法治化建设，增加和谐因素方面起到了至关重要的作用。

2. 加强制度建设，志愿服务影响大

制度建设是保持社区志愿工作持久开展的保证。加强制度建设，需要政府部门为其营造一个良好的制度空间，让社区志愿者队伍能够自主运转，自主开展活动。为了使社区志愿服务逐步向长效化化、社会化方向发展，世纪城社区先后制定了《世纪城社区“爱心银行”管理办法》《“爱心银行”志愿者注册管理制度》《“绿丝带爱心银行”工作职责》《爱心物资捐赠评估管理机制》等 10 项志愿者服务制度。

观山区志愿者组成（人）

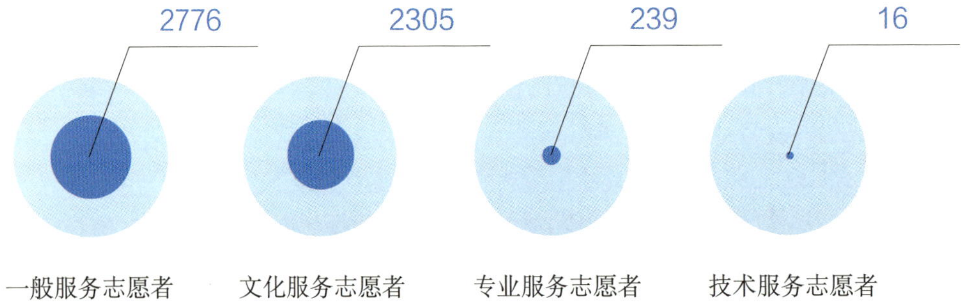

这些规定和管理办法激励了社区成员更加积极踊跃地加入到社区志愿者队伍中来，更好地促进了社区自愿服务活动。时至今日，“爱心银行”已拥有四类志愿者：一般服务志愿者包括辖区居民、中小学在校学生，驻区高校在校学生及驻区机关企事业单位员工，共计 2776 人；技术服务志愿者是指辖区商户，包括理发、视力检测、家电维修、汽车维修共 4 支技术队伍，共计 16 人；文化志愿者包括世纪城社区音乐协会、舞蹈协会、曲艺协会、器乐协会、体育协会、书画摄影协会 6 大协会及明珠歌舞团，共计 2305 人；专业志愿者包括辖区医疗卫生机构、教育机构、律师团队共 3 支专业队伍，共计 239 人。这些志愿者通过“爱心”交换“爱心”，实现了“社区服务居民、居民反哺社区”的双向服务。在这个过程中，既弘扬了“奉献、友爱、互助、进步”的志愿服务精神，也实现了社区居民的自我管理、自我服务。

3. 创新运行模式，志愿服务作用大

社区志愿者行动要保持长久的生命力，就必须最大限度地调动社区居民和驻社区机关、团体、学校、企业、事业单位等一切力量自愿参与的积极性。同时，党（团）员、国家公务员带头、广泛参与，要积极争当志愿者，每年拿出一定时间积极参与服务活动。世纪城社区成功探索出“爱心银行”这种新型的志愿服务模式，共吸引了 5336 位居民、15 家企业、6 所学校踊跃加入，成为 “爱心志愿者”，“爱心志愿者”累计开展志愿服务已达 10 万余小时，捐献物资达 25 万余元，累计服务达到 5 万余人次。通过这种新型的志愿服务模式，世纪城社区不仅充实了社区公共服务体系，充分调动了广大居民、团体参加志愿服务的积极性，也有效地整合了社区资源，使居民、团体积极参与到社区的建设和服务中来，通过柔性化管理凝聚志愿者的智慧和力量解决了社区服务职能不能触及的一些社会难题，大大降低了社会管理成本，用“爱心银行”这一“小支点”，撬动整个社区的服务管理体系，在促进社会和谐方面发挥出了社会融合‘黏合剂’和社会矛盾‘稀释剂’的作用，为实现志愿者服务的长效管理提供了有益的借鉴。

七、清镇市：政社企联手共筑特殊群体的“阳光家园”

社会范畴中的特殊群体指的是弱势群体、优抚对象和边缘人群，包括残疾人、

吸毒或服刑人员等。对特殊群体的服务与管理一直是社会管理的难点。其主要原因是，以政府为唯一主体对特殊群体提供服务与管理的传统模式，非常具有局限性，在新时期难以满足特殊群体的现实需求。近年来，清镇市在这方面不断探索，引入社会组织与企业单位，弥补政府不足，为特殊群体提供不同层次、不同种类的服务以及更广泛的就业机会，从而有效促进社会向多元主体共建共治的方向发展。

（一）特殊人群日益增多成为清镇市社会治理的难点

清镇市位于贵阳市西北部，是贵阳市唯一的县级市。全市总面积 1383 平方公里，辖 9 个乡镇、5 个社区服务中心，283 个行政村、40 个居委会，总人口 51 万人。随着社会经济的发展，清镇市的吸毒人群、残疾人等特殊人群日趋增多，特殊人群的管理日益成为社会和谐稳定的重要问题。按 2013 年抽样调查数据推算，全市有残疾人 3 万多人人，其中就业年龄段的残疾人约 2 万人。

清镇市曾一度戴上了“贵州省毒情重点整治市”的帽子。为加强对脱毒人员、社区戒毒康复人员以及残疾人的服务和管理，实现其生理脱毒、身心健康、融入社会、创业就业的目标，近年来清镇市开展了“阳光工程”，建设了“阳光家园”，形成了“阳光工厂集中、其他企业分散、公益性岗位安置、自主创业、自谋职业、形式多样、互为补充”的就业安置体系和“党政领导、政策扶持、社会协同、企业参与、多措并举”的工作格局。戒毒康复人员复吸率、重新违法犯罪率、因注射毒品感染艾滋病的比例明显下降，新吸毒人员滋生速度明显降低，对吸毒人员的动态管控率的提升效果明显。2014 年 4 月，公安部禁毒局副局长陈绪富代表国家禁毒办，向清镇市禁毒委员会颁发了“全国社区戒毒社区康复示范点”的牌匾。

（二）清镇市探索政企社协同治理创新解决特殊群体的特殊性问题

清镇市率先采取党政机关主导，社会组织及企业单位积极参与的联动模式，共同为特殊群体提供服务与帮助。即党政部门为阳光工程的做准备，给予政策上的支持；社会组织推广阳光行动，营造良好社会氛围；企业单位构建阳光家园，解决实际难题。协同治理特殊群体所带来的特殊性问题，不仅解决了社会管理中的难点问题，还为清镇市乃至贵州省的社会治理创新提供了有力实践。

1. 党政关爱夯实阳光工程基础，助推社会和谐稳定

一是以“五机制”确保阳光工程高效运转。清镇市党政机关为引导社会各界力量为特殊群体服务、营造良好社会环境，从禁毒效果考核、重点地区督查、推广社区禁毒、统筹各界禁毒工作及整体督导五方面进行研究探索，形成了五种机制：禁毒工作奖励机制、禁毒工作约谈机制、无缝对接机制、联席会议机制及督导工作机制，以确保对特殊群体的服务与管理快速、有效。

二是以“十二条措施”扶持阳光企业安置特殊群体。清镇市对接纳特殊群体就业的单位提供奖励、补贴、减免行政性收费、低价用电用水等十二条优惠政策，鼓励更多企业加入“阳光工程”，构建更多的“阳光家园”。

三是出台政策办法，扶持阳光创业。清镇市出台的《清镇市禁毒帮教对象优惠扶持暂行办法》，在鼓励企业安置脱毒人员就业的同时，更侧重支持脱毒人员自行创业。目前，清镇市为办砂石厂、养猪场、开餐馆等各种形式创业的戒毒康复对象减免了各种规费60多万元，协调贷款60多万元，兑现贷款贴息6万多元，减免美沙酮治疗费30多万元。

四是以“六到位”强化组织保障。清镇市通过领导到位、认识到位、人员到位、责任到位、经费到位以及管理到位的方式，保障对特殊群体的服务落地、有效。

党政机关推出的五种机制

五种机制	具体内容
禁毒工作奖励机制	由市禁毒办、市公安局牵头，对乡（镇、社区）、公安基层派出所进行月考核、月排位、月问责，对全市禁毒目标责任单位进行季考核、年奖惩。
禁毒工作约谈机制	由市政法委牵头，市禁毒办组织，市纪委、市督查局参与，对工作滞后的11个乡（镇、社区）进行约谈。
无缝对接机制	对初次违反社区戒毒康复协议的人员，由乡（镇、社区）进行劝诫，经劝诫无效后，由公安机关依法告诫。对公安机关告诫后依然违反社区戒毒康复协议的吸毒人员，公安机关依法做出强制隔离戒毒的决定。
联席会议机制	由市政法委或禁毒办牵头，召集相关部门和乡（镇、社区），每月召开一次联席会，其他机关事业单位列席会议，分析全市当前的形势，制定有针对性的工作措施，安排部署禁毒工作。
督导工作机制	由市督查局或禁毒办牵头，对禁毒工作目标考核单位的禁毒保障、预防教育、毒情整治、吸毒人员新增、涉毒人员管控、社区戒毒、社区康复、无毒创建、禁毒阳光工程推进等工作，进行日常督导、网上督导和专项督导。

对特殊群体服务的“六到位”

“六到位”	具体内容
领导到位	清镇市委、市政府、市禁毒办多次到阳光家园，帮助解决工作经费、专职人员、创业扶持政策、涉毒群体戒治、阳光家园建设、阳光企业扶持等基础性、关键性问题。
认识到位	将阳光工程作为重要的民生工程、惠民工程、平安工程、和谐工程，列入平安建设的重要内容，实行“一票否决”。
人员到位	为适应阳光工程需要，清镇市、乡（镇）两级招聘了 60 名社区戒毒康复工作人员，市公安局引进了 5 名公安民警充实到禁毒大队，市禁毒办增加了 5 名禁毒专干。
责任到位	明确了禁毒、公安、财政、人社、卫生、教育、工会、团委、妇联等部门和乡（镇、社区）、村（居）在阳光工程建设中的职责，建立了一系列工作制度，确保工作有序开展。
财政到位	市、乡两级财政将阳光工程建设经费纳入财政预算，2013 年，市政府投入禁毒工作经费 470 万元。
管理到位	按月编制《清镇市禁毒工作通报》，定期分析禁毒工作中存在的问题，及时提出整改意见和建议。按月收集辖区阳光企业存在的困难和问题，及时协调有关职能部门进行解决，促进戒毒康复人员稳定就业。

2. 社会协同开展阳光品牌行动，传递社会正能量

清镇市社会各界、各组织在党政机关的引导下，通过改变社会风气、开展基层自治及推广“阳光品牌”系列活动等措施，改变并提高特殊群体的社会生活环境、社会地位及谋生方式，积极地为特殊群体服务。

一是树立阳光理念，改变社会风气。目前，清镇市通过多方努力已初步形成“人格上尊重、感情上贴近、生活上关心、就业上帮助、创业上扶持”的阳光戒毒康复理念，

“四无一满意”目标

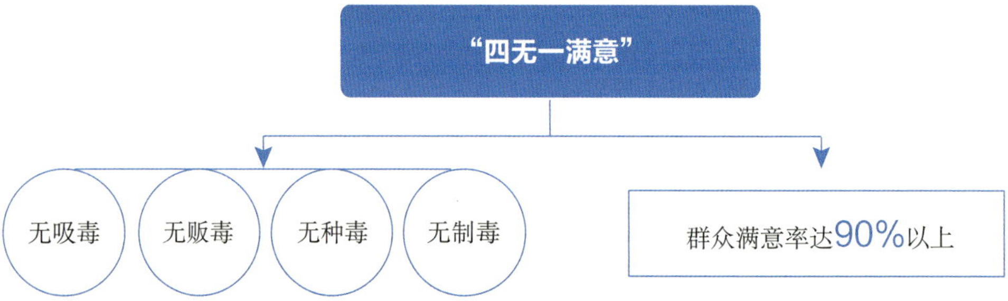

社会中已形成“融合、帮助、友好”的良好风气，这为帮助戒毒康复人员顺利回归社会打下了良好基础。

二是支持村（居）自治，创建阳光村（居）。清镇市以“四无一满意”为目标，按照村自治、组联防、户落实、人自律的要求，全面推进禁毒村（居）自治工程，创建阳光村（居）。清镇市禁毒委对自治达标的村（居），给予1000元至1500元的奖励，对不履行职责，毒情严重的村（居），进行责任追究。村（居）自治的推进，使清镇市在2013年群众安全感测评中，群众认为吸贩毒影响安全感的比例，从2012年的9.46%下降到4.39%，首次低于贵阳市平均水平。

三是开展系列行动，推广“阳光品牌”。清镇市社会各界积极参与“阳光品牌”行动。宗教界人士从精神上对戒毒康复人员的人生观、价值观、社会观进行引导，教育他们善待生命、善待自己、善待他人、善待社会；教育部门组织学校开展“阳光一元”助学行动，减免特殊群体中困难家庭子女学习费用；文化部门积极开展“阳光益智”行动，为阳光家园建设图书室。禁毒委成员单位筹资给阳光家园建设信息技术室；体育部门提供体育器材，开展“阳光健身”行动，指导阳光家园开展太极拳、乒乓球等体育运动，帮助他们恢复健康；司法部门开展“阳光普法”行动，为阳光家园、强戒所、乡（镇、社区）戒毒康复人员免费进行心理疏导，宣传禁毒法律法规，教育涉毒人员远离毒品，走进阳光生活；工会、残联、妇联等群团组织，开展“阳光使者”行动，在春节、端午、中秋等传统节假日期间，对困难的戒毒康复人员家庭进行慰问，让他们感受社会大家庭的温暖，坚定戒毒康复的决心和信心；市老干局组织热心禁毒工作的5名离退休干部担任阳光使者，配合禁毒部门协调社会力量，帮助戒毒康复人员融入社会。

3. 企业搭台建设阳光家园，解决特殊群体就业难题

清镇市领先科技有限公司创办以安置戒毒康复人员为主的福利型企业——阳光家园，明确“企业增效、员工增收、脱毒康复、成才有用”的目标；确定“守法诚信、爱岗敬业、感恩奉献”的员工园训。该企业通过强化“五项建设”，将阳光家园建设成为特殊群体就业、生活、康复的幸福、快乐家园。

一是强化“环境建设”，组织员工开展“绿化、美化、净化”活动，完善外部环境、绿化植物、励志标语、监控设施，改造硬件实施，建设花园式厂房。

二是强化“功能建设”，按生产区、办公区、休闲区、娱乐区等功能，添置生活设施、

十二条扶持阳光企业安置特殊群体的措施

十二条措施	具体内容
第一条	以奖代补，对符合条件的企业，安置一人奖励 3.5 万元。
第二条	专项资金补贴，对率先创办阳光家园的清镇市领先科技有限公司进行专项资金补贴。
第三条	行政事业性零收费，即管理类、登记类、证照类等行政事业性收费全免。
第四条	低价用电，企业生产用电，按非工业用电价格执行。
第五条	低价用水，企业生产用水，按非经营性用水价格执行。
第六条	减免水利建设资金。
第七条	返还社保资金，市社保部门按规定返还企业缴纳的社会保险费用。
第八条	优先扶持政策，对企业的生产经营给予优先扶持。
第九条	市场扶持，动员清镇市辖区内的企事业单位优先购买企业的产品。
第十条	人才支撑，对企业引进的人才，按当地人才兑现优惠政策。
第十一条	基础设施建设扶持，将企业的基础设施建设纳入城市基础设施建设规划。
第十二条	经费补助，安置 100 人以上的阳光企业，市财政一次性补助 30 万元；安置 50 至 100 人的企业，财政一次性补助 15 万元；安置就业人数不足 50 人的，财政连续 3 年按每人每年 1000 元的标准补助安置企业。

办公设备、娱乐设施、休息设施，为员工创造良好的生产生活条件。

三是强化“制度建设”，按照企业内部管理规定，完善员工招聘、考勤、奖励、尿检、晨会、例会等管理制度，建立与公安、司法、社团、强制隔离戒毒场所、社区、药物维持治疗门诊等部门的协作机制。

四是强化“企业文化”建设，增强员工荣誉感、责任感。不定期开设心理辅导讲座，开展文体活动，与员工家属密切配合，逐步培养员工的法律意识、诚信意识、纪律观念、健康观念、家庭观念、社会观念，帮助其树立正确的人生观、世界观、价值观，最大限度地坚定员工意志，规范员工行为，凝聚员工力量，为企业发展服务。

五是强化“组织建设”，整合资源，建设阳光家园。在阳光家园建立党支部、工会、妇女小组、禁毒协会等群众组织，开展好职工、好家长、好儿女等“创先争优”评选活动，凝聚人心，促使特殊群体逐渐融入社会大家庭。

（三）破解社会治理难题需要创新多元主体协同共治模式

“阳光家园”不仅让清镇市开启了集中安置特殊人群就业的先河，还进一步推动了政府主导，社会、企业积极响应参与的社会治理模式，为如何更好地构建协同共治的社会治理模式带来了启示。

1. 党政机关是社会治理的重要组织者

当前，我国社会组织发展不完善、企业普遍缺乏社会公益责任感。在这一现实背景下，必须由党政机关承担起组织者的角色，引导、号召各方力量就社会公共问题进行治理。某种意义上来说，政府发布的政策办法或是优惠措施，是最具效果的调控方式。

2. 社会组织是社会治理的主要参与者

社会组织是社会治理中不可或缺的一部分。社会组织在国外被称为第三部门，在社会中具有极强的影响力，是解决民生问题的中坚力量。在我国，社会组织发展速度日益加快，其影响力和潜力也随之增加。社会组织的影响力决定了它的参与性与引导性。发动社会组织传播良好风气，树立正确的社会观是维护社会和谐、推动社会治理的重要方式之一。

3. 企业单位是社会治理的有效执行者

从社会层面看，“阳光家园”是为特殊群体服务的实体，而作为“阳光家园”的构建者——企业单位，可以被称为“社会治理的实际执行者”。不同于社会组织，企业单位都拥有一定规模的实体资源，具备“落实”的能力。因此，在社会治理中要注重发挥企业单位的作用，让其成为社会治理的有效执行者。

八、修文县：创新交通事故矛盾纠纷调处中心机制

近年来，随着社会经济的发展，各类机动车数量在不断增加，交通事故频发。因各种交通事故而引发的矛盾纠纷越来越多，不利于社会的稳定团结。对交通事故

矛盾纠纷进行及时调处，化解事故矛盾纠纷，成了社会治理的一个重要方面。

修文县是黔中地区的交通枢纽，近年来交通问题显得尤为突出。为此，修文县把对交通事故矛盾纠纷调处当成社会治理的重点，并针对调处面临的新形势、新问题，大胆探索，积极创新，建立了一套由“公安交警主导——司法行政牵头——社会律师参与——法院、检察院、卫生、社保、民政等多部门配合”的道路交通事故“一站式”调处化解服务工作新机制，有效提高了工作效率，维护了群众利益，化解了矛盾纠纷，促进了社会和谐稳定。

（一）修文县交通事故矛盾纠纷调处压力与难度不断加大

修文县地处黔中腹地，辖 10 乡（镇）2 个社区，有常住人口 33 万人，面积 1076 平方公里，县域 210 国道、贵毕公路、贵遵高速、305 省道等公路纵横交错，县乡以上公路交通路网里程 1600 公里，是西南出海通道的必经之地，属典型的黔中交通枢纽要塞。修文县交通矛盾纠纷调处面临两个方面的困难。

一方面是修文县交通事故增多，需要调处的案件增多，调处压力增加。2011 年贵州省取消二级公路收费后，原设计通行能力 5000 辆／日的贵毕公路车辆量骤然增加 5 倍，逢节假日车流量甚至高达 35000 辆／日。该公路坡大弯急伴路面狭窄，极易引发交通事故。2013 年 12 月，全县各类机动车总量超过 4.3 万辆，道路交通事故由 2010 年 1361 起（件）增加至 2013 年 2667 起（件），年递增 25% 以上。同时，由交通事故引发的矛盾纠纷也随之增加。交通调处是修文县处理交通事故纠纷的主要方式。2013 年全县通过调解处理结案的交通事故纠纷 170 余件，即近 70% 的重大道交事故是通过调处化解结案的。也就是说，修文县交通事故的增多，将直接增加本地区交通事故矛盾纠纷调处的案件数量，加重调处的压力。

另一方面是新法规间接加重了交通事故矛盾纠纷调处的难度。2010 年 7 月 1 日新颁布施行的《中华人民共和国侵权责任法》和 2011 年新修订的《中华人民共和国道路交通安全法》新增了对肇事机动车进行车检及取消交警扣留肇事机动车等诸多程序和规定，弱化了交警在调解处理事故赔偿纠纷的主导作用，导致在实际操作过程中间接加大了该类矛盾纠纷的调处难度，不利于矛盾纠纷的妥善处置与化解。

修文县交通事故矛盾纠纷调处的压力与难度加大，同时它又是涉及社会稳定的重要因素，为此修文县对交通事故矛盾纠纷调处机制展开了深入研究与探索。

贵毕公路路段原设定车辆通行能力与实际车辆通行量（辆／日）

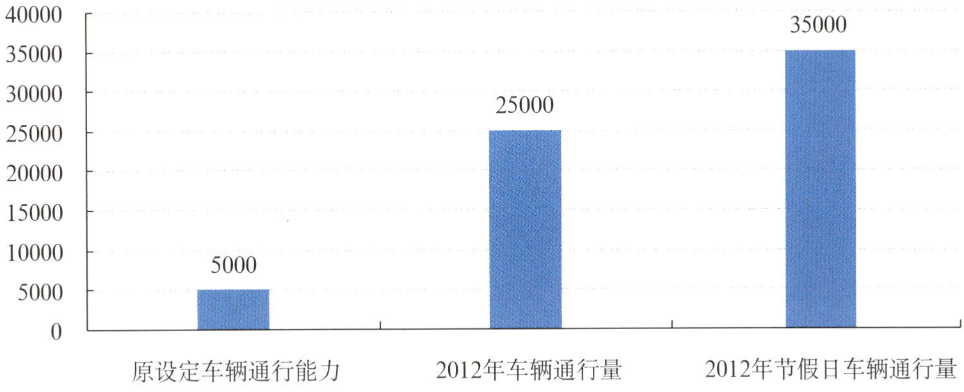

（二）修文县构建“一体化”交通矛盾纠纷调处中心破解治理难题

为尽可能减少交通事故矛盾纠纷对社会的不良影响，修文县在认真分析和总结近年发生的各类道交事故疑难矛盾纠纷发生规律及特点，找准矛盾纠纷产生的根源后，在交警部门设立了修文县道路交通事故矛盾纠纷处置调处中心(以下简称“调处中心”)。调处中心由县政府应急办牵头，公安交警大队与县司法局联合业务主导，法院、检院、卫生、社保、民政等多部门共同参与配合，负责县内交通事故矛盾纠纷处置化解工作。

自 2009 年 11 月 21 日调处中心挂牌成立至今，修文县共调处各类道路交通事故纠纷近 460 余件（起），其中通过律师或法律工作者参与的有 170 余件（起），通过律师提供法律援助维权的有 89 件（起），重特大交通事故 64 件（起），通过民事起诉索赔或代为保险索赔为当事人挽回经济损失 1300 余万元，无一例因道交事故处置不当而引发的群体越级非访事件发生。可以说，修文县调处中起到了维护当地的社会稳定的重要作用，是社会治理创新的新亮点。

1. 转变政府工作模式，购买服务

调处中心公布律师或法律工作者姓名电话，由当事人共同挑选或随机抽选调解主持人组织调解，而不是安排指定。律师或法律工作者主要从修文县律师事务所、法律服务等社会服务机构中选派，同时聘请法院、检院、公安等具有法律知识擅长调解和热心公益事业的退休老同志担任调解员，调解纠纷不向当事人收取任何费用，

由政府购买公共服务（人民调解）方式对调解人员按“以案定补”管理办法兑现一定工作经费（300—700元／件）予以补助，以此确保调解人员的公正性和积极性。

2. 联合多个部门协作，共同负责

调处中心的运作方式是多部门联合协商、多头负责。例如调解人员通过调解掌握各方当事人情况，根据案情做出是否通需要法律援助（代为保险索赔或民事起诉）和临时医疗救助和社会帮扶救助等预判和建议，报交警大队和司法局领导会商决定通知相关卫生、社保、民政等部门参与共同协调解决。如遇到受害人住院抢救治疗，双方当事人确实无力垫付医疗费、伤者又系外地人的情况，调处中心会先协调医院缓交医疗费，再通过协调民政部门给予临时救助解决伤者及家属吃饭住宿问题，最后再通过协调和谐促进会基金给予必要社会救助，这种多部门联合想办法给予多渠道方式帮扶受害者解决困难的做法极易让各方当事人予以理解和支持，从而减少怨恨和对抗，有利于当事人之间以及和政府部门之间的和谐相处。

3. 以群众需求为导向，突出服务

针对涉及当事人众多或有一方当事人有上访苗头的案件，调处中心调解员主动提前介入，积极引导各方当事人通过调解方式处理赔偿争议。例如针对伤者在医院不便到现场或消极回避态度的当事人，调处中心及时指派调解人员主动上门或到医院现场调解等多种方式，最大程度减轻当事人参加调解多次往返的经济负担；调解人员本着即时化解矛盾、定纷止争的目的，重点突出一个“快”字，帮助当事人按程序“快速受理、简化程序、及时化解、快速结案”及时处置和化解矛盾纠纷。

另外，调处中心对经多次调解仍未达成协议或当事人始终拒绝会面而无法调解的案件，而受害人又经济困难无力聘请律师向人民法院提起诉讼的，调处中心将指派律师无偿提供法律援助，并协调人民法院开辟司法救济“绿色通道”，为原告缓交或免交诉讼费，快速立案、及时判决。

（三）从修文县构建交通事故调处中心看社会矛盾调处新趋势

1. 矛盾调处要对政府重新定位

“大社会、小政府”是被各国专家学者认同的治理方式。而我国的现实情况是“大

政府、小社会”。政府担负职能过多，既影响政府自身职能的发挥，也将阻碍社会中其他事物的正常运行。在修文县调处中心的运作中，政府改变过去大包大揽的做法，把一些权力、职能归还于社会。政府通过购买的服务方式减轻自身的担子，同时行使了对社会公共治理的责任。

2. 矛盾调处要对实施重新定策

修文县调处中心已形成“人民调解—法律援助—医疗救助—社会帮扶”互为一体的全方位多渠道协调处机制，而这个有效、便捷的调处机制是依靠交警部门、社保部门、民政部门、法院、医院等多部门联合协作运转的。当前社会问题普遍具有复杂性、多变性的特点，很多社会问题很难单靠一个部门完成，多部门联合协作是新时期社会治理的一大趋势。

3. 矛盾调处要对职能重新定性

修文县调处中心凸显了服务性与公益性，无论是调解方式还是调解程序，都以当事人的需求为导向，充分考虑实际情况，真正做到“以人为本”。也正是因为出于对当事人需求的考量，调处中心才会联合众多部门，从而为当事人提供全面、有效、便捷的服务。

九、息烽县：推行信访事项代理制

党的十七届五中全会提出“两个创新”任务，即“加强与创新社会管理”、“坚持党的群众路线，创新群众工作”。“两个创新”是对党的十六届四中全会“加强和改进信访工作”“探索群众工作新途径、新方法”的深化和发展。2013 年，新一届领导集体在十八届三中全会上提出“社会治理”的概念，“社会治理”是当前这一时期解决社会矛盾的总抓手。它与“两个创新”有深层次联系，是“两个创新”的整合、升级和优化。

信访事项代理工作就是新时期社会治理创新的实践。息烽县为应对新时期社会治理中的诉求矛盾，推出了信访事项代理制，畅通群众诉求表达渠道、强化政府服务理念、推动社会治理“自下而上”的运行，化解社会矛盾，维护了社会的稳定与和谐。

（一）息烽县新时期社会矛盾出现新特点

息烽县地处黔中经济区，位于贵阳生态保护发展区、北部高新技术产业实体经济带上，全县总面积 1036.5 平方公里，辖七镇三乡一社区，174 个村、居，总人口 26 万，其中苗、布依等 17 个少数民族占总人口的 5.3%。随着贵阳市的发展，息烽县的区位优势愈加明显，但同样社会矛盾也愈加突出。

一是息烽县社会矛盾呈现三化的特点。随着外来人口增多以及各种利益群体诉求多样化，息烽县社会矛盾的表现形式呈现出三化的特点，即多样化、扩大化、冲动化，这使解决问题的难度日益增加。

二是息烽县传统的沟通渠道不畅通。息烽县行政管理和司法制度虽然逐步走上正轨，但矛盾释放渠道还不够畅通。部分社会矛盾的形成，与群众诉求渠道不畅通有直接关系。

也就是说，当前息烽县一方面社会矛盾在不断升级，不易化解；一方面矛盾释放渠道不够畅通，难以交流。这必然会造成矛盾的累积，让群众对政府产生不满情绪，使社会陷入不安定的氛围中。为解决新时期社会矛盾、畅通群众诉求表达渠道，息烽县出台《息烽县信访事项代理制度（试行）》，搭建群众信访工作的新平台，切实为群众的利益诉求而服务，有效化解各类矛盾，维护了社会的基本稳定。

（二）以信访事项代理制度畅通诉求表达渠道，推动社会治理运行模式转变

1. 以群众需求为导向，构建信访事项代理运行机制

一是设立信访事项代理的机构。以县委群工委和县群工中心作为信访事项的领导（指导）机构，规范乡镇群众工作中心（群众工作站）的运行模式，在村（居）充实群众工作力量。在县直部门、乡镇、村（居）、企业建立群众信访事项代理工作服务机构 267 个。现已形成由村居群众工作室，乡镇群众工作站、县直部门群众工作分中心，县群众工作中心组成的上下联动、立体覆盖的三级信访代理网络。建立了 1 个县级信访事项代理中心、32 个乡（镇、社区）和县直部门信访事项代理分中心、660 名专（兼）职信访代理员组成的工作机构。

二是明确信访事项代理开展的模式。由机关干部、法律从业者、老党员、妇

女代表、志愿者等作为专（兼）职信访代理员，代群众到有关部门反映情况和诉求、提出意见和建议的方式，帮助促成信访事项妥善解决。充分发挥县直部门和乡（镇、社区）、村（居）三级群众工作责任单位和责任人在处理问题中的主导作用。对本级能够解决的问题，通过代理渠道或调解方式予以解决；对于信访人对本级解决有异议或需要上级帮助解决的，由本级信访代理人员陪同上级信访代理人员到上级有关部门反映问题，信访人要求在代理过程中跟访的，各级代理人员要充分尊重信访人意愿并给予支持，涉及集体利益的上访，信访人可推举1至2名代表（最多不超3名）跟随代理人员向上级反映问题。把群众反映诉求的平台延伸到了“家门口”。

三是实施信访代理分级负责制度。一般信访事项或初信初访由村（居）群众工作室信访代理员代理；经乡（镇）群众工作中心梳理排查需到县级的信访事项由乡（镇、社区）信访事项代理员代理；经县群众工作中心梳理排查需市级解决的疑难信访事项，由县群众工作中心和县直部门分中心信访事项代理员代理；信访人要求需到县级以上单位、部门反映诉求的信访事项，由县群众工作中心代理。特殊疑难复杂信访事项，县委群众工作委员会和县群众工作中心及时召开会议研究，并报县委、县人民政府分管领导确定信访事项代理人。过去是群众“风尘仆仆”四处奔波找“青天”，现在是领导主动服务帮群众。

2. 以共治互助方式，完善信访事项代理队伍建设

信访事项代理员是支撑信访事项代理制度运行的核心力量，县、乡（镇）、村（居）群众工作中心（站）及县直各部门都设立了信访事项代理员。

信访事项代理员不仅有县、乡党代表、人大代表、政协委员、知名人士、“五老”人员等，还有县农业、发改、人劳社保等部门派出的农技员、挂帮干部等。信访事项代理员及时收集群众信息、排查矛盾纠纷，将诉求平台、信息反馈平台延伸到村组、延伸到群众家中。信访事项代理员队伍的构建，与各部门的共同努力分不开。

同时，信访事项代理员从质量和数量都有一定标准。从质量上说，要选配政治素质较好、政策水平较高、协调能力较强，具有一定法律知识、责任心强、善做群众工作的人员担任信访事项代理员。从数量上说，要按照县群众工作中心不少于10人，县直各部门1至3人，乡（镇）5至10人，村（居）2至3人的要求建立信访事项代理员队伍。

3. 以监察督办为手段，保障信访事项代理制度落实

信访事项代理的保障制度主要有两种，一种是信访事项代理督查督办制度，另一种是经费保障制度。

信访事项代理督查督办制度强调要明确专人负责，及时发现和纠正信访事项代理工作中存在的问题，并对有下列情形之一的，及时督查督办：一是无正当理由，未按规定期限办结信访代理事项的；二是未按规定报告信访代理事项办理结果的；三是未按规定程序办理信访代理事项的；四是办理信访代理事项推诿、敷衍、拖延、弄虚作假的；五是信访事项授权委托人投诉的；六是其他需要督查督办的情形。

信访事项代理的经费保障制度规定信访事项代理经费原则上由信访事项责任主体单位负担。责任主体单位无能力承担或无责任主体单位的，由县、乡（镇）人民政府负担。由县群众工作中心直接办理的信访事项代理，由信访事项责任主体单位、乡（镇）将信访事项代理经费直接划交县群众工作中心账户。

（三）信访事项代理制度契合社会治理内涵和发展趋势

1. 信访事项代理制度强化了政府为民服务的职能

信访渠道包括书信、电子邮件、传真、电话、走访等多种形式，而推行信访代理制，形成“群众张嘴、干部跑腿”的新型信访通道，相对于以往百姓一次又一次地到信访机构反映问题的这种老办法，不仅使信访人能以较小的代价实现诉求愿望，而且强化了政府部门的服务职能。政府部门从过去的“等问题上门，管理群众”转变成“主动入户，服务群众”。信访事项代理制度是政府为民服务的制度，从这可以看出政府部门承担了社会治理应承担的“服务者”角色。

息烽县信访代理分级负责制度

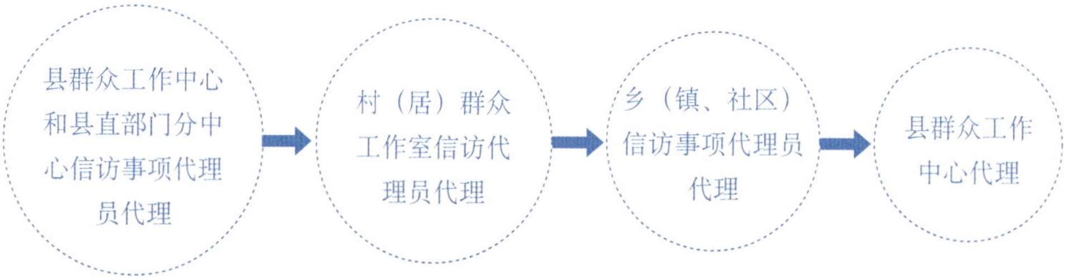

2. 信访事项代理制度构建了自下而上的意见传输渠道

在实践中，由于各种主客观原因，一些信访当事人容易情绪激动甚至失控，使得“有理信访”变成“无理闹访”，难以正确的表达自身合理地、理性的意见或建议。推行信访代理制，由离群众最近、最知心的基层干部为群众信访代言，不仅能更加有效地建立起公民与公共权力之间的信任，还能摸索出、梳理出群众的真实想法，并把群众的真实意见或建议，以符合程序的方式递交上级，让群众的建言建策上达视听。信访代理的过程不只是民意表达的过程，也是问计于民、问策于民的过程，基层干部可从中洞察民情、集中民智，从而推动基层部门不断改进工作、完善政策，真正形成自下而上的推动力。

3. 信访事项代理制度融洽了干群、政群关系

当前，是我国推动国家治理体系和治理能力现代化的重要时期。从这个层面看，信访代理制起到的不只是畅通诉求表达渠道的作用，它更是党和政府提高执政能力、塑造权力伦理的极佳时机。信访事项代理工作反映出来的问题，基本上都是群众最关注的现实利益问题，而推行信访事项代理制，就是要促进基层干部在群众最需要

息烽县推行信访事项代理制的成效

的时候，主动深入基层，帮助群众解决重要问题。树立起党和政府以及领导干部的良好形象，融洽了党群、干群关系。这将为进一步推动基层治理创新奠定良好的基础。

十、开阳县：“三合工作法”做好群众工作

做好群众工作，提升基层组织自治能力，是社会治理中的重点内容。近年来，贵阳市经济快速增长，实现了跨越式发展，但作为西部地区，依然还有部分地区处于贫穷落后的局面，开阳县三合村就是其中的一个代表。如何改变这种贫穷落后的局面，成为三合村亟待解决的问题。为此，三合村紧紧围绕“抓党建、夯基础、强服务”的工作思路，通过以“合力富民、合群惠民、合心聚民”为主要内容的“三合工作法”做好新形势下的群众工作，提高了村民收入、改善了村民生活水平、化解了村中矛盾，维护了当地社会的稳定与和谐，做出了社会治理突破性实践。

（一）制约开阳县三合村建设发展的因素分析

开阳县地处黔中腹地，隶属省会贵阳，总面积2026平方公里，辖8镇8乡2社区，总人口43万，森林覆盖率54%。其中，三合村面积约为46.4平方公里，辖30个村民组，总人口4494人，其中少数民族人口占25%，是一个汉、苗、布依、仡佬等民族聚居村。全村党员126人，村支两委成员8人。三合村是开阳县典型的“靠天吃饭”的农业村，自然条件差，人均耕地1.11亩，85%的土地属于喀斯特地貌，零星破碎。造成开阳县三合村贫穷落后的原因不单是艰苦的自然条件，更有深刻的内在因素：

一是党组织引领作用发挥不充分。开阳县三合村党员比例只有2%，而村支两委成员一共只有8人，与全国61%的党员人数比较的话，开阳县三合村党委规模相对弱小。再加上人员素质等其他因素，村党组织难以发挥出引领作用。

二是凝聚力不强。村中家庭、邻里多有不和，相处常有摩擦。开阳县三合村处于一种家庭、邻里、干群“三不和”的不良社会氛围中。

三是服务缺失。我国基本公共服务体系的覆盖面虽然逐年递增，但依然难以做到全覆盖。一些服务很难由国家层面或是省会层面直接落实到开阳县三合村。再加上村党组织引领作用发挥不充分，未顾及村中公共服务事业发展，开阳县三合村的

公共服务严重缺位，给村民生活带来不便的同时，还影响村民对生产、生活的积极性。

外在艰苦的自然条件和内在三种不良因素，制约了开阳县三合村的发展建设，使其处在贫穷落后的队伍中。为了改变旧式农业村“穷恶难”状况，三合村从整顿软弱涣散基层党组织入手，着力建强村级党组织，提升基层组织的自治能力，创新探索出“三合工作法”，推动产业发展、壮大集体经济、发展公益服务。村民人均纯收入由 2001 年的 687 元增加到 2013 年的 8932 元，村集体经济从无到 2013 年达 30 万元，连续 3 年“零案件”、8 年“零上访”，先后荣获“国家级人口与计划生育基层群众自治示范村”、“全国先进基层党组织”、“全国民主法治村”等称号。

（二）以党组织为引领开展群众工作，“三合工作法”提升基层组织自治能力

1. 合力富民，以经济为先

合力富民就是整合群众的力量，劲往一处使，从而切实提高群众收入水平。

一是聚群众智力带富。村党支部书记带头饲养奶牛，示范带动党员，通过发展奶牛、蛋鸡养殖等项目，带领上百户群众致富。村党支部建立党员创业带富培训室，定期邀请省市农业专家为群众授课，群众培训率达 90%。扶持农产品生产基地与省

2012 年开阳县与贵阳市其他主要区（市、县）人均生产总值（元）

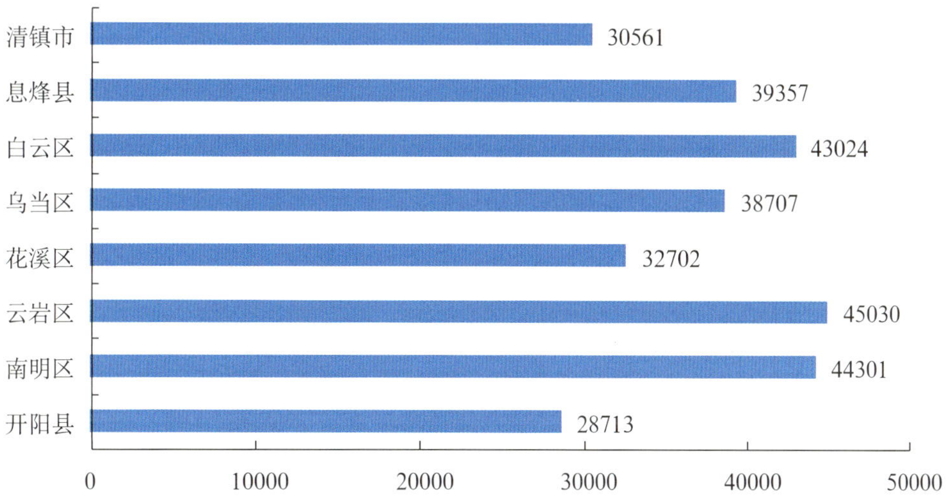

市高校、开磷集团等大型企业对接，减少流通环节，实现群众生产效益最大化。

二是集群众物力共富。以“支部 + 专业合作社 + 农户”的模式，组建种草养羊专业合作社，由合作社把农户的土地转租过来，实行统一种草、统一管理、统一销售、统一核算。采用土地入股的方式，成立村级农业科技开发公司，以当地群众土地占股 40%，公司出资占股 60% 的股份制现代企业经营模式种植 20000 亩核桃。

三是用群众信用力引富。针对农村借贷难、村级企业发展缺乏资金的难题，村党支部带领群众开展信用村建设，推行“十户联保”，试点开展信用农户申贷，2013 年，在全村民主选举信贷宣传员 24 人，帮助群众解决申请贷款难、手续办理复杂等问题，帮助群众贷款 300 多笔，总额 470 余万元。

2. 合群惠民，以民生为本

合群惠民就是要融于群众之中，站在群众角度去思考需要何种服务或是优惠政策，从而让群众真正得到实惠。

一是推行“两户三保障”制度。针对计生独生子女户和双女结扎户，实行了就医、上学、养老的“两户三保障”制度。符合条件的群众，子女的高中学费由村全额承担；生病住院的费用，新型农村合作医疗解决不了的部分，村全额承担；夫妻双方年满 60 周岁，新型农村养老保险缴纳费用由村全额承担。

二是推行“错时服务制”。明确村班子成员春夏秋季 6 点、冬季 7 点上班，中午不放假全天候上班，周末轮流值守，并严格实行上下班指纹打卡的错时服务制。村支两委成员除周末外必须住在村里，防止群众急需办事找不到人。逢农忙时节，村支两委还调整办公时间，做到群众办事不挤占农活时间，尽量让群众少跑一次路、少花一分钱、少误一天工。

三是开展“大走访”活动。村党支部每季度开展一次“大走访”活动，挨家挨户了解民情民意，实行村干部包组、组干部包户的网格化治理模式，蹲点挂户、明确“责任田”，印制村民服务联系卡，直接到群众家中上门办事，实现“群众动嘴、干部跑腿”。

四是解决村民看病难的问题。整合医疗资源，将村原来的四个卫生室合并成一个医疗服务中心，实行 24 小时值班看病，对重症群众提供车辆接送服务。将村医纳入村委会管理，定期组织开展学习培训。村里每年拿出 2 万元用于医疗专项资金，平均每年都有 150 余户困难群众得到帮助。

五是丰富群众精神文化生活。以“秉承家风树新风”为抓手，建设农体工程和农民文化家园，定期开展感恩教育、道德教育，每年举办读书、拔河、篮球等比赛活动，丰富群众的文化生活。

3. 合心聚民，以和谐为纲

合心聚民就是班子、党员、群众心往一处想、拧成一股绳、更好地为群众服务，从而凝聚民心，紧紧团结在党支部周围。

一是班子合心凝聚民心。村支两委班子始终自觉沟通思想、交流工作，做到同心同向同行。村支部书记定期与村里的知识青年、致富能手、返乡务工人员拉家常。村支两委班子每年召开群众大会，直接向群众报告工作，群众需求得到满足、群众满意的，视为完成；如群众不满意的，重新明确措施、完成时限。

二是党员合心汇聚民心。全村共产党员自发成立民兵应急分队和联防队，分 5 个小组 24 小时巡逻，保障人民群众生命财产安全。积极号召全村 126 名共产党员开展“党员 1+1 帮扶活动”，与困难党员群众结成帮扶对子，通过政策扶持、资金扶助、项目帮扶等多种方式，送去党的温暖和关怀。

三是党群合心集聚民心。积极推行计生工作村、维稳工作村、创卫工作村新型治理模式，以“改陋习”为抓手，建立了酒席申报制、村容村貌保洁制等制度。村支两委班子带头执行，全村共产党员在村党支部的带领和感召下，纷纷响应，做移风易俗的先锋模范，带动全村风气好转。

（三）从开阳县三合村“三合工作法”凸显基层良治的三个关键

开阳县三合村的“三合工作法”不单是做好了群众工作，更推动了社会治理创新、实现了基层良治。民需、共治与自治是实现基层良治的三个关键。

1. 实现民需导向，解决利益问题是抓手

实现基层良治，要以民需为导向。只有解决好群众需求，才能获得群众认可，群众满意与否是衡量治理好坏的重要标准。在以民需为导向时，要先从解决利益问题入手。开阳县三合村始终把群众需求放在首位，并从农业基础薄弱、经济落后这一最关键利益问题入手：先后建设了三合庄园、东恒建材、村级公司等，750 名村民

由过去守着一亩薄田年收入不足 5000 元，转变为年收入超过 2 万元的村级企业工人。在发展经济的同时，把建设出行、饮水、通讯等公用设施，以及解决就业、读书、文化等群众关心的民生问题作为工作重点，真真切切地让群众得到了实惠。也因此，“三合工作法”能真正被群众所接受。基层工作是与人密切相关的工作，要始终以民需为导向，并着重解决利益问题。

2. 实施共同治理，基层组织引领是前提

共同治理是现代治理成熟的标志，也是治理结构的表现方式。而在实行共治时，需要基层组织引领。由于现实因素，部分问题难以由某一个主体独立解决，必须依靠多个主体协商来完成，而当多主体参与时，需要有一个引导者、号召者。在我国国情下，这一角色必然由党组织承担。开阳县三合村在群众工作中以党组织为引领联合或动员党员、村领导、村民等多种不同利益群体，一起共同协商、共同推进工作。可以说，开阳县三合村实行的是以党组织为引领的党政群共治。

3. 加强基层自治，做好群众工作是关键

基层自治是实现社会治理正常运行的必要条件。而加强基层自治，需要做好群众工作。从开阳县三合村案例可以看出，党组织是引领工作的先锋，但是群众才是真正推动各项工作实施的中坚力量。特别是在发展农业经济和移风易俗时，不仅需要带头人，更需要有群众支持，要有自下而上的推动力和自内而外的推动力。在党组织引领下，群众发挥自身潜在能量，在推动事物的进程中逐步形成积极参与村中公共活动、公共管理的意识，并不断提升自我管理、自我服务的能力。当这种意识和能力累积到一定程度时，三合村就具备了自治能力，更易于治理。这也是三合村得以走向治理道路，并越走越好的原因。

十一、统战部：“和谐促进会”助力社会建设

加强和创新社会治理，成为当前党中央的重大决策部署，也是各级党委、政府的重要工作任务。如何适应时代要求，推进社会治理创新，提高社会管理水平，需要发挥各级党委政府、各个部门、各方面力量的作用。近年来贵阳市委统战部在“构

建‘大统战’格局，助推贵阳经济社会发展”过程中，充分发挥统战系统资源优势，积极探索社会管理创新，动员凝聚社会各界人士，尤其是新经济人士和新社会人士，主动关注社会，关注民生，参与化解社会矛盾，开展帮贫济困，为基层、为困难群众办了大量的好事、实事，从源头上构筑和谐，初步探索出了社会“第三方”力量参与社会管理，参与和谐共建的新路子。

（一）社会治理的新任务、新趋势对统一战线工作提出新要求

1. 社会治理的新任务对统一战线提出“增进团结、参与治理”的要求

统一战线是党的总路线、总政策的重要组成部分。十八大报告中指出：“要坚持走中国特色社会主义政治发展道路，巩固和发展最广泛的爱国统一战线。”特别是在推动国家治理体系与治理能力现代化的背景下，统一战线工作要有新探索、新突破。贵阳市委统战部充分发挥统战优势，密切联系群众，坚持从群众中来，到群众中去，引导动员统一战线成员成立和谐促进会，以柔性化解社会矛盾、帮助改善民生为宗旨，积极探索出统一战线参与社会治理，联系服务群众的新路子。

2. 社会治理的新趋势对统一战线提出“了解民意、化解矛盾”的要求

当前，贵阳市正处于社会转型时期，城市化水平不断提高，人口规模不断扩大，各种社会矛盾日益突出。有的信访疑难案件、社会突出矛盾一时难以化解，在党委、政府充分发挥矛盾化解主渠道作用的同时，引入社会力量有利于采取更加灵活的方式，变刚性调处为柔性、弹性调处，变一元调处为多元调处，在思想引导、兴办实事、扶贫济困等各方面发挥不可替代的独特作用。贵阳市需要建立一个社会组织，充分利用自身优势，发动社会力量开展公益慈善活动，帮扶城乡困难群众，引导、组织会员在社会矛盾化解等方面发挥更大作用，为化解矛盾纠纷、促进社会和谐、建设幸福城市做出更大贡献。

2011 年 3 月 25 日，市委统战部成立了贵阳“和谐促进会”。在市委统战部的推动下，积极发挥社会力量在社会管理中的协同功能和独特优势，吸引民营企业家、宗教界代表人士和民主党派人士等社会各界人士加入促进会组织，履行社会责任。和谐促进会的成立在一定程度上满足了社会各界人士的需求，化解矛盾以党和政府为主，第三方力量的介入，给社会矛盾的化解注入了新活力，开辟了新渠道。

（二）“和谐促进会”探索以统战工作为引领的和谐共治网络

“和谐促进会”的成立，搭建起了社会协同共创和谐的有效平台，为创新社会治理做出了有益探索。为推动和谐促进会持续有效发展，贵阳市委统战部多思路多举措指导和谐促进会创新完善工作机制，丰富工作形式和工作内容，推动和谐促进会不断取得新的突破。

1. 建立和谐贵阳促进会，传播和谐理念，化解社会矛盾

和谐贵阳促进会在贵阳市委统战部的指导下正式成立，成员主要由民营企业家、民主党派人士、宗教团体负责人等组成。作为联合性、地方性、非营利性社会组织，和谐贵阳促进会以促进和谐为目的，以团结动员社会各界人士承担社会责任为宗旨，以开展公益慈善活动、参与社会矛盾化解、构建和谐劳动关系、宣传和谐理念为抓手，发挥联系面广、资源丰富等优势，为构建和谐贵阳、提升市民幸福指数做了大量工作。按照全市的统一部署，和谐促进会组织在 10 个区（市、县）相继建立并向基层延伸，至今，已有 45 个社区、乡镇、工业园区和校园建立了基层和谐促进会，在全贵阳形成了独具特色的和谐共建网络。

为更规范运作，市委统战部指导和谐贵阳促进会制定了《关于开展社会矛盾化解志愿行动的实施方案》，明确了会员参与化解社会矛盾的基本原则、工作重点、方法措施和具体步骤。具体工作中，把思想引导作为化解社会矛盾的前提和基础，动员会员将各自的独特优势转化为切实可行的方法措施，立足自身实际，选择不同方式，积极开展和谐共建。

2. 加强纵横双向扩展延伸，密切联系群众，凝聚发展力量

要进一步做好新形势下的统战工作，应不断向社会基层拓展和延伸。基层统战工作作为统一战线的重要组成部分，是整个统战工作的基础，也是统战工作的前沿阵地，基层统战工作顺应了社会转型过程中统战工作日益社会化的趋势。2013 年以来，市委统战部在构建“大统战”格局过程中，实现工作重心前移，同时推动和谐促进会建设向基层延伸，着力夯实和谐基础。和谐促进会坚持纵横双向扩展延伸，促进会成立后，会员数由最初的 124 名发展到 3200 余名，会员构成从成立时的非公有制经济人士为主发展为社会各界人士的共同参与，结构呈现多元化。

市委统战部充分发挥统战优势，密切联系群众，坚持从群众中来，到群众中去。和谐促进会紧紧围绕促进经济社会发展、改善群众生产生活条件等方面，充分发挥自身优势，投入帮扶资金，实施了一批助推产业发展、改善基础设施、丰富群众精神文化生活、解决生产生活困难的惠民利民工程。和谐促进会经过三年多的实践，在和谐共建方面取得较大成绩，为贵阳市创新社会管理做出重要贡献。

（三）社会治理创新应发挥“统一战线”协同各方力量的独特优势

贵阳市和谐促进会自 2011 年 3 月成立以来，在市委统战部的推动下，积极发挥社会力量在社会管理中的协同功能和独特优势，吸引民营企业家、宗教界代表人士和民主党派人士等社会各界人士加入促进会组织，履行社会责任，走出了一条社会力量协同社会管理的新路子。经过近 3 年的实践和发展，和谐促进会在不断丰富不断完善中取得新的突破，在和谐共建方面取得较大成绩。这一创新实践之所以能取得成功，就在于发挥了统一战线在推动各方力量协同社会治理中所具有的独特优势。

1. 开辟了第三方力量促和谐的新渠道

建立和谐共建长效机制，既是党和政府交给我们的重要任务，也是时代发展的必然要求。在当前社会矛盾凸显、利益结构调整的新形势下，群众工作的主客体发生了深刻变化，群众工作对象及利益诉求更加多样，给社会治理带来了新的课题。和谐贵阳促进会引入社会力量，在共建和谐社会、共享和谐成果方面做出了有益的探索。相对于过去的“三老”“五贤”等传统意义上的“第三方”力量，和谐促进会化解社会矛盾影响更大、作用更直接、效果更明显。最为关键的是，和谐促进会会员在开展社会矛盾化解工作中，并不局限于某一固定的领域、某一固定的对象，定位更加超脱、空间更为广阔，能够在更大程度为党委、政府化解社会矛盾提供支持。

2. 引领了社会各界人士服务大局的新方向

和谐促进会平台的建立，激发社会各界人士主动协同、参与社会管理创新的热情。加入和谐促进会的非公有制经济人士、宗教界人士、民主党派人士、新的社会阶层人士等各方面统战成员都是整个社会管理格局中社会协同不可或缺的重要组成部分。

和谐促进会的建立，有效地把这些力量整合起来，形成推动社会管理创新的强大合力，这样就多了一个联系群众的通道和一条柔性化解社会矛盾的途径，弥补了政府在社会管理中的不足。

3. 探索了密切社会各阶层间关系的新办法

和谐促进会成立使社会力量在制度、政策、舆论的支持下，努力参与调处社会矛盾。同时，发挥自身优势，倾情帮助改善民生，积极为困难群众办好事、办实事，在扶贫、济困、救灾、助残、养老、支教、义诊等方面发挥作用，解决了许多民生问题，密切了与普通群众的联系，加深了对人民群众的感情，提高了自身的思想境界，进一步增强了奉献社会的积极性和主动性。

4. 走出了发动全民共建和谐社会的新途径

和谐促进会建立三级网络，实现网络覆盖，有效地把社会各方力量整合起来，既发挥各自优势，又讲究统一行动，使和谐共建网络化、规范化和常态化。使工作针对性更强，化解矛盾、改善民生成效更好，有利于实现基层自治，使和谐共建内容与形式进一步丰富和发展。

十二、检察院：“代理妈妈”保障未成年人权利

保护未成年人是国家发展与民族进步的长远需要，是构建社会主义和谐社会的现实需要，是促进未成年人健康成长的自身需要，是贯彻落实公民道德纲要、提高未成年人道德建设实效性的重要举措。在创新社会治理、构建和谐社会过程中，未成年人保护已成为其中的重要工作。近年来，贵阳市检察院系统创新试行“代理妈妈”制度，息烽县检察院率先实行了《关于在办理未成年人刑事案件中推行代理监护人到场制度的实施办法（试行）》，帮助关爱涉案未成年人回归社会，并维护其权益。“代理妈妈”制度，从某种意义上说是一次对新形势下未成年人犯罪案件办理的规范化尝试，具有全国性的借鉴意义。

（一）未成年违法犯罪案件办理面临新情况

据统计，贵阳市未成年人刑事案件约占刑事案件总数的10%，未成年人刑事案件中“两抢一盗”案件占近40%。未成年人违法犯罪呈逐渐上升趋势，未成年人违法犯罪案件办理也面临新情况。因此，有效预防和减少未成年人犯罪，既是保护未成年人健康成长的迫切要求，也是事关贵阳市建成安全城市的重要一环。

一是家庭教育缺位，未成年违法犯罪案件数量呈上升趋势。由于父母长期在外务工，父母无暇照顾子女，家庭教育出现“缺位”。留守儿童无法享受到家庭正常的抚养、教育和关爱，社会对农村留守儿童的重视不够，加上网络等媒体传播色情、暴力信息对青少年的影响，导致留守未成年人染上不良风气，甚至走上违法犯罪的道路，贵阳市未成年犯罪案件数量呈上升趋势。因此，有效预防和减少未成年人犯罪，是保护未成年人健康成长的迫切要求，也是该市面临的社会治理的重大难题。

二是法定代理人或监护人不能到场，未成年合法权益难以保障。由于贵阳市的政治、经济、文化的地域特殊性，办理未成年人刑事案件中，多数未成年人都是外来务工人员的子女或者辍学少年，其父母、亲属在贵阳无固定场所。检察院在办理未成年人刑事案件过程中发现，讯问未成年犯罪嫌疑人时很难保证法定代理人或其他监护人到场，使未成年人在讯问过程中的合法权益也无法得到保障。

（二）“代理妈妈”制度化传递司法正能量

适合成年人参与讯问制度是新刑诉法的一项创新制度，设立的目的是为了更好地保障未成年人的合法权益。为确保此项工作落到实处，贵阳市检察机关积极探索社会力量介入，支持相关机制建设。息烽县检察院与该县法院、公安、妇联等相关部门联合制定了《关于在办理未成年人刑事案件中推行代理监护人到场制度的实施办法（试行）》，即“代理妈妈”制度，这一制度出台后，引起社会广泛关注，体现了全社会对保护未成年人的重视，传递了司法正能量。

1. 明确“代理妈妈”的条件

对未成年犯罪嫌疑人监护人不能到场、不愿到场、无法到场并具有下列情形之一的，为其指定代理监护人。监护人经两次通知，无正当理由拒不到场的；监护人

关于现阶段未成年人犯罪特点分析

基本特点	具体情况
与亲属、老师关系紧张	未成年犯与父母、老师的关系并不乐观，在对未成年犯和父母、老师关系的调查中，认为父母没能尽到监护和抚养责任的超过40%，怨恨父母的达32%，与老师关系好的只占28%。
文化程度低	初中以下文化程度占全国各级检察机关审查起诉未成年犯罪嫌疑人的90.24%。
流动未成年人所占比重高	全国各级检察机关审查起诉的未成年人犯罪案件中，非当地户籍地人员均占受理审查起诉总人数的约四分之一。
犯罪类型仍以侵犯财产罪、侵犯公民人身权利罪和妨害社会管理秩序罪为主	未成年人涉嫌最多的罪名是盗窃罪、抢劫罪、故意伤害罪、寻衅滋事罪、聚众斗殴罪，这5种犯罪占全部受理案件人数的81%。
未成年人共同犯罪居多，兼具偶合性	未成年人共同犯罪的案件数占一半左右，同时具有偶合性，即临时聚集，在人多势众心理下实施犯罪。
犯罪嫌疑人年龄趋于低龄化	未成年人犯罪嫌疑人虽仍以16～18周岁为主，但14～16周岁群体数量呈逐年上升趋势。

因故无法在规定的时间内到达，且未委托其他人到场代行监护人职责的；监护人在外地无法通知或不愿到场的；监护人与本案有牵连，可能妨碍侦查活动的顺利进行的；身份不明的未成年犯罪嫌疑人不愿提供监护人的联系方式的；未成年犯罪嫌疑人的法定代理人或者近亲属地址不详无法通知的，法院会邀请妇联、团委、关工委等7家协议单位工作人员到场履行代理人义务，监督执法活动，确保未成年犯罪嫌疑人的合法权益得到保障。

2. 明确"代理妈妈"的程序

"代理妈妈"由县关工委、县妇联、团委指定工作人员担任，并事先征得未成年人本人或者其法定代理人的同意。如果未成年人或者其法定代理人提出异议且有正当理由的，可由有关部门更换另一代理监护人。涉案未成年人为女性的，代理监护人应优先从女性代理监护人中选择。

3. 明确"代理妈妈"的权利义务

"代理妈妈"参与刑事诉讼时行使以下权利：有权从司法机关了解到所帮助的

涉案未成年人的自然情况、涉案罪名等基本情况；在参与诉讼活动时，有权在办案人员的陪同下与所帮助的涉案未成年人当面会谈，了解其健康状况、权利义务知晓情况、合法权益有无遭受侵犯等情况；有权阅读其到场参与的讯问、询问笔录，可以对笔录记载内容的准确性、完整性提出口头意见和建议，并将代理监护人到场情况在笔录上确认及签字；对讯问、询问中发生的违法、不当行为提出意见。

同时，应履行以下义务：帮助涉案未成年人正确理解讯问、询问的含义，不得以诱导、误导等行为妨碍司法活动；应当保守国家秘密及涉案未成年人的个人隐私；在案件办理结束后，积极配合、协助有关部门对涉案未成年人开展回访、帮教工作；在到场陪同涉案未成年人参与讯问、询问等活动中，应当遵守法律、法规的规定；参与诉讼的未成年犯罪嫌疑人被检察机关附条件不起诉的，“代理妈妈”一般应当继续参与考察期间的考察、帮教工作。

4. 建立“代理妈妈”档案库

对献爱心志愿做“代理妈妈”的热心人士开展工作的情况和效果登记造册，建立工作档案，为“代理妈妈”工作的长期开展构建相对稳定的人才队伍。同时，“代理妈妈”应深入未成年犯罪嫌疑人所在乡镇、学校，开展社会调查。细心了解其管护帮教情况，将未成年犯罪嫌疑人在帮教考察期间的表现登记造册、建档立卡，建立未成年犯罪嫌疑人档案库。

5. 细化“代理妈妈”制度

“代理妈妈”制度出台后，引起了县人民法院、公安局、教育局的高度重视。息烽县检察院与县人民法院、公安局、教育局共同磋商，在原有的基础上进一步细化了“代理妈妈”制度，使未成年犯罪嫌疑人、被告人的权益保护得到全面深化。将学校教师纳入“代理妈妈”行列；将“代理妈妈”的适用范围扩大到询问、讯问、审判未成年刑事犯罪嫌疑人、被告人，把对未成年刑事犯罪嫌疑人、被告人的保护纳入诉讼程序全过程。2013 年 5 月 30 日，由县人民检察院牵头，县人民法院、公安局、教育局、县关工委、县妇联、团县委共同会签了《办理未成年犯罪嫌疑人、被告人案件代理监护人到场制度实施办法（试行）》，这一制度的签订标志着息烽县在办理涉及未成年人的犯罪案件中对未成年人权益的保护实现了全面规范。

（三）“代理妈妈”制度是未成年人刑事司法制度创新的有益探索

贵阳市作为中央明确、全省唯一的全国社会管理创新综合试点城市，是中央综治委确定的全国大城市从整体上加强和创新社会管理的三个典型之一，加强对未成年人的关爱帮扶，加强对失范失足青少年的教育挽救，是该市面临的社会治理重大课题。息烽县率先实行的“代理妈妈”制度，引起社会广泛关注，为未成年人刑事司法制度创新做了有益探索。

1. 凸显人文关怀，架起“情”与“法”的桥梁

“代理妈妈”制度坚持以人为本、凸显司法的人文关怀。“代理妈妈”以监护人的身份，依法协助未成年犯罪嫌疑人与检察人员沟通，代其向检察机关了解未成年犯罪嫌疑人被指控的罪名，帮助未成年犯罪嫌疑人理解讯问的方式和程序，向未成年犯罪嫌疑人阐明其享有的合法权利与义务，帮助未成年犯罪嫌疑人解决恐惧、焦虑等心理问题，维护未成年犯罪嫌疑人的身心健康，同时可以对检察人员侵犯未成年犯罪嫌疑人权益的违法或不当行为提出纠正意见。这一制度不仅利于保护未成年人合法权益，也利于保护“代理妈妈”的权益。

2. 注重制度建设，以“规范”促“实效”

“代理妈妈”制度从明确条件、明确程序、明确权利和义务这几个方面来规范，使“代理妈妈”这项司法制度更加规范、更加完善。息烽县“代理妈妈”制度又进一步细化：将学校教师也纳入“代理妈妈”行列；同时，将“代理妈妈”的适用范围扩大到询问、讯问、审判未成年刑事犯罪嫌疑人、被告人，把对未成年刑事犯罪嫌疑人、被告人的保护纳入诉讼程序全过程。从而实现了“代理妈妈”工作的规范化、制度化和常态化，为未成年人刑事司法制度创新做了有益探索，迈出了新的一步。

3. 注重多方联动，形成合力保障制度落实

在讯问未成年犯罪嫌疑人过程中，在法定代理人无法到场的情况下，会邀请妇联、团委、关工委工作人员到场履行代理人义务，监督执法活动，确保未成年犯罪嫌疑人的合法权益得到保障。另外，这一制度出台后，引起法院、公安局、教育局的高

度重视，这些单位主动与检察院联系，表示要共同会签该制度，使未成年犯罪嫌疑人、被告人的权益得到全面深化。要更加注重多方联动，形成合力保障制度的落实与发展，使未成年犯罪嫌疑人的保护措施更加彻底。

十三、司法局：律师常态化参与信访接待

当前我国正处在快速转型过程中，经济体制转轨和社会结构转型相互交织，社会分化趋势加剧，在这样的大背景下，涉及各类不同利益关系和利益诉求的社会冲突社会事件通过信访体现出来。长期以来，信访工作是我国特有的处理人民内部矛盾的协调机制，在维护社会稳定、构建和谐社会中发挥着重要作用。随着人民群众各类利益诉求增多、利益关系变得复杂，各类社会冲突事件激增，涉法涉诉信访事件呈现逐年上升的趋势，单一依靠信访工作人员处理信访问题，已不能完全应对信访工作压力。而且，现在群众出了问题不主动依靠法律方式解决，而是大多选择信访的方式，这一现实需要我们主动在信访中引入法律元素，让信访成为一种以法治为基础的解决矛盾的协调机制。因此推动律师参与信访接待工作，成为当前形势和社会复杂情况的需求。贵阳市律师参与信访接待工作被誉为“贵阳模式”，受到中央、省、市领导的充分肯定。通过十多年的实践与探索，该模式正不断完善并发挥着越来越大的正效应，为推进社会治理法治化进程、维护社会和谐稳定做出了积极的贡献。

（一）贵阳市涉法涉诉信访逐年上升要求推动信访工作创新

当前贵阳市正处于社会转型期，同时也处在矛盾凸显期。随着工业化、城镇化、市场化的不断深入，经济体制、社会结构、利益格局和人们的思想观念等都发生了深刻变革。信访工作与社会治理创新息息相关，是社会治理不可或缺的重要组成部分，在推进社会治理创新的进程中，信访工作也必须转变工作方式。可以说，信访工作的创新就是对社会治理创新的推动和促进。

一是处于利益冲突多发期，信访依然是群众解决矛盾纠纷的主要方式。当前，转型期的贵阳社会正处于利益冲突多发时期，社会矛盾的生长点在增加，矛盾的焕

发点比以往任何时候都多，诸如因企业改制、招商引资、开发征地、拆迁安置、农村土地承包、生产经营等引发的利益纠纷和社会矛盾，如处理不及时或处理不当，都容易引发上访并延伸到社会稳定层面。从近年的情况看，除有部分群众在遇到矛盾纠纷时直接采用法律诉讼方式外，大部分群众则习惯于走信访之路。

二是涉法涉诉信访逐年增多，要求信访接待方式进行转变。通过信访反映出的大量的矛盾纠纷中，涉法涉诉信访呈逐年上升的趋势，于是律师走入信访接待，成为必然。律师参与信访工作，对化解矛盾，稳定社会秩序发挥了积极的促进作用，分流了一部分涉及法律方面的纠纷，发挥了信访工作的重要作用，并深受信访人的欢迎，其中，公职律师参与信访接待工作又具有其他律师不可比拟的优势。贵阳市司法局立足部门职能，主动作为，充分发挥律师的专业优势和社会职能，紧紧围绕维护社会稳定、构建和谐贵阳的工作大局，积极探索律师法律服务与信访维稳工作相结合的工作机制。

（二）引入法律元素，推动律师参与信访接待工作

新形势下为化解矛盾纠纷，应对涉法涉诉信访逐年上升的趋势，贵阳市主动在信访中引入法律元素，推动律师参与信访接待工作。自2002年以来，特别是贵阳市群工中心成立以来，贵阳市司法局积极推进律师参与信访接待工作，多渠道化解社会矛盾纠纷。通过对该项工作的深入开展，重访率逐年有所下降，有效控制了重复信访，维护了社会和谐稳定，促进了相关职能部门依法行政。

公职律师参与信访接待工作的优势

公职律师的优势		
	专业优势	能为信访人解答涉法问题，提出法律意见
	职责优势	工作方向定位在希望信访人懂法、依法信访、理性维权
	公信度优势	提供法律服务的专业人员，易于获得群众信任
	信息沟通优势	及时发现信访人的信访倾向，即时进行预先疏导
	长效优势	比较稳定的专职律师队伍，规范的制度、统一的管理

1. 强化接访队伍建设，充分发挥公职律师的优势

为不断适应信访工作新形势，贵阳市积极组织引导律师不定期参与群众法律咨询和信访接待，市司法局与市律协从市属律师事务所中选取16名政治素质强，业务水平高的律师作为信访接待律师，由市政府颁发“贵阳市信访局法律咨询顾问”聘书，正式组成信访接待律师队伍。各区（市、县）司法局也相继成立了由70余名辖区律师组成的信访接待律师队伍，配合信访部门开展涉法涉诉信访接待工作。该项工作充分发挥公职律师的专业优势、职责优势、公信度优势、信息沟通优势和长效优势，最大限度地整合资源，进一步充实信访接待工作的力量，着重把律协、公职所、法律援助中心等部门中素质好、具有较强工作能力的律师组织到这项工作中来，打造一支稳定的律师接访队伍，为群众提供优质高效的法律服务。截至目前，贵阳市已形成了一支相对稳定的参与信访接待的律师队伍。

2. 强化方式方法创新，确保信访接待工作有实效

信访工作由律师管理部门与市律协共同对该项工作进行指导、协调，负责相关工作安排，根据实际工作情况，灵活采取三种形式组织律师参与接访。一是坐班制，就是每逢“律师信访接待工作日”，由信访接待律师轮流到群众工作中心（信访局）值班。二是约请制，即面对重大、疑难信访案件，采取随叫随到的方式参与信访工作，从政策和法律方面当好参谋和助手。三是陪同制，即各级党政领导有公开接访和下访活动时，由律师陪同接待。并明确专人负责收集信访接待记录，对信访类别、信访人数进行统计，及时与信访局（群工中心）进行联系，确保律师参与信访接待工作渠道畅通，服务高效。工作中，为适应接访工作的需要，市司法局和市律协十分注重加强对接访律师队伍的培训工作，与时俱进地开展党的路线方针政策、社会主义法治理念和相关法律法规的学习，不断提高接访律师的政策和业务水平，切实增强律师的大局意识、责任意识与服务意识。

3. 强化制度机制建设，推动信访接待工作制度化

贵阳市司法局高度重视律师参与信访接待工作，2002年9月即开始组织律师参加到涉法涉诉信访接待工作中，拟定信访接待律师值班表，将接访工作落实到人。明确专人负责收集信访接待记录，对信访类别、信访人数进行统计，及时与信访局（群工中心）进行联系，确保律师参与信访接待工作渠道畅通，服务高效。为使律师参与信

访接待工作制度化、规范化，市司法局、市律协与市信访局不断建立完善的规章制度，强化责任，抓好落实，让信访工作从“无序”走向“有序”。2009 年，市司法局与市信访局进一步完善律师接待制度，制定实施接访律师相关信息公示制度。2014 年，贵阳市群工中心与贵阳市司法局进一步修改完善相关制度，联合印发了《贵阳市律师参与涉法信访接待工作制度》，推动律师参与信访接待工作进一步走向制度化、规范化轨道。通过多年来的探索与完善，各信访接待律师在接待工作中严格贯彻落实各项规章制度，逐步形成了协调配合、运转有序的律师参与信访接待工作机制。

4. 健全完善保障措施，实现律师接访逐步长效化

在律师参与信访工作过程中，重点强化和落实保障措施，逐步实现律师参与信访工作的良好效果。贵阳市自律师参与信访接待工作以来，为确保工作有序开展，市司法局积极协调市信访局，在市信访局及时设立了律师信访接待室，确保律师有固定、良好的接待场所。2009 年，律师的接待室由原来的会议室改为专门的信访接待室，并增加电脑、对讲麦克风等设备，同时配备专人陪访，提高了工作效率。2011 年 6 月，自贵阳市群众工作中心启用以来，为充分保护和调动律师参与信访接待工作的积极性和主动性，在市群工中心专门设置了律师接待窗口。2014 年，进一步完善相关制度，对律师参与涉法信访的相关补贴和工作开支予以制度保障，确保律师信访工作顺利进行。

（三）律师信访的贵阳模式是推进社会治理法治化的有益探索

信访工作是党和政府的一项重要工作，是构建社会主义和谐社会的基础性工作，是党的群众工作的重要组成部分。律师信访的贵阳模式对社会治理法治化起到引导作用，通过对律师信访工作的深入开展，重访率逐年有所下降，有效控制了重复信访；促进政府依法行政和有效引导信访人依法维权；律师在接访工作中，注重疏通信访人的情绪，对存有不稳定因素的敏感案件，提出依法解决建议，避免群体性事件发生，有效维护了社会和谐稳定。

1. 把法治作为信访工作的重点

社会治理体系的法治化已经成为一个明显的发展趋势，法律在社会治理中起到

越来越大的作用。贵阳模式的信访工作，就是在信访工作中引入法律服务机制，最终的目的就是要依法去规范、去治理信访工作，用法治的方法和手段来规范信访制度，形成一个良性的法治氛围，达到法治信访的目标。自 2002 年以来，特别是贵阳市群工中心成立以来，贵阳市司法局积极推进律师参与信访接待工作，多渠道化解社会矛盾纠纷。多年来，贵阳各级信访接待律师除参与信访接待外，还积极配合党委、政府各项中心工作开展法律服务。

2. 把维权作为信访工作的核心

维权就是新形势下的“为人民服务”，依法按政策办事、切实维护人民群众的合法权益是信访工作的核心。信访工作的关键是维稳又维权，把维权贯穿于维稳的过程中，把两者有机结合，政府机关依法行政，让人民群众权益得到保障，经济社会方能更好地发展。贵阳模式的律师信访工作，在信访接待中，因其身份的中立性和专业性，结合当事人的具体案例向其宣传相关的法律法规，群众一般比较容易接受，有效解决普通群众畏法、避法的心理，让上访群众相信法律、依靠法律，不断提高当事人依法维权、依法办事的意识。做好新时期的信访工作，通过维护人民群众的合法权益密切党和政府与人民群众的血肉联系，是构建社会主义和谐社会的重要途径。

3. 依法接访与依法维权要相结合

信访是由法律法规予以保障的公民权利，信访制度作为一种权利救济，是利益协调的重要通道，对公民维护自身权益、缓解社会矛盾发挥了重要的作用。特别是，在创新社会治理的背景下，作为加强群众工作、协调利益、化解矛盾的信访制度，更成为重要一环。促进社会治理转型，要进一步规范信访工作行为，坚持依法接访与依法维权相结合，引导群众依法、理性、有序、文明信访，维护正常的信访秩序和信访人的合法权益，促进社会和谐稳定。贵阳市推行律师参与信访工作，为推进法律援助工作与信访工作、群众工作有效衔接，配合贵阳市群工中心、贵阳市委政法委维稳办等部门做好涉诉涉法信访工作，依法维护困难群众合法权益，在做好咨询接访工作的同时，对需要法律援助的信访人及时提供法律援助，做到“该帮必帮，应援尽援”，得到群众广泛好评，收到良好的社会效果。

十四、民宗委：加强城市少数民族流动人口服务管理

随着社会主义市场经济体制的不断完善和城市化进程的加快，进城务工、经商、旅游的流动人口日益增多，其中少数民族流动人口也呈上升趋势。少数民族流动人口的服务与管理是城市民族工作的重要内容。进一步把握城市少数民族流动人口的特点和需求，加强相关服务和管理体系建设，对加强社会治理，促进和谐社会建设有着十分重要的意义。

贵阳市民宗委按照《国家民委关于开展第三批城市少数民族流动人口服务管理体系建设试点工作的通知》精神和贵州省民委的要求，围绕国家民委提出的城市少数民族流动人口服务管理体系建设试点的内容和具体任务开展工作开展试点，主动衔接有关具体工作安排，结合市情实际和民族工作特点，制定切实可行的工作方案，进一步提升少数民族流动人口服务管理水平。

（一）贵阳市加强城市少数民族流动人口服务管理的重要性和必要性分析

随着经济社会发展和城镇化进程加快，地区之间、民族之间交流交往日益加深，城市少数民族流动人口不断增多。做好城市少数民族流动人口服务管理工作，是加强和创新社会管理的一项重要内容，是加强民族团结，建设和谐贵阳的一项重要任务。

第一，贵阳是一个多民族聚居的省会城市，近年来城市少数民族流动人口增多。贵阳市是一个多民族聚居的省会城市，是多民族文化交汇的中心地带。全市总人口432.46万人，其中少数民族人口72.15万，占总人口的16.68%。贵阳市现已打破原先的民族关系的平衡，全市有少数民族流动人口达10万人，接近全市流动人口的12%，主要分布在云岩、南明、观山湖等城区。第六次全国人口普查的资料表明，贵阳已经拥有了49个民族成分，已经成为各民族工作、学习、务工、经商的主要集中分布之地。

第二，加强民族团结是建设和谐贵阳的重要任务，城市少数民族流动人口服务管理需要创新。这些来自全国各地的少数民族流动人口，民族不同，文化差异明显，使贵阳市的民族事务公共管理与众多少数民族流动人口的个性化发展诉求之间，存在着较大的冲突。开展好少数民族流动人口服务管理体系建设，探索加强对少数民

族流动人口服务管理的方式方法，对积累和总结城市民族工作经验、宣传和落实好党的民族政策、协调好民族关系、提高贵阳市在全国做好城市民族工作的知名度和影响力，具有积极的促进作用。

（二）以全国试点为契机推动城市少数民族流动人口服务管理创新

优化社区管理服务，是提升社会治理水平的重要基础。创新工作思路，使民族事务体系由管理型向服务型转变，为少数民族流动人口提供全方位的便民利民服务。2012 年，贵阳市列为全国第三批城市少数民族服务管理体系建设试点城市后，制定了《贵阳市少数民族流动人口服务管理体系建设试点工作方案》，安排专项资金支持全市 74 个城市社区开展试点工作。贵阳市通过加强对少数民族流动人口的管理，真正解决少数民族群众遇到问题，搭建起社区建设与各民族同胞之间的“知心桥梁”。

1. 发挥社团组织作用，加强交流

充分发挥少数民族社团组织联系少数民族群众的桥梁和纽带作用，协助处理涉及民族方面的矛盾和纠纷，排查不稳定因素，反映少数民族意愿。目前，贵阳市已成立民族联谊会、布依学会、苗学会等市级少数民族社团组织，对困难少数民族群众进行慰问等活动。另外，根据在筑经商务工的流动少数民族人员分布、构成和从业状况，分社区明确少数民族召集人，组织他们召开座谈会，学习有关文件及相关法律法规，第一时间了解少数民族流动人口信息情况，遇到突发事件，通过他们做好各自老乡的稳控工作。

2. 建立健全社区民族工作机制，实现管理服务制度化

及时制定下发了《贵阳市民族宗教事务委 贵阳市民政局关于进一步加强新形势下社区民族工作的实施意见》，从加强社区民族工作的重要意义、指导思想、工作任务、工作保障等方面提出了明确要求，要求建立健全社区民族工作机制，推动社区民族工作制度化、规范化、常态化发展，推进社会管理创新，促进民族关系和谐，维护社会稳定。各社区结合实际，因地制宜地制定一系列社区民族工作制度，确保民族工作的开展。围绕各社区工作制定社区少数民族扶贫帮困制度、联谊交友制度、学习联系制度等相应的工作制度，真正做到社区开展民族工作有章可依、有规可循。

3. 创新工作思路，提高全方位服务

对少数民族流动人口的服务管理是社区民族工作的重要内容，要关注少数民族流动人口的处境和心理，尽可能给予亲情化服务和人文关怀，帮助他们增强适应城市生活的能力。社区高度重视，妥善处理涉及民族因素的矛盾纠纷，定期排查不安定因素，及时消除隐患，发现问题时民族事务部门及时介入，协调相关部门通力合作，并发挥少数民族人士的积极作用，尽可能把工作做在前面，做到早发现、早部署、早处理，把问题解决在萌芽状态。要认真做好日常的群众工作，从源头上预防和减少各类问题的发生。

充分利用社区资源，在宣传栏、宣传展板、阅览室、黑板报、广播站、文化广场、文化长廊等开辟民族工作宣传阵地，采用各族群众喜闻乐见的形式，广泛开展民族政策理论、民族法律法规、民族基本知识和民族团结的感人事迹的宣传教育，每年都集中抓好贵阳市“民族团结周”暨苗族“四月八”系列活动，不断增进各民族之间的友谊，使“三个离不开”思想家喻户晓，深入人心。

（三）贵阳市城市少数民族流动人口服务管理的三个创新点

随着城镇化进程的加快，人口流动已成为推动社会发展进步的重要因素，重视城市民族工作、切实做好少数民族流动人口的服务管理工作成为流入地加强和创新社会管理的重要课题。贵阳市社区民族工作始终以民族团结进步示范社区创建活动为重点，大力弘扬“平等、团结、互助、和谐、发展”的主旋律，营造益于团结、利于发展的良好环境。

贵阳市城市少数民族流动人口服务管理的三个创新点

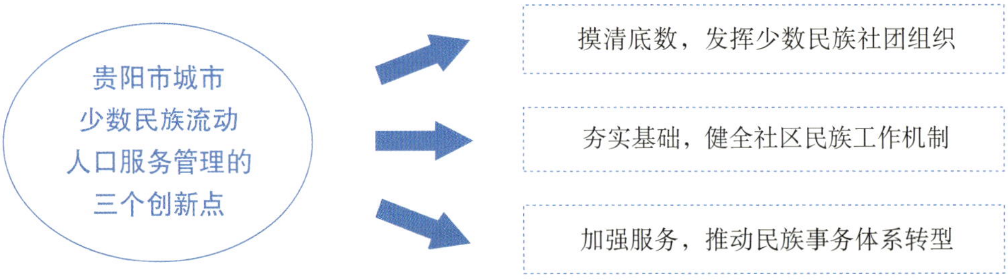

1. 摸清底数，发挥少数民族社团组织

贵阳市社区民族工作始终以民族团结进步示范社区创建活动为重点，大力弘扬“平等、团结、互助、和谐、发展”的主旋律。在广泛开展民族团结进步示范社区创建活动的基础上，建立民族工作网络信息化管理平台。通过社区信息平台的搭建，录入关于民族团结的基本情况和工作动态，可以及时了解示范点的民族工作动态以及掌握民族团结稳定情况。

贵阳市在围绕各民族“共同团结进步、共同繁荣发展”为主题的民族团结进步创建活动中，各社区不断巩固和发展平等、团结、互助的社会主义民族关系，努力促进城市民族关系和谐。充分发挥社团组织的作用，成立少数民族社团，以社团为依托，实现少数民族的自主管理，并使之成为政府与少数民族之间的桥梁，是加强少数民族工作的良好途径。

2. 夯实基础，健全社区民族工作机制

对少数民族人口的服务管理应以健全民族工作机制为基础。贵阳市各社区在全面调查摸底的基础上，对辖区内的所有少数民族流动人口的居民经济、生活情况，进行全面细致的了解和掌握，并将这些基本情况逐户登记造册，建立台账资料。真正做到底数清、情况明，并进行数据的动态跟踪和更新；市民宗委根据这些数据信息，整合资源、协调联动，与新疆和田、阿克苏等 5 个地区民（宗）委签订《新疆赴内地务工经商少数民族服务管理工作长效协作机制》，加强两地沟通，相互协助开展工作，加强少数民族流动人口信息沟通交流。另外各社区结合实际，因地制宜地制定一系列社区民族工作制度，确保民族工作的顺利开展。

3. 加强服务，推动民族事务体系转型

创新工作思路，使民族事务体系由管理型向服务型转变，为少数民族流动人口提供全方位的便民利民服务。依托社区的综合资源，本着为少数民族群众服务的宗旨，各社区服务中心利用各种方式和途径设立少数民族咨询服务站或便民服务窗口，并以此为主阵地，争取和依托辖区有关单位、企业等，建立了包括文化、娱乐、医疗、生活等项目的社区服务点，为社区少数民族提供优惠、便利的法律咨询、医疗卫生、文化娱乐和生活服务。

十五、妇联：打造“幸福万家”多维家庭服务平台

妇联组织是促进妇女发展，维护妇女权益的重要社会支柱，在推进社会治理方面具有独特的工作优势。在社会转型、各种深层次矛盾突显的新形势下，妇女维权呈现出多元化需求，特别是城镇化进程加快，人口大量流动，传统服务模式受到冲击。如何围绕大局，履行职能，积极承担起社区公共服务中的责任和义务，做好政府在社区建设、社区服务中分解出来的工作和任务，利用独特的优势去服务好、发展好、促进好妇女儿童利益的最大化实现，成为城市基层妇联近年来的主要任务。

近年来，贵阳市妇联在社会转型的形势下，倾听群众心声，积极创新，探索出了妇联工作的新思路，面向家庭、面向妇女，建立起了贴近网络时代的人际交流模式的“幸福万家”网络服务平台。扩展了妇联开展群众工作的品牌效应与社会影响力，开拓了妇联参与社会管理创新的新途径。

（一）妇联工作在社会转型大背景下需要着力解决三大问题

近年来，随着贵阳市改革开放的进一步深化和市场经济的冲击，广大妇女的参与意识和维权意识不断增强，尤其是随着第三产业的飞速发展，妇女逐渐成为社会产业结构调整的重要力量，在经济社会发展中起着举足轻重的作用。但是妇联工作相对于妇女社会地位的变化，却相对滞后，贵阳市妇联在社会转型的大背景下需要着力解决三大问题。

1. 部分基层党政领导对妇女工作不够重视

部分基层党政领导对“妇联工作是党的群众工作的重要组成部分”，是“党和政府联系妇女群众的桥梁和纽带”等问题认识不足，认为妇联和妇女工作可有可无，无足轻重。妇女干部参加党政领导班子的成员少，不被重视，而且在推荐选拔干部时，妇女干部还受到压制，上级妇联组织的推荐力度不够。最后，由于对妇女问题和妇女工作关注少、研究少、过问少，从而形成了“说起来重要，干起来次要，忙起来不要”的局面。

2. 妇女组织覆盖面不够全，基层妇女干部兼职较多

就目前来看，贵阳妇联组织的设置距离“哪里有妇女，哪里就有妇女组织”这一

目标还有差距。由于体制、机制等多方面原因，个别科教文卫事业单位妇委会还不健全，许多新经济组织还未设妇委会。部分社区妇女组织还没有明确专人负责。乡镇妇联组织能够以独立形式存在，但妇联主任却大多身兼数职，导致妇联工作退为次要位置。兼职现象严重导致妇女干部工作精力分散，工作处于被动应付的局面，很难深层次地做好和创新发展妇联工作，影响了工作的开展。尤其在村（社区）妇女组织中，村（社区）妇代会主任大部分精力是抓计划生育、综合治理、低保等工作，影响了妇联工作的开展。

3. 部分妇联干部自我认同感较差

少数妇联干部由于资历浅，工作经验欠缺，接受系统培训少，因而不能适应新形势新任务的需要。还有部分妇联干部认为妇联比较虚，不容易出成绩，只埋头搞中心工作，不钻研妇女工作业务，导致妇女工作陷于被动局面。最大的问题是部分妇联干部缺乏积极主动、认真负责的精神，向领导请示少，汇报少，甚至对于上级妇联安排的正常工作也不敢和领导讲，不敢协调，这样有好的意见和建议也得不到领导的支持和采纳。

（二）贵阳市妇联搭建“幸福万家”多维立体家庭服务平台探索工作新模式

贵阳市妇联依托大数据时代背景，运用互联网新技术，积极搭建“幸福万家”多维立体家庭服务平台，积极在探索延伸服务手臂、拓展服务方式、丰富服务内容，切实为广大妇女、家庭成员开展法律维权、心理疏导、婚姻情感、科学家教、创业就业、优生优育、志愿服务等多元服务，以家庭小细胞促进社会大和谐，取得较好社会成效。

贵阳市妇联需要着力解决的三大问题

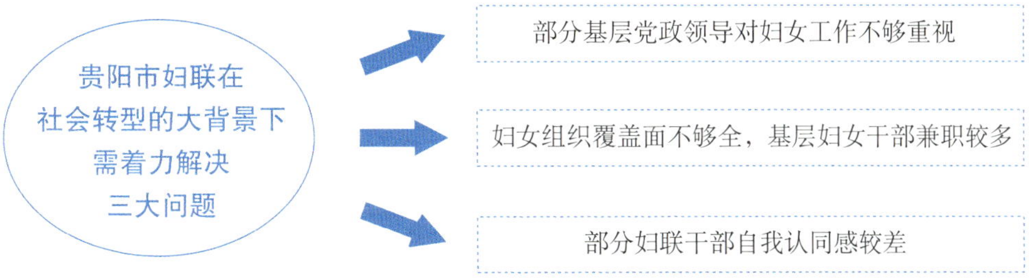

1. 搭建网络平台，为群众提供及时服务

“幸福万家”服务平台运用了网络即时通讯的特点，为妇女提供及时便捷的服务。广大妇女登录贵阳市妇联网站，点击“幸福万家”服务平台，根据需求找到相应服务菜单，通过QQ聊天、视频讲解、在线留言、个案解答、浏览知识等方式获得相应帮助，也可以通过求助栏就创业、就业、医疗、维权事宜寻求帮助，还可以直接拨打服务热线向服务平台总站反映相关问题。目前，有23名专家志愿者（律师、心理、婚姻情感、科学家教）在网络平台线上为群众提供专业服务。同时，市妇联通过线上了解群众需求，线下及时提供服务。

2. 开展专家坐诊，为群众提供专业服务

在市妇联服务平台总部，有4个律师事务所的6名律师轮流每周一、周四值守，6名国家级的婚姻情感师、心理咨询师每周三轮流值守，为群众提供专业法律维权咨询援助、心理健康调试服务；在“幸福万家”社区前沿，有近百名律师、心理咨询师、婚姻情感师、家庭教育咨询师为基层群众提供面对面专业服务。

为推动妇联干部从机关人向社会人角色的转变，更好地为群众提供专业特色服务，市妇联近年来分别举办了婚姻情感咨询师培训班、家庭教育咨询培训班，近30名妇联干部获得国家中高级婚姻情感咨询师证书、50名妇联干部获得国家家庭教育咨询师证书，并参与到“幸福万家”窗口、社区实质服务中，为妇联干部服务社会打下良好基础。

3. 拓展服务模式，为群众提供多元服务

市妇联在探索实践中，不断拓展“幸福万家”服务模式，深化“幸福万家”家庭服务品牌，实现对妇女家庭的多元服务，满足不同妇女群众的需求。在社区、律师事务所建立“幸福万家”服务分站、调解室、律师维权服务站等26个，成立“幸福万家”妈妈调解小分队30支，在法律咨询、情感疏导、家事调解、文明劝导、治安巡逻、法律宣传等方面发挥了积极作用。尤其在社区创建的“幸福万家”“1+N”（1为妇联干部，N为司法干部、专家志愿者、社区干部、巾帼志愿者＜妈妈调解小分队＞）服务模式，探索由专家、妇联干部、巾帼志愿者、司法人员、爱心妈妈参与的矛盾纠纷调解长效工作机制，对推动一般家庭矛盾、邻里纠纷不出居委会、不出社区，将矛盾化解在萌芽状态，促进社区和谐稳定等方面发挥了积极的作用。

（三）“幸福万家”多维家庭服务平台凸显枢纽性社会组织三大治理优势

随着“幸福万家”服务平台宣传面、知晓率的不断扩大、提升，服务内容的不断拓展，服务手臂的不断延伸，让越来越多的妇女群众、家庭成员感受到“幸福万家”专业、优质、及时、便利、多元的服务，对推动妇联组织向枢纽型社会组织转变，推进社会治理服务工作发挥了积极的作用。

1. 具备体制优势，能从源头上减少社会矛盾

社会治理要从源头上减少社会矛盾和问题，同时，必须建立畅通有序的诉求表达、心理干预、矛盾调处、权益保障机制，使社会矛盾和问题不断得到及时化解和向好的方面转化。贵阳市妇联充分发挥联系妇女群众的桥梁纽带作用，在社会管理工作中探索创新，畅通妇女群众的诉求渠道，有效推动形成关爱妇女儿童的长效机制。建构信息沟通制度，畅通信息传播和反馈渠道，实现妇联组织与公民之间的信息沟通，形成矛盾纠纷调解长效工作机制。

2. 具备平台优势，能从整体上统筹各方资源

“幸福万家”服务平台有效适应了贵阳市城市基层管理体制改革这一时代发展的要求，适应了“四化同步”的信息化需求。通过线上知情、线下服务、社区调解室、

加强妇联组织建设的积极作用

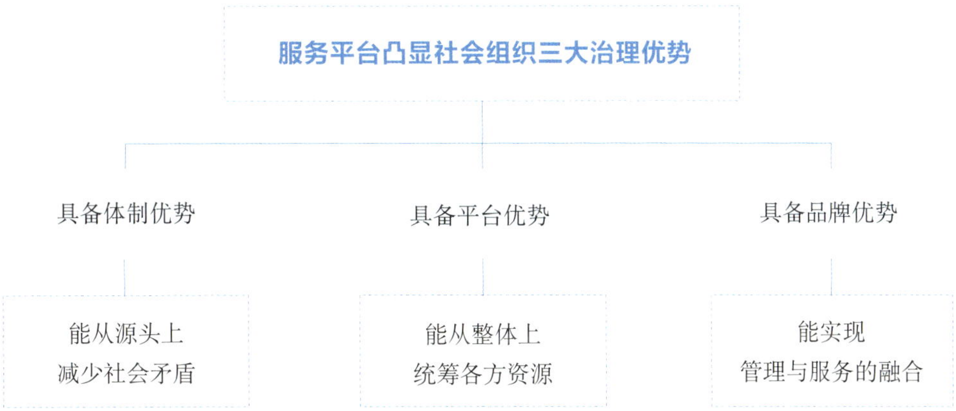

妈妈调解小分队等形式，化解了不少社会矛盾，很好地体现了妇联组织的职能作用。通过窗口、分站等面对面服务，有力的吸引了一批有爱心、懂专业的志愿者参与。通过一年多的实践，办理了一些典型案例，积累了一定的群众工作经验，锻炼了一批群众工作干部。“幸福万家”服务平台的创意和实践，充分体现了贵阳市妇联敢于充当排头兵的组织优势。

3. 具备品牌优势，能实现管理与服务的融合

社会治理服务为先，要寓管理于服务之中，努力实现管理与服务的有机统一。时时替群众着想，尊重并维护群众的正当利益，才能得到群众支持。妇联组织通过不断拓展“幸福万家”服务模式，努力实现公民与社会的统一。通过做实做好“幸福万家”服务平台，拓展妇联参与社会治理创新的手臂。市妇联在探索实践中，不断拓展“幸福万家”服务模式，深化“幸福万家”家庭服务品牌，实现对妇女家庭的多元服务，适应不同妇女群众的需求。市妇联将继续深入整合社会资源，采取购买社会组织专业服务的方式进行运作，使之成为有组织运作、有平台支持、有实质内容开展、有固定场所办公的平台，为妇女儿童做好服务。

References 参考文献

1. 连玉明 . 社会管理蓝皮书——中国社会管理创新报告 No.1[M]. 北京：社会科学文献出版社，2012.

2. 万军 . 社会建设与社会管理创新 [M]. 北京：国家行政学院出版社，2011.

3. 托克维尔 [法]. 论美国的民主（上卷）[M]. 北京：商务印书馆，1997（101）.

4. 全球治理委员会 . 我们的全球伙伴关系 [M]. 伦敦：牛津大学出版社，1995(23).

5. 吴玉敏 . 创新社会管理中的社会自治能力增强问题 [J]. 社会主义研究 .2011，（4）.

6. 完善党内决策机制，推动党内基层民主 . 理论网 .2013 年 2 月 28 日 .

7. 中国社会保障制度的现状、问题与发展 . 找法网 .2013 年 4 月 22 日 .

8. 贵阳启动“两严一降”行动 [N]. 贵阳晚报 .2013-8-31.

9. 贵阳召开加强群众工作创新社会治理大会 [N]. 贵阳日报 .2014-4-16.

10. 贵阳碧海社区：创新社区服务新模式 . 中国日报网 2012 年 11 月 9 日 .

11. 罗立，景诗鼎等 . 贵阳自主创新案例研究 [M]. 贵阳：贵阳科技出版社 .2009.

12. 许朗 . 浪潮：贵阳市改革开放三十年纪实（上）[M]. 贵阳：贵州人民出版社 .2008.

13. 李友学 . 贵阳市发展生态农业的模式和特点 . 贵州省高校生态（有机）特色农业学术研讨会论文集 .2011 年 .

14. 鲍振峰 . 贵阳市城市社区社会组织调查统计分析 .2011 年贵州省社会科学

学术年会论文集 .2011 年 .

15. 罗玉达 . 浅谈我国城市基层社区管理体制改革：兼谈贵阳市基层社区管理体制改革实践 .2012 年中国社会学年会西部民族地区社会建设理论创新与政策设计论文集 .2012.

16. 贵州云岩：大数据全方位激发社会活力 . 人民论坛网 .2014 年 3 月 21 日 .

17. 贵阳市南明区："社区服务 365" 凝聚党心民心 . 人民网 – 理论频道 .2013 年 7 月 29 日 .

18. 刘先琴 . 白云区 : 深化社区网格化管理 促进社会和谐稳定 . 白云区新闻中心 .2012 年 9 月 27 日 .

19. 贵阳市观山湖区—— 打造生态文明社区 构建和谐幸福家园 . 贵州希望网 .2013 年 1 月 17 日 .

20."我们的生活充满阳光"——清镇市"阳光家园"建设见闻 . 新闻中心 .2012 年 6 月 8 日 .

21. 息烽县推行信访代理制创新社会管理 . 新华网贵州频道 .2012 年 5 月 31 日 .

22. 开阳三合村探索"三合工作法"做好群众工作 [N]. 贵州日报 .2014–6–8.

23. 贵阳市委统战部强力推进"五项助力行动"[N]. 贵州民族报 .2013–11–13.

24. 贵州息烽县出台未成年人出庭"代理妈妈"作陪制 [N]. 贵阳晚报 .2013–5–31.

25. 贵阳律师参与信访接待试解"信访不信法"困局 [N]. 上海法治报 .2013–8–6.

26. 贵阳市妇联搭建"幸福万家"网络平台提供多元服务 [N]. 贵阳晚报 .2012–6–18.

27.《关于实施"居有所安"行动计划的意见》，2008 年 3 月 .

28.《关于进一步加强流动人口和房屋出租管理与服务工作的意见》，2005 年 .

29.《流动人口计划生育管理服务工作的实施意见（讨论稿）》，2008 年 6 月 .

30.《贵阳市居住证暂行办法》，2010 年 1 月 .

31.《贵阳市"三创一办"工作问责规定》，2010 年 3 月 .

32.《贵阳市"门前三包"责任制管理规定》，2010 年 4 月 .

33.《2009—2010 年度全球城市竞争力报告》，2010 年 6 月 .

34.《贵阳市贫困精神病人住院补助管理规定》，2011 年 2 月 .

35.《关于加强和创新流动人口服务管理工作的实施意见》，2011 年 8 月 .

36.《贵阳市2011—2015年依法治市规划》，2011年12月.

37.《关于进一步促进贵州经济社会又好又快发展的若干意见》，2012年1月.

38.《贵阳市诚信体系建设方案》，2012年3月.

39.《贵阳市少数民族流动人口服务管理体系建设试点工作方案》，2012年8月.

40.《办理未成年犯罪嫌疑人、被告人案件代理监护人到场制度实施办法（试行）》，2013年5月.

41.《贵阳市流动人口积分入户管理暂行办法》，2013年6月.

42.《贵阳市人民政府办公厅关于进一步加强城市流浪乞讨人员救助管理工作的通知》，2013年9月.

43.《贵阳市社区工作条例》，2013年12月.

A n n e x 附件

中共贵阳市委 贵阳市人民政府
关于加强群众工作创新社会治理的意见

筑党发〔2014〕18号

加强群众工作、创新社会治理，是新形势下保持党同人民群众血肉联系、巩固党的执政地位，实现党和国家长治久安的必然要求，具有重大的战略意义。根据党的十八届三中全会、省委十一届四次全会和市委九届三次全会精神，结合我市实际，现就加强群众工作创新社会治理提出如下意见。

一、加强群众工作创新社会治理的总体要求和主要目标

1. 总体要求。坚持以中国特色社会主义理论体系为指导，围绕打造贵阳发展升级版、建设全国生态文明示范城市、全面建成小康社会，以群众工作为总揽，深入贯彻群众路线，强化党委统筹领导，充分发挥政府、市场、社会等多元主体协同协作、互动互补、相辅相成的作用，坚持系统治理、依法治理、综合治理、源头治理，切实化解社会矛盾，进一步密切党群干群关系，提高社会治理的能力和水平。

2. 主要目标。通过创新政府服务管理机制，推动政府履职更科学；通过构建现代社会组织体制和志愿服务体制，推动社会参与更广泛；通过创新基层工作机制，推动基层基础更扎实；通过创新社会矛盾预防调解工作机制，推动信访工作更有效；

通过健全公共安全体系，推动社会环境更安定。力争在2020年前，初步构建起党委统筹更加有力，政府治理与社会自我调节、居民自治互动，规范有序又充满活力的社会治理体制，形成具有时代特征、贵阳特色的群众工作和社会治理新模式。

二、强化党的领导，健全群众工作和社会治理统筹协调机制

3. 加强各级党委对群众工作和社会治理的统筹领导。市、区（市、县）两级社会建设和群众工作领导小组由党委、政府主要领导为组长，专职副书记为常务副组长。将社会治理纳入各级党委重要议事日程，市、区（市、县）党委每两个月召开一次会议，乡（镇、社区）党委每月召开一次会议，专题听取工作情况汇报，研究社会治理形势，制定社会治理政策，统筹推动各项工作。建立决策咨询制度，制定决策咨询工作规程，推动决策咨询制度化、常态化。

4. 建强各级党委群众工作和社会建设机构。在市、区（市、县）两级群工委加挂社会建设工作委员会（以下简称“社工委”）和社会建设工作办公室（以下简称“社工办”）牌子，明确社工委为党委负责社会建设的工作机构，社工办为政府负责社会建设的工作机构；建强乡（镇、社区）群众工作站、村（居）群众工作室，完善市、区（市、县）、乡（镇、社区）、村（居）四级工作网络。市、区（市、县）群工委书记由党委专职副书记兼任，乡（镇、社区）群众工作站站长由乡（镇、社区）党委书记兼任，村（居）群众工作室主任由村（居）党组织书记兼任。市、区（市、县）群工委会同组织部门共同做好群工中心、工会、共青团、妇联、科协、残联的干部管理工作，实行专兼职委员制。充实区（市、县）群工委（社工委、社工办）人员力量，确保工作正常运转。

5. 加强社会领域党建工作。创新社会领域党建工作，探索建立党委领导、群工委（社工委）统筹、市委非公企业和社会组织工作委员会牵头、相关部门配合的工作机制。完善社区“区域化”大党委机制，健全社区党建工作联席会议制度。创新社会领域党组织设置模式，以社会领域党组织和党的工作全覆盖引领和推动社会服务管理全覆盖。完善党员干部直接联系群众各项制度，探索建立网上群众工作制度，坚持“网下”和“网上”相结合，做好“面对面”和“键对键”的群众工作。坚持定期报告工作，党员干部联系群众工作情况每季度向本单位党组织报告，各区（市、县）和市直各部门干部联系群众工作情况每季度向市委报告。

三、创新政府工作机制，强化政府服务管理的主导作用

6.推动服务型政府建设。市、区（市、县）政府要加强社会发展战略、规划、政策、标准等的制定和实施，切实履行好社会管理、公共服务、市场监管、环境保护等职责。建立社会发展统计监测体系，及时研判社会发展趋势。完善基本公共服务规划，建立与经济发展相适应、适度超前、可持续的渐进式民生保障体系。加大财政对公共服务的支出，逐步扩大公共服务范围，推动基本公共服务均等化。健全政府购买服务机制，制定政府购买服务细则，完善购买程序，搭建政府购买服务交易平台。建立政府购买服务信息公布制度，每年定期出台政府部门向社会转移服务目录，明确公开购买服务的项目内容、承接主体条件、绩效评价标准等信息。

7.推动法治政府建设。建立健全各级政府每年向同级人大常委会、上级政府报告依法行政工作制度。加强社会建设领域立法工作，依法调整社会关系，规范社会运行。普遍建立法律顾问制度。严格政府重大行政决策和行政规范性文件合法性审查制度。加快社会领域综合行政执法工作进程，整合执法主体，相对集中执法，着力解决权责交叉、多头执法问题，建立权责统一、权威高效的行政执法体制。推行执法流程网上管理，规范行政处罚自由裁量权，完善行政执法案卷评查制度。严格落实行政执法责任制，对不作为、乱作为的依法追究责任。推进行政复议委员会试点工作，健全行政复议案件审理机制，纠正违法或不正当行政行为。扎实推进“六五”法制宣传教育，引导全体市民自觉学法知法守法用法。

8.推动诚信政府建设。强化公共服务意识，增加政务活动透明度，树立诚信政府形象，不断提高政府的行政效能和公信力。完善政府基本信用制度体系，进一步丰富和规范政务公开内容，科学编制政务公开目录，全面推进政务公开。探索建立政府各职能部门和公务员的诚信问责制，自觉接受社会公众的监督和相关制度的奖惩。推进清镇市政府诚信体系、经济组织诚信体系、社会组织诚信体系、个人诚信体系、司法公信体系建设试点工作。大力开展公民诚信教育活动，积极营造诚信氛围。

四、创新社会参与机制，有效发挥社会自我调节作用

9.构建“枢纽型”社会组织体系。以工会、共青团、妇联、科协、残联、工

商联、文联、红十字会等人民团体为骨干，建立市、区（市、县）、乡（镇、社区）三级“枢纽型”社会组织工作网络。建立“枢纽型”社会组织运行机制，将各类社会组织纳入“枢纽型”社会组织体系。发挥“枢纽型”社会组织桥梁纽带、业务龙头、服务管理平台作用，统筹和指导同类别、同性质、同领域社会组织参与社会治理。

10. 创新社会组织激励机制。出台社会组织扶持政策，通过对社会组织的资助、奖励，落实非营利组织税收优惠政策，重点培育和发展行业协会商会类、科技类、公益慈善类、城乡社区服务类社会组织。建立市、区（市、县）、社区三级社会组织孵化基地，打造一批示范性强的公益服务项目和便民服务品牌。拓宽社会组织筹资渠道，建立健全公益慈善类社会组织接受社会捐助制度。拓宽依法参政议政渠道，在市、区（市、县）政协扩大社会组织界别。

11. 改革社会组织管理机制。建立健全统一登记、各司其职、协调配合、分级负责、依法监管的社会组织管理体制。改革登记备案制度，行业协会商会类、科技类、公益慈善类、城乡社区服务类社会组织直接在民政部门登记，在社区内为群众提供服务的公益类、兴趣爱好类、互助关爱类等不具备登记条件的社区社会组织，由社区服务中心审核后报民政部门备案。引入竞争机制，探索“一业多会”。加快推进各类社会组织与行政主管部门在机构、人员、资产、财务等方面彻底分开，逐步实现自我管理、自主发展。健全政府引导、社会参与、独立运作的社会组织考核评估制度，加强对社会组织依法监管，完善社会组织退出机制。加快推进社会组织规范化建设，完善法人治理结构和内部管理制度，建立健全现代社会组织制度。

12. 建立志愿服务长效机制。积极组建市志愿者联合会以及区（市、县）、乡（镇、社区）、村（居）志愿者组织，搭建“四级”志愿服务工作网络，形成“文明委统一领导、文明办牵头协调、联合会自主运行、部门齐抓共管、社会共同参与”的工作格局。建立行政推动和社会动员相结合的志愿者招募机制。建立供需对接机制，搭建供需信息交流平台，实现供需匹配。建立项目推进机制，以相互关爱、服务社会为主题，大力弘扬“奉献、友爱、互助、进步”的志愿精神，围绕邻里守望、扶贫济困、环境保护等开展志愿服务，提升“绿丝带”志愿服务品牌。完善志愿者注册培训、星级认定、表彰嘉许和社会回馈等制度，推动志愿服务事业繁荣发展。

五、创新基层工作机制，提升城乡基层服务管理水平

13. 强化社区统筹协调能力。认真落实《贵阳市社区工作条例》，加强社区建设和治理。各区（市、县）群工委（社工委、社工办）代表党委、政府对社区工作进行统筹协调，负责对社区工作进行检查考核，并会同组织部门对社区领导班子和领导干部进行管理。区（市、县）直部门在业务上对社区工作进行指导。将社区内派出所、司法所、城管、工商等单位领导明确为社区党委兼职党委委员，由社区党委和主管部门对辖区内派驻机构领导班子和领导干部工作进行“双重”考核，在干部提拔任用、评先选优时需事先征求社区党委意见。各区（市、县）在保障人员经费、办公经费、社区公益事业经费的同时，将社区统筹经费列入财政预算，并简化审批程序，由社区根据工作需要自主安排，提高应急处置能力。建立社区与区（市、县）职能部门双向考核机制，各区（市、县）职能部门的年终综合目标考核应确定部分分值由社区考核打分。完善社区内设机构设置，充实社区人员力量。强化社区资源整合能力，发动驻区单位参与社区共建，提高“三创一强一提升”活动水平。

14. 完善网格化管理体制。在市“12319”公共服务指挥中心加挂贵阳市网格化管理指挥调度中心的牌子，作为政府工作机构，负责网格化日常管理工作。建强市——区（市、县）——乡（镇、社区）三级网格化管理指挥调度机构。加强统筹协调，建立由群工委（社工委、社工办）领导、各级指挥机构具体推动的工作模式。优化网格划分，明确网格职责，每个网格配备 1 名以上网格管理员和 1 名网格民警（辅警）；每个村（居）委会明确 1 名网格长，由村（居）委会党组织书记或村（居）委会主任兼任，负责统筹、指导本辖区内网格工作。建立信息录入、更新、交换机制，完善人口、单位（法人）、房屋（楼栋）、公共设施、地理信息、事件分类等“六个数据库”。完善网格事件处置体系和考核评价体系，使网格内发生的各类问题发现及时、定责及时、解决及时。

15. 完善农村社会治理工作机制。深化乡（镇）管理体制改革，推动乡（镇）把工作重心向社会治理和公共服务转移。完善乡（镇）便民服务中心、片区（村）便民服务站建设，推广“东风快车”、“全程代理”等经验，建立农村便民服务工作体系。推进村民自治，发挥村民会议和村民代表会议作用，探索建立“五老”评议会、红白理事会等议事协调机制，深化农村民主决策、民主管理、民主监督

工作。完善村规民约，规范村民行为。加强村（居）工作者队伍建设，采取“选聘结合”的方式鼓励高校毕业生、复转军人中的优秀人才到村（居）委会工作。建立健全对农村留守老人、妇女和儿童的信息管理、谈话交心、结对互助、监督管理、安全防范等长效关爱机制。

16. 完善重点人群服务管理机制。构建政法、综治、人口计生、人社、住建等部门各司其职、各负其责、齐抓共管的流动人口服务管理机制，建强全员人口服务管理信息平台和房屋租赁信息系统，强化“以证管人”、“以房管人”、“以业管人”。进一步健全市、区（市、县）、乡（镇、社区）、村（居）流动人口服务管理工作网络和公共服务体系。根据流动人口职业、住所、来筑时间长短和流动频率，实行分类分层服务和管理。完善特殊群体关爱帮扶机制，进一步规范和加强社区矫正工作。建立健全社会心态引导机制、高危人群心理干预机制，加强精神卫生防治体系建设，有效预防和减少极端行为。

六、创新信访工作机制，有效预防和化解社会矛盾

17. 完善源头预防工作机制。完善决策机制和程序，提高科学民主决策水平。对与人民群众利益密切相关的决策事项，要通过举行座谈会、听证会、论证会等形式广泛听取意见，充分考虑多数群众的利益。深入推进社会稳定风险评估和风险预警，把风险评估作为重大政策出台的前置程序和刚性门槛。健全矛盾纠纷预警机制，加强信息汇集分析研判。加强村（居）、企事业单位信息员、调解员队伍建设，推行民情分析会、民情恳谈会等做法，将矛盾纠纷解决在萌芽状态。

18. 完善社会矛盾调处机制。将信访维稳工作作为全市党的群众路线教育实践活动和反“四风”的“一号工程”，着力维护群众合法权益。完善市、区（市、县）群众工作中心联合接访运行方式，强化窗口调处、中心调处和领导调处“三级调处”。强化领导干部包案接访下访制度，市级领导干部每月至少 1 天、区（市、县）领导干部每月至少 2 天、乡（镇、社区）领导干部每周至少 1 天，按照属地管理、分级负责的原则接待群众来访。坚持信访首办责任制，提高初信初访化解率。完善积案定期排查、梳理、化解制度，加大积案化解力度。创新“和谐促进会”以及劳动纠纷、医患纠纷、物业纠纷等专业调解组织工作机制，促进人民调解、行政调解、司法调解“三调联动”。实行网上受理信访制度，大力推行阳光信访，实行网下办理、

网上流转的办理程序。完善信访事项督查督办和考核方式，不简单以信访数量多少为标准进行考核，推动各地各部门把重心放在预防和解决问题上。

19. 改革涉法涉诉信访工作机制。实行诉讼与信访分离制度，各级政府信访部门对涉法涉诉事项不予受理，把涉及民商事、行政、刑事等诉讼权利救济的信访事项从普通信访体制中分离出来，引导信访人依照规定程序向有关政法机关反映问题或转送政法机关依法按程序处理。建立涉法涉诉信访事项导入司法程序机制，严格落实依法按程序办理制度。建立涉法涉诉信访依法终结制度，对已经穷尽法律程序的，依法做出的判决、裁定为终结决定。严禁任何行政机关、社会团体和个人干预涉法涉诉信访案件，确保政法各单位依照宪法和法律独立负责、协调一致地开展工作。强化执法监督，深化执法公开，进一步提高执法司法公信力。

20. 依法维护信访秩序。引导群众依法逐级反映诉求，不支持、不受理越级上访。对下级职责范围内能处理、相关部门正在处理未超出法定期限，或信访事项已依法终结的，不予受理。对违反《信访条例》规定，不到指定场所反映问题，而到重点地区、敏感部位聚集闹事、扰乱公共秩序的行为，由公安机关依法处理。加大对“告洋状”行为的处置力度，树立依法信访的正确导向。

七、创新公共安全体系，营造安定有序的社会环境

21. 完善社会治安防控体系。深入开展“两严一降”专项行动，加大路面巡逻力度，强化对车站、机场、广场等重点地区、重点场所社会治安综合治理。认真组织开展禁赌、禁毒、禁黄等专项行动，严密防范和依法打击各种违法犯罪活动，狠抓反恐各项工作措施的落实。坚持专群结合、群防群治，加强和规范乡（镇、社区）治保组织建设，加大居委会综治工作站建设力度。建立完善市、区（市、县）、乡（镇、社区）、村（居）委会四级三类治安动态台账，健全基层治安协作联防机制。建立职能部门“协同作战”工作机制，动员社会各界力量参与社会治安共建。

22. 健全食品药品安全监管机制。严格食品药品安全监管，建立健全食品药品质量追溯制度，形成来源可追溯、去向可查证、责任可追究的安全责任链。完善动态监测和处置机制，健全食品药品安全应急体系，强化快速通报和迅速反应机制，及时处置食品药品突发公共安全事件，坚决打击违法犯罪行为。完善食品安全监管体系，落实生产企业的主体责任、职能部门的监管责任、各级政府的领

导责任，提高公众食品安全意识，形成政府、企业、行业组织、消费者和媒体共同参与的监管工作格局。加大问责和惩处力度，严厉查处食品药品安全事件。

23. 健全安全生产监管机制。深化安全生产专项治理，落实企业安全生产主体责任，严格安全生产目标考核与责任追究。健全以预防为主的安全生产长效机制，完善安全生产综合监管、行业监管、属地监管责任体系，严厉打击非法违法生产经营建设行为。充分发挥工会、行业协会等社会组织的作用，加强对安全生产的监督。

24. 完善应急防灾管理机制。提高应急管理机构的权威性和协调性，建立扁平高效的应急管理模式。普及应急管理、防灾减灾、预防避险等知识，加强各级干部处置公共突发事件、应急救灾培训，组织开展群众性应急演练，提高全社会处置公共突发事件能力、防灾减灾能力、应急管理能力、危机管理能力。强化应急物资储备供应体系和应急避难场所建设，建立应急广播电视网络，规范突发事件信息报送和新闻报道制度。

25. 加强网络信息管理。坚持“谁主管、谁负责”和“属地管理、分级负责”，加强对涉及本地舆情的收集，及时发现苗头性、倾向性、行动性信息。按照“处早、处小、处快”的原则，健全完善网上舆情快速反应和正面发布信息机制，确保信息灵、反应快、处置得当。加强与专业舆情研究机构的联系，团结网络名人和培养本土“意见领袖”。组建青年微博宣传员、网络文明志愿者、高校微博宣传队伍，发现和培养一批有影响力的青年微博“大V”。依法治理网络空间，健全基础管理、内容管理、行业管理以及网络违法犯罪防范和打击等工作联动机制，健全网络突发事件处置机制。

八、完善群众工作和社会治理的保障机制

26. 健全经费保障机制。各级财政要将群众工作和社会治理纳入本级财政预算，并建立与地方财力增长相适应的增长机制。从2014年起，市级财政拿出1亿元作为社会治理常设专项资金，区（市、县）合理安排社会治理常设专项资金，每年随地方财政增长比例同步增加财政投入，主要用于社区建设、社会组织培育发展和社会治理创新项目。发挥财政资金引导和推动作用，鼓励社会资金参与社会建设。

27. 健全人才培养机制。制定社会工作人才中长期发展规划，健全社会工作人才服务评估、行业自律、继续教育、职业道德、专业评价、政策激励的相关配套制

度。整合省、市属高校等资源，实施“在职干部职业社会工作专业知识培训”和“在校社会工作专业学生实践基地培训”的“双基地”建设工程，采取专业轮训、骨干培训和继续教育培训等方式，提升基层干部职工的职业水平和学历水平。出台扶持社会工作机构发展的激励政策，依托社会工作机构培育社会工作亟须人才。建立社会工作人才库，将助理社会工作师、社会工作师纳入全市专业技术人员统一管理。

28. 健全项目推动机制。按照“突出重点、突破难点、整体推进”的工作思路，建立社会治理创新项目工作机制。每年围绕社会治理的重点难点任务和特色亮点工作，组织实施一批创新观察项目，开展“十佳”典型案例评选活动。健全项目管理和实施机制，按照“公开征集项目、制定项目目录、选定申报项目、第三方参与立项评议、确定实施项目、签订共建协议、项目具体实施、项目评估验收、项目授牌命名”的程序开展工作，通过加强前期调研论证、立项审批，中期动态监管，后期检查验收，严格落实项目审计、后期评估，确保项目建设的标准和质量。

29. 创新考核奖惩机制。将群众工作和社会治理纳入各级综合目标考核体系并实行单独考核奖惩，将具体工作成效作为对各级各部门领导班子和领导干部考核考察的重要依据。严格责任追究，对违反群众工作纪律、损害群众利益造成恶劣影响的，视情节轻重移交相关部门按照有关规定给予组织处理或党纪政纪处分。建立定期奖励机制，每三年开展一次群众工作和社会治理先进组织、先进工作者、先进社工评选表彰活动。

30. 营造良好社会氛围。发挥文化建设在社会治理中的引领作用，充分利用贵阳孔学堂、阳明书院、道德讲堂、远程教育网等平台，倡导富强、民主、文明、和谐，倡导自由、平等、公正、法治，倡导爱国、敬业、诚信、友善，积极培育和践行社会主义核心价值观，发挥社会主义核心价值体系对社会心态的调适矫正、引导激励功能，树立国家、社会、公民个人的价值目标取向。加强社会公德、职业道德、家庭美德、个人品德建设，大力弘扬“开放创新、团结奋进”的贵州时代精神和“知行合一、协力争先”的贵阳城市精神。保护和发展少数民族文化，营造各民族多元一体、文化多样和谐的文明环境。引导公众参与社会治理，推动社会组织、经济组织履行社会责任，形成共建共享合力。

中共贵阳市委办公厅

2014年4月15日

中共贵阳市委关于把信访维稳工作作为反“四风”“一号工程”的意见

筑党发〔2014〕15号

为认真贯彻落实党的十八届三中全会、省委十一届四次全会、市委九届三次全会精神，深入推进我市党的群众路线教育实践活动的开展，市委决定，把信访维稳工作作为全市党的群众路线教育实践活动反“四风”的“一号工程”（以下简称“一号工程”），特制定本意见。

一、准确把握实施“一号工程”的总体要求

信访工作是送上门来的群众工作，是党和政府联系群众的桥梁、倾听群众呼声的窗口、体察群众疾苦的有效途径、保障群众合法权益的重要平台，事关经济社会发展大局和人民群众切身利益。全市上下要以开展党的群众路线教育实践活动为契机，推动党员干部直接面对群众，在做好信访维稳工作中进一步增强群众观念，破除形式主义和官僚主义，密切党群干群关系。要坚持处早、处小、处快，集中解决一批党员干部司空见惯而人民群众反映强烈的问题；集中解决一批容易引发信访问题和群体性事件的矛盾纠纷及苗头隐患；集中解决一批长期积累的进京、到省重信重访问题；集中整治接访服务、矛盾化解、案件调处中的“四风”问题。要进一步完善调处信访案件、化解基层矛盾的长效机制，建立以主要领导

亲自抓、信访重访率、积案化解率和群体访数量等为重要指标的信访考核体系，确保群众来信来访百分之百有说法、百分之百有结论，坚决杜绝因信访问题引发重大群体性事件和极端恶性事件，坚决查处引发重大群体性事件的腐败问题。

二、严格落实各级领导信访维稳职责

（一）明确党政“一把手”工作职责。各级各部门党政“一把手”是信访维稳工作的“第一责任人”。各级党委（党组）要把研究解决信访问题和矛盾纠纷作为联系群众的重要方式，列入重要议事日程，定期听取信访维稳工作汇报，及时召开形势分析会，研究部署信访维稳工作，认真组织推动。对久拖不决、涉及面广、群众反映强烈、社会关注度高的重大疑难信访突出问题，尤其是反复进京、到省非访的信访问题，党政“一把手”要按照《中共贵阳市委办公厅、贵阳市人民政府办公厅关于印发〈贵阳市开展“信访积案化解年”暨矛盾纠纷和信访问题集中排查化解“百日攻坚战”活动工作方案〉的通知》（筑委厅字〔2014〕21号）的要求，亲自协调、亲自落实。发生重大群体上访和群体性事件时，党政“一把手”要亲临现场、靠前指挥，主动应对、切实解决。

（二）突出领导干部接访下访重点。严格按照《中共贵阳市委办公厅、贵阳市人民政府办公厅关于加强领导干部接访工作的通知》（筑委厅字〔2014〕23号）的要求，市领导每月至少1天、区（市、县）领导每月至少2天、乡（镇、社区）领导每周至少1天，按照属地管理、分级负责的原则接待群众来访。各区（市、县）领导干部定时定点接访群众的时间安排要在当地媒体和《贵阳日报》上提前予以公告。要全面落实领导干部包案化解和督办突出信访问题、影响社会和谐稳定的重大矛盾纠纷制度，推动“钉子案”、“骨头案”的化解。要坚持领导干部重点约谈、带案下访、专题接访等工作制度，主动到问题多、困难多的地方去研究问题、解决问题，做到“五个必查、五不放过”（损害群众利益的必查，问题不纠正不放过；群众据实举报的必查，群众不满意不放过；责任明确后不落实的必查，不解决问题不放过；因作风粗暴、方法简单引发严重事件的必查，人员不处理不放过；领导批示的必查，事实不查清不放过）。

（三）严格落实“一岗双责”。信访维稳工作由各级各部门党政主要领导负总责，分管领导具体负责，其他领导一岗双责，形成一级抓一级、层层抓落实的领导体制。

各级各部门领导班子成员要以身作则，敢于负责，善于负责，自觉做好分工范围内的信访维稳工作，帮助、督导承办单位解决信访维稳工作中遇到的实际问题。

三、完善信访维稳工作制度

（一）完善排查化解工作机制。严格落实《贵阳市开展“信访积案化解年”暨矛盾纠纷和信访问题集中排查化解“百日攻坚战”活动工作方案》（筑委厅字〔2014〕21号），坚持和完善“一月一排查、一季度一调度一交办、半年一考核”的工作制度，定期排查与滚动排查、常规排查与专项排查相结合，做到底数清、情况明。对排查出的突出矛盾纠纷和信访问题，要全部纳入市级“两个台账”，并按照“七个一”（一件案子一个包案领导、一个工作班子、一套化解方案、一套稳控措施、一定的化解时限、一个化解结果、一个效益评估报告）的工作要求，明确责任、限期结案。要健全矛盾纠纷预警机制，通过做强乡（镇、社区）、做实村（居）委会、做精网格，推行民情分析会、民情恳谈会等做法，充分发挥村（居）、企事业单位信息员、调解员的作用，实现“小事不出村、大事不出乡、难事不出县、矛盾不上交”。

（二）提高初信初访化解率。坚持“属地管理、分级负责”的原则，继续落实好首办责任制，做到第一时间、第一地点化解矛盾，切实提高初信初访化解率。对群众合情合理的诉求，一时找不到责任主体的，由政府相关职能部门作为第一责任人，负责牵头解决。要进一步完善社会协同机制，组织动员、吸引凝聚各方社会力量参与化解矛盾。

（三）健全信访信息汇集分析机制。要健全完善多层次、全方位的信息报送网络，确保信息传递渠道畅通。要及时、准确、全面、有效地报送信访信息，特别是对涉及可能引发大规模集体上访和群体性事件的苗头性、倾向性问题的信息，必须按规定及时报告并超前做好工作，不得迟报、漏报和瞒报。

（四）强化社会稳定风险评估。要认真梳理现有的规章制度，及时调整和完善政策。对涉及群众切身利益的重大决策、重大工程项目，坚持把风险评估作为前置程序和刚性门槛，广泛听取各方面意见，深入进行决策项目合法性、可行性和可控性分析研究，做到有不稳定风险的政策不出台，特别是绝大多数群众不赞成、不支持、不理解的事情不急办，坚决防止因决策不当引发社会矛盾。

四、加大信访维稳工作统筹力度

（一）完善信访联席会议和维护稳定工作制度。进一步强化各级信访联席会议和维护稳定工作领导小组的综合协调、组织推动、督导落实等职能作用，形成整合资源、解决突出信访问题和影响社会和谐稳定的重大矛盾纠纷的工作合力。要根据实际需要，及时调整成员单位和专项工作小组设置，进一步明确各自职责任务，建立健全相关工作制度，特别要注重从政策层面研究解决带有倾向性、普遍性和合理性的突出问题。

（二）提升各级群工中心的调处功能。进一步健全群众工作网络，完善各级群工中心“三级调处”机制，在一级调处上要严格落实“谁主管、谁负责”的原则和首办责任制，进一步压实部门和基层责任，解决基层、部门不作为和敷衍塞责、推诿扯皮的问题；在二级调处上充分发挥市联席会议和市群工中心（市信访局）的牵头协调作用，进一步落实部门和单位责任，形成以上率下、上下联动、层层负责的工作合力；在三级调处上进一步强化督办落实，确保领导接访、包案事项化解率实现100%。

（三）依法维护信访秩序。在化解矛盾纠纷和信访积案工作中，要牢固树立底线思维，坚持依法按政策办事，不能突破法律法规和政策规定。要积极引导群众理性合法逐级反映诉求，不支持、不受理越级上访。对属于区（市、县）职权范围的信访事项，如未经其处理，或正在处理过程中，或已经依法终结的，市委、市政府或市直部门不予受理。对信访活动中的违法犯罪行为，要严格按照《公安部关于印发新修订〈关于公安机关处置信访活动中违法犯罪行为适用法律的指导意见〉的通知》（公通字〔2013〕25号），坚决依法处理，在全社会营造“无理不能取闹、有理也不能取闹”的正确导向。

五、强化信访维稳工作督办督查力度

（一）健全科学合理的信访工作考核评价体系。改进和完善信访维稳工作考核方式，要综合考虑各地区经济社会发展情况、人口数量、地域特点、信访总量等因素，结合主要领导研究信访维稳工作，开展定期接访、包案督办、带案下访等情况，以及重复访、积案化解率、群体访等指标，提高信访维稳工作考核的科学性、客观性和可信度，推动各级各部门把工作重点放在预防和解决问题上来。

（二）严格执行“一号工程”一票否决制。市、区（市、县）两级要成立由党委和政府督查部门牵头，纪委、群工委、群工中心、维稳办共同组成的信访维稳专项督查督办组，重点督查各级各部门贯彻落实市委、市政府关于信访维稳工作的决策部署情况。对因决策不当、敷衍塞责、推诿扯皮、化解不力等形式主义、官僚主义问题导致矛盾激化，引发重复访、群体访或到省进京越级访、群体性事件，造成恶劣影响或严重后果的，由纪检监察机关会同组织部门，严格按照《中共中央办公厅、国务院办公厅印发〈关于实行党政领导干部问责的暂行规定〉的通知》（中办发〔2009〕25号）和《中共贵阳市委办公厅、贵阳市人民政府办公厅关于转发市委群工委〈贵阳市群众工作责任追究办法（试行）〉的通知》（筑党办发〔2011〕14号）等相关规定，严格问责。

中共贵阳市委办公厅

2014年3月20日

关于着力解决民生“十困”的实施方案（摘要）

关于解决“用水难”的实施方案（摘要）

一、工作目标

2014年，“用水难”局面得到初步扭转，老百姓对“用水难”问题的投诉率大幅降低。

2015年，城市管网和供水保障体系基本完善;2016年确保饮用水源水质和水量达标率100%，城市供水水质综合合格率达98%以上，城市用水安全保障体系基本完善。

二、工作措施

（一）以“治标”为重点，加大对供水不正常区域的供水保障。

1.按照“一处一策”“一户一策”的办法制订解决方案、落实责任和完成时限、组织资金、按期解决。资金责任明确的，由责任单位承担；无法明确责任单位的，由属地政府负责落实资金，彻底解决居民小区由于二次供水设施建设和运行不规范、供电系统无双电源保障等问题而导致的“用水难”问题。

2.深入推进城市供水一户一表改造。对3年内规划未列入城市棚户区改造，且未进行一户一表改造的居民小区，逐步实施改造，改造完成后移交供水企业管理。

3. 开展小区外部老旧管网排查整改。对居民小区外部供水管网的跑、冒、滴、漏情况进行排查，督促供水企业逐一改造。

4. 清理违章占压供水管线构筑物，制订整改方案，督促属地城市综合执法部门对其清理和拆除。

5. 完成渔洞峡水厂（日供水能力达10万立方米）管网与市政供水管网的连通工程，缓解乌当区、云岩区供水不足。

6. 完成扁井加压站扩建工程，解决马鞍山片区供水压力和供水量不足。

7. 完成二戈寨加压站至龙洞堡供水管道工程，提高老干妈食品工业园区供水水压和水量。

8. 完成二戈寨加压站至富源路供水管道工程，增大龙洞堡、临空经济区片区供水量。

9. 加快金华水厂（一期）工程建设，日供水10万吨，缓解观山湖区供水量不足。

（二）以“治本”为重点，完善城市供水体系和管网建设。

1. 在城市规划、产业布局、开发建设过程中，切实加强对供水保障问题的统筹。

建立大型建设项目市政供水承载力专项技术论证评估机制。对用水量较大的大型建设项目进行供水承载力专项技术论证，合理确定建设规模。

建立供水价格良性循环机制。科学核定居民生活用水各级阶梯水量、合理调整各阶梯价格、妥善确定计量缴费周期及简化水价分类后各类水价之间的比价关系，制定中水回用价格可行性建议，健全水价体系和优化水价结构，逐步建立适合市情的一套建、管、用的供水价格的良性循环机制。

2. 提升城市供水保障水平。

实施阿哈水库—中曹水源工程。确保每日向南部片区中曹水厂增加调度5万吨水量，缓解南部区域供水量不足。

实施红枫湖—花溪水库湖库连接工程。每日从红枫湖引15万立方米水调入花溪水库。

尽快启动建设金华水厂（二期）工程，向观山湖区日供水30万立方米。

启动花溪碧云窝水厂扩容工程，由日供水5万立方米扩容至8万立方米。

在孟溪路建设中，同步建设供水管网，实现南部水厂向花溪小孟工业园区供水。

尽快启动建设花溪红岩水库，增加南部片区供水 10 万立方米 / 日。

尽快启动建设花溪水场堡水库，增加南部片区供水 10 万立方米 / 日。

加快城区老旧管网改造和互连互通工程，提高城市供水骨干管网的覆盖率和互通率，达到城市创模要求。

（三）保障城市用水安全。

1. 以黔中水利枢纽一期工程及一批骨干水源工程建设为依托，解决城市近期发展水源保障问题。以黔中水利枢纽二期工程建设为契机，启动引子渡水库调水工程的各项前期工作。

出台《贵阳市新建住宅小区供水设施建设维护管理规定》，确保新建住宅供水设施实现规范化管理和运行。

2. 开展饮用水源地环境保护工作，确保饮用水源地水质和水量达标率 100%。

完成红枫湖饮用水源地，息烽河口、棉花渡、青岩赵司桥三个出境断面的水质自动监测站建设。

完成阿哈水库饮用水源地、中曹水厂取水口水质自动监测站建设。

完成全市饮用水源地水质自动监测站建设。

完成金钟河沿岸截污管网建设工程，东林寺路至观山东路截污主干管建设工程，麦西河流域生态治理及修复工程。

完成南明河二期治理工程，农村生活垃圾、生活污水收集处理工程。

3. 推进水资源的综合循环利用。

建设 2 个污水再生利用（市政、园林、绿化）试点工程，完成 10 个以上雨水利用项目建设，并对区域范围内易涝易淹片区排水及雨水利用设施实施改造。

根据贵阳市城区污水处理厂布局规划，按照改变集中式污水处理为分散式污水处理的思路，规划新增三桥、小关、大水沟、孟关、都拉等 12 座小型污水处理厂，同时结合大型居住区建设，合理布局区域性污水处理设施建设规划。

建立和完善工作机制，明确各级各部门职责，确保各项工作有序推进。在非特殊原因情况下，凡出现 24 小时以上断水情况，要实行通报批评；凡出现 48 小时以上断水情况，要严肃追究责任。

关于解决“就业难收入低”的实施方案（摘要）

一、工作目标

2014—2015 年，结合省“5 个 100 工程”的实施，抢抓大数据发展和中关村贵阳科技园建设机遇，加快经济发展，促进就业增长。每年实现城镇新增就业 21 万人，农村劳动力转移就业 2.8 万人，新增创业实体 3.5 万户，城镇登记失业率控制在 4.5% 以内，保持“零就业家庭”动态为零。努力实现城乡居民收入增长和经济发展基本同步、劳动报酬增长和劳动生产率提高基本同步。

到 2015 年末，城镇职工基本养老保险达 142 万人，城乡居民基本养老保险达 82 万人，确保城乡居民最低生活保障标准年增幅达 10% 以上。完成 5.4 万农村扶贫开发对象脱贫、150 个贫困村“减贫摘帽”，专项扶贫、社会扶贫、行业扶贫“三位一体”的精准扶贫开发体系初步建立。

二、工作措施

（一）加快产业发展，拓展就业空间

1. 强化园区建设，增加就业岗位。各区（市、县）要抢抓中关村贵阳科技园建设机遇，围绕《贵阳市产业布局规划（2013—2020 年）》提出的“一城、两带、六核”空间布局，着力培育一批符合产业发展目录、吸纳就业能力强的实体经济；要依托园区内重大工程项目建设，进一步拓宽就业渠道，力争 2015 年园区新增就业 11 万人。

2. 推进产业升级，促进就业增长。一是积极调整农业产业结构，2015 年传统农业从业人数占全市从业总人数的占比下降到 20% 以下。拓宽一产非农就业渠道，每年推动农村富余劳动力转移就业的 60% 实现本市就地就近就业。二是围绕大力发展高新技术产业和现代制造业，积极扶持具有较大就业容量和就业潜能的创新型科技企业和小微型企业发展，扩大二产从业人数，到 2015 年末，第二产业就业比重达 25% 以上。三是结合省“5 个 100 工程”实施，加快推进小城镇建设，做强现代服务业，扩大三产就业空间。落实“3 个 20 万”政策，加快呼叫中心产业发展。到 2015 年末，第三产业就业比重达 50% 以上。

（二）加大就业创业帮扶力度

1. 促进高校毕业生就业。落实就业困难毕业求职补贴，确保市属高校就业困难毕业生 100% 享受求职补贴。实施高校毕业生技能培训项目，推行“双证书”制度，建立高校毕业生就业实训基地。落实乡镇公务员培养计划，每年公务员招考的 80% 面向高校毕业生，录用到乡镇机关和乡镇机构岗位工作。落实中小企业和民营经济组织吸纳毕业生就业一次性奖励、社会保险补贴等奖补政策。建立未就业高校毕业生援助机制，实施就业困难高校毕业生一对一跟踪帮扶服务。

2. 帮扶就业困难群体就业。规范社区基础信息管理，做到对社区内有劳动能力和就业愿望的人员底数清、情况明。力争全市充分就业社区 2014 年、2015 年分别达 75%、77%。实施城镇“零就业家庭”就业援助，积极帮扶农村“零就业家庭”成员转移就业，确保实现动态清零。加大公益性岗位托底安置力度，对各级公共就业部门认定的就业困难人员加大就业援助力度。

3. 鼓励扶持创业带动就业。落实一次性创业奖励、场租补贴等各项创业奖补政策。实施“中小企业成长工程”，扶持个体经营的创业者创业。打造覆盖全市城乡“四级”的创业服务体系，建立一支市区两级资源共享、具有一定规模的创业专家志愿者队伍。制定支持创业孵化园发展的相关政策，推进创业孵化园标准化建设，到 2015 年建成省级示范创业孵化园 2 个、市级示范孵化园 4 个。

4. 加强就业技能培训。结合全市产业发展和工业园区建设，开展与就业紧密结合的定向、定岗、订单式培训、师带徒、在岗职工技能提升培训等多形式培训。打造贵阳市“技能之星”竞技大赛品牌。依托职业院校、技工院校和大中型企业建设高技能人才培训基地、技能大师工作室，力争到 2015 年建设国家、省、市级高技能人才培训基地 8 个、技能大师工作室 8 个。

5. 提升公共就业服务水平。每年举办人力资源招聘活动 150 场以上。开展好“就业援助月”“春风行动”“民营企业招聘周”“高校毕业就业服务月”等活动。建立“人力资源信息港”，实现求职者和就业岗位的无缝对接。在贵州大学城、贵州财经大学、清镇职教城、贵阳经济技术开发区拓建“市人才服务中心（市人力资源市场）分中心（分市场）”，构建“15 分钟校园公共就业服务圈”。

（三）加快实施扶贫攻坚行动

1. 加大结对帮扶力度。由市级领导联系贫困乡（镇）或有扶贫开发任务的乡（镇），全市 125 个部门结对帮扶贫困村。开展“百企帮百村”和献“爱心”活动，动员中央和省驻筑企业、市属国有企业、民营企业结对帮扶贫困村。云岩区、南明区、白云区、观山湖区分别对口帮扶开阳县、修文县、清镇市、息烽县。

2. 培育发展村级集体经济。将组建的新型村级集体经济组织纳入实施“3个20万”微型企业扶持政策延伸行动计划范畴。探索农村集体公益性和经营性职能的分离模式，组建村级集体经济股份合作社。2014年实现农村集体经济组织全覆盖，2015年全市基本消除村级集体经济“空壳村”。

3. 建立产业扶贫示范基地。以建设现代高效农业（扶贫）示范园区为重点，围绕特色优势产业，2014年—2015年新建农业产业化扶贫示范基地20万亩，覆盖农村贫困人口2万人以上；大力发展休闲观光农业、乡村旅游业和农产品加工业，为贫困地区农村劳动力增加就业岗位2.5万个以上。

（四）切实提高社会保障水平

1. 全面扩大社会保险覆盖范围。继续扩大参保覆盖面，重点将灵活就业人员、个体工商业者、农民工等群体纳入社会保险制度，到2015年实现60周岁以上城乡居民应保尽保。

2. 提高城乡居民最低生活保障标准。2015年提标后，城市低保标准为：云岩区、南明区、花溪区、乌当区、白云区、观山湖区530元/月·人，修文县、息烽县、开阳县、清镇市425元/月·人；农村低保标准为：云岩区、南明区6360元/年·人；花溪区、乌当区、白云区、观山湖区2700元/年·人；修文县、息烽县、开阳县、清镇市2400元/年·人。

3. 提高城乡居民养老保险水平。从2014年10月1日起，城乡居民基本养老保险基础养老金每人每月上调10元；2015年10月1日继续上调城乡居民基本养老保险基础养老金。稳步提高企业退休人员基本养老金，力争在2015年内企业退休人员人均基本养老金水平比2013年增长10%以上。

4. 充分发挥失业保险保障作用。按照国家和省的安排及时做好失业保险待遇调整工作，按月从失业保险基金中为领取失业保险金的人员统一缴纳职工基本医疗保险费。

将解决人民群众“就业难收入低”工作纳入区（市、县）、市直部门工作目标考核和政绩考评指标体系，作为社会建设考核的重要内容，建立严格的目标考核机制与激励机制，定期对其进行考评考核。对各级、各部门有关工作开展情况进行定期跟踪督查，加大督查力度，及时通报情况，以确保各项目标任务圆满完成。

关于解决“上学难上好学难”的实施方案（摘要）

一、工作目标

2014年，学前教育三年毛入园率达77%；义务教育巩固率达93%，基本消除义务教育阶段学校66人以上超大班额现象；高中阶段毛入学率达86%，基本普及高中阶段教育。

2015年，学前教育三年毛入园率达80%；义务教育巩固率95%，大班额消除率达50%，全面实现县域义务教育初步均衡；高中阶段毛入学率达90%。

2016年，学前三年毛入园率达85%以上，实现100%的乡（镇）和社区有公办或普惠性幼儿园；义务教育阶段巩固率达96%，基本消除大班额现象，率先在全省全面实现县域内义务教育基本均衡；高中阶段毛入学率达90%以上，在全省率先普及十五年基础教育。

二、工作措施

（一）坚持规划引领，整合各级各类教育资源

1.按照“六规合一”的要求，将教育专项规划纳入城市总体规划、修建性详细规划。实施新一轮以区（市、县）为单位的中小学布局调整，统筹整合各类社会资源用于发展教育，实现学前教育、义务教育就近入学，高中教育集中规模办学。

2.根据《贵阳市新建改建居住区教育配套设施建设管理规定（暂行）》（筑府发〔2014〕8号）规定，严格实施“三同步”（即同步规划、同步建设、同步交付使用）。各有关部门紧密配合，严把规划审批关、建设进度关、验收移交关。

（二）着力扩大开放，促进教育均衡优质发展

1.积极引进国内外品牌学校、教育管理平台及全国知名校长、教师来筑办学。2014年，引进北京市西城区、山东省济南市等地的6所优质学校来筑办分校；2015年，力争引进12所优质学校来筑办分校；2016年，力争建设国际化学校达10所以上，打造15所外事窗口学校。

2.推进“集团化、学区化”办学改革，鼓励现有优质学校（幼儿园）打破行政壁垒，采取“增网点”“扩规模”“联优势”“助薄弱”等方式实现教育资源的优化组合，发展教育联合体，实现优质教育资源共享。2016年，跨区域推进10所幼儿园、20所义务教育阶段学校、1-3高中阶段学校的学区化、集团化办学。

3. 加大优秀教育人才引进，完善中小学学校教师和校长流动机制，推行区域内师资双向流动。以推进教师三年素质提升工程和“三名工程”为载体，强化教育领军人物培养，完成数百名“名校长、名班主任、名教师”的评选，千余名市级骨干教师的选拔，万名“教坛新秀”的培养。

（三）切实加大投入，促进各级各类教育协调发展

1. 提高学前教育普及程度。实施“新一轮学前教育三年提升计划”和《贵阳市学前教育发展攻坚实施方案（2014—2016）》，建成“城乡均衡、公益普惠、群众满意”的学前教育公共服务体系。2014 年—2016 年，学前教育建筑面积每年增加 10% 以上，新增建筑面积用于举办公办幼儿园；每个乡（镇）至少有 1 所公办幼儿园，每个社区至少有 1 所公办或普惠性幼儿园；学前教育专项经费投入每年增长不低于 10%。新增省级示范幼儿园 14 所、市级示范幼儿园 30 所；完成 100 所农村和民办园的达标改造；完成 1000 名幼儿园园长和骨干教师培训；评估认定普惠性幼儿园 122 所。

2. 推进义务教育均衡优质发展。2014 年，白云区在全省率先通过国家县域义务教育基本均衡督导评估认定，观山湖区通过县域义务教育基本均衡验收；2015 年，云岩区、花溪区、乌当区、息烽县通过县域义务教育基本均衡验收；2016 年，南明区、清镇市、修文县、开阳县通过县域义务教育基本均衡验收。

3. 促进普通高中特色发展。2016 年，新增省级示范性普通高中 1—3 所，实现省级示范性高中升类 1—2 所，全市省级示范高中达到 18—20 所，建成“贵阳市普通高中特色化发展试点学校”20 所。

4. 加快职业教育内涵发展。2014 年，完成市幼儿师范高等专科学校建设，建设 10 个校企合作职业教育公共实训基地。2015 年，完成市女子职业学校国家级、省级示范性中职校建设。2016 年，清镇职教城基本建成，入驻师生 10 万人以上，实现中等职业教育与普通高中教育招生人数大体相当。

5. 强化农村教育发展。加大农村留守儿童关爱体系建设，力争实现农村义务教育阶段学校营养改善计划全覆盖。继续实施市级免费师范生、特岗教师计划，解决农村教师数量不足。加快推进农村寄宿制学校建设，2016 年，农村小学、初中住宿率达 35%、75%。探索由片区中心学校统一管理区域内校（点），同一教师特别是音、体、美、英教师到不同校（点）上课（走教）实施走教津贴制。对办学规模小于 100 人的校（点），实施 1 ∶ 2 的班师比配置。乡镇中小学教师

获得高级职称、村小（教学点）教师获中级以上职称后可直接进行聘用。每年定期选派200名农村教师到教育发达地区培训，力争5年内全市所有农村学校教师培训一次以上。

6. 抓好随迁人员子女教育。2016年，进城务工人员随迁子女入学“两为主”实现率达到60%，对接收义务教育阶段学生的民办学校按实际在校生人数及时足额向学校核拨教育经费补助。加大对困难学生的救助力度，2014年、2015年、2016年分别安排800万元、1000万元、1000万元筑城教育救助金用于困难学生救助。

（四）深化改革创新，构建多元教育办学格局

1. 鼓励社会力量兴办教育。实行民办教育收费政策报备制。设立民办教育专项资金。积极扶持民间资金进入教育领域以各种不同模式兴办学校。探索国资引导、民资参与的多元主体混合所有制办学模式。鼓励和支持公办学校人员，特别是退休校长、教师到民办学校领办或任教、支教。

2. 积极扶持民办教育发展。健全政府补贴、政府购买服务、助学贷款、基金奖励、捐资激励等扶持民办教育发展制度。支持民办学校利用捐赠资金和办学结余设立教育基金。按照“四个一批”的原则，加大对无证民办学校（幼儿园）的清理，2014—2016年，每年完成清理整顿数量不得低于120所，2016年全市基本清除无证民办学校。

（五）明确责任要求，推进工作落实。建立和完善定期议教制度，实行行政部门和乡（镇、社区）教育工作目标管理责任制度，市、区（市、县）领导定点联系学校制度。完善各级政府分项目、按比例承担义务教育投入的保障机制。财政性教育经费的支出占GDP的比例必须达4%以上，土地收益金的10%用于教育。实施县域教育经费法定增长“一票否决”考核制。做好教育项目库，积极争取国家和省级财政资金支持。

关于解决“出行难”的实施方案（摘要）

一、工作目标

2015年–2018年，在1.5环线同步建设快速公交（BRT）的基础上，分阶段实施其他几条BRT放射线建设，基本形成“1.5环+N射”的快速公交走廊。

2016—2018 年，根据市民出行需求和道路运行条件，推行社区开通巴士公交线路。

2017 年，建成轨道交通 1 号线，2018 年 2 号线（一期）建成并投入试运行。

2018 年，1.5 环全线建成，基本形成以轨道交通为骨架、快速公交（BRT）为骨干、常规公交为网络、出租车为补充的城市公共出行系统；公交车保有量达 16 标台 / 万人，公交分担率提升到 60% 左右；市区 500 米公交站点覆盖率达 90% 以上；人均道路面积增加 1.36 平方米；公交都市创建示范工程通过国家验收。

在 1.5 环线附近设置 4 座大型“P+R”停车场，到 2018 年全市新增（含配建）停车泊位 8 万个以上。

二、工作措施

（一）大力推进畅通工程二期建设和公交都市创建

1. 加快推进 1.5 环建设。构建原东二环—朝阳洞路—黔春大道—南垭路的新环线。2014 年启动 1.5 环建设；2016 年完成朝阳洞路、黔春大道、南垭路建设；2018 年完成各项配套设施建设，1.5 环全线建设完毕。

2. 加快打通断头路。2014 年完成南横街改造；2015 年完成窄口滩桥、解放桥等改造；力争 2017 年前打通飞山西街、新建路等断头路；2018 年底前完成省府路延伸段、尚义北路、醒狮路改造。

3. 加快联络线建设。加快推进三环十六射环线间联络线建设。2016 年完成贵惠大道北段、汤巴关路（节点改造）等道路建设。2017 年完成林城东路延伸段、四方河路延伸段等道路建设，2018 年底前完成太金线（一期）、珠江北路等道路建设。

4. 加快推进轻轨和市域快铁建设。加快推进轻轨 1、2 号线建设，力争 2015 年初启动 2 号线（一期）土建工程建设，2016 年初完成 1 号线金阳段土建工程，2017 年建成轨道交通 1 号线，2018 年建成 2 号线（一期）并投入试运行。

加快推进市域快铁建设。2015 年开通贵阳至开阳段；2015 年开通白云至龙里北联络线（东北环）、林歹至织金段；2017 年开通小碧经清镇东至白云联络线（西南环）。

（二）加快完善交通配套设施

1. 优化公共停车场建设。提高公共建筑、住宅建筑停车位配建标准（住宅建筑停车位配建标准由原 0.3 个 / 户提高至 1 个 / 户，商业建筑由原 0.3 个 /100m2

提高至0.7个/100m2），配建总车位2%—3%的公共车位。

2. 着力优化客运站。重点推进客运西站建设（含西客站公交停保场），确保2014年开工建设，2017年完成主体工程，2018年全面建成投用。完成客运北站、客运东站客运枢纽建设，搬迁金阳临时客运站。

（三）提升公交基础设施和服务水平

1. 加快公交基础设施建设。逐步搬迁原老城区内的公交停保场。2014年启动将军山公交停保场建设，2017年完成换乘枢纽运营中心建设，2018年全部建成并投入使用；2015年完成金竹、黑石头、红岩公交停保场的征地拆迁工作并启动建设，力争2018年建成投入使用。

2014年底，完成花溪洛平公交枢纽站和清水江公交首末站建设。

2014年建成火车北站主干公交场站路网及重要广场配套。

2. 进一步优化公交线网。2014年新辟公交线路10—13条；2015年新辟8条；2016年新辟7条；2017年新辟6条；2018年新辟5条。2014年，开展城乡客运一体化试点，开通贵阳中心城区至扎佐、修文的试点公交班线。

3. 加快提升公交车服务水平。大力推广新能源公交车，加快推进LNG、甲醇加注站及充电站等配套建设。力争到2018年新能源公交车辆占比达30%以上。2014年至2018年更新公交车1395辆，新增公交车1310辆。

实行公交车路权优先，在老城区形成“一环加十字”（老城区一环线及东西、南北向各一条主干道）的公交通廊，使高峰时段公交车平均运营时间从10公里/小时提高到15-18公里/小时。

（四）加强出租车行业管理

1. 适度增加全市出租车数量。2014年增加300—400辆出租车，2015年、2016年根据里程利用率调查适度增加出租车，切实解决群众“打车难”问题。

2. 理顺出租车行业利益分配机制。合理制定出租汽车台班费标准，规范公司和驾驶员的收入分配关系，维护各方利益。

3. 强化出租车行业管理。建立出租车企业经营管理末位淘汰制，对考核不合格的企业实行退出机制，将其车辆和人员转入守法经营、信誉好、服务质量高的企业。力争在3年内培育3—5个有影响力的出租汽车品牌企业。

4. 健全出租车价格调整机制。依据《中华人民共和国价格法》，根据市场供求、出租车公司、司机成本收益状况和社会承受能力等因素，在充分论证和广泛征求社会意见的基础上，对出租汽车的运价水平和计价结构（起步公里、运价公里、低速和空驶收费）等适时进行调整。

5. 加强对非法营运的整治。组建联合执法队伍，严厉打击各类车辆非法营运，对非法营运的摩托车、客货两用车、残疾人专用车、伪造运营证照的小客车、驻点运营的异地出租汽车和“黑车”等进行彻底清理。

（五）强化道路交通综合管理

1. 加强智能交通管理系统建设。大力推进智能交通“大数据中心”和“云计算中心”建设，建立智能交通信号控制系统；大力推进“智慧停车”项目建设，对市内停车泊位资源进行信息化整合，将路边占道泊位、路外停车场纳入统一管理体系；推进全市停车收费统一集中管理，实现“一套平台、两类对象、联动发展、全网共享”。

2. 积极推动“数字公交”建设。建立公交数据汇集交换系统、公交数据库中心和公交地理信息平台。2014 年完成公交运营调度系统、公交调度中心建设并投入使用，2015 年逐步完善其余辅助功能。2015 年启动智能公交出行信息服务系统开发建设，2016 年完成测试，2017 年全面推行。

3. 全力整治道路交通秩序。全力做好轨道交通老城区施工、1.5 环建设等重大市政工程建设期间交通组织，对影响道路通行效率的交通违法行为开展专项整治。

4. 完善交通管理基础设施建设。建立全市（除一市三县外）交通管理基础设施（交通标志、标线、信号灯等）统一规范建设、管理维护的工作机制。

5. 加强对突发性交通拥堵的应急处置。成立交通应急处置中心，配备相应救援排障车辆及救援人员，及时处置突发性交通拥堵事故。

关于解决“看病难”的实施方案（摘要）

一、工作目标

2014 年，新农合参合率保持在 97% 以上，住院实际补偿比达 68% 以上；每万人口全科医生数达 1–2 人。

2015 年，千人拥有执业（助理）医师数达 2.61 人，千人拥有卫生机构床位数达 6.5 张；政府举办社区卫生服务中心达 50 个，完成 26 个中心乡（镇）卫生院标准化改扩建；90% 以上的群众看病不出区（市、县）。

2016 年，基层医疗卫生服务能力明显增强，基本公共卫生服务均等化水平大幅提高，为群众提供安全、有效、方便、价廉的医疗卫生服务。

二、工作措施

（一）深化医药卫生体制改革

1.2014 年成立“贵阳市医院管理（集团）有限公司”（贵阳市医院发展管理中心）。推进市级医院政事分开、管办分开，建立适应医疗卫生行业的人事制度，改革考核和薪酬体系，完善价格体系综合补偿机制，创新医院运行体制机制。

2. 统筹推进医疗保障、医疗服务、公共卫生、药品供应、监管体制等综合改革。

3. 推进全科医生执业方式和服务模式改革试点工作。

（1）开展全科医生岗位培训和转岗培训，落实首诊负责和双向转诊制度，建立有效运行的分级医疗制度。到 2015 年，每万居民拥有全科医生 1–2 名、每个乡（镇）卫生院有 1 名全科医生。

（2）2014 年，全科医生服务团队与居民签约服务数量达到 5 万人。

（二）优化医疗资源布局

1.2014 年出台《贵阳市医疗卫生设施布局规划（2014–2020 年）》，优化医疗资源布局。

2. 今后在我市一环内不再审批新增二级以上医疗机构。

3. 引导市辖区内各级各类医疗机构向城市一环外选址建设分支机构。

4. 支持贵州省人民医院在观山湖区办院、贵阳中医一附院在花溪区办院。

5.2014 年完成市一医一分院建设。

（三）加强基层医疗机构建设

1.2014 年改扩建 7 个标准化中心乡（镇）卫生院。

2.2015 年改扩建 10 个标准化中心乡（镇）卫生院。

3.2014 年建设 8 个标准化社区卫生服务中心。

4.2014 年建成 22 个政府办社区卫生服务中心。

5.2015 年建成 17 个政府主办的社区卫生服务中心。

6. 有效整合县、乡卫生计生服务资源，增强基层卫生计生服务能力，确保基层卫生计生工作只能加强，不能削弱。

7. 认真实施《关于降低标准、简化程序择优招聘大专以上医学毕业生到我市乡（镇）卫生院下派至村卫生室从事村医工作的实施办法》，逐步解决乡（镇）卫生院医务人员缺乏问题。2014 招聘 369 人，2015 年招聘 187 人，2016 年招聘 95 人。

（四）强化基本公共卫生服务

1.2017 年，市、区（市、县）疾控中心实验室的综合检测能力达国家标准，建成市公共卫生救治中心。

2.2016 年，每个区（市、县）至少拥有 1 所精神卫生机构或在综合医院设置精神卫生科。

3. 健全市、区（市、县）、乡（镇、社区）、村四级妇幼健康服务网络，落实妇幼健康行动计划项目，完善危重孕产妇和危重新生儿急救中心建设。2015 年，各区（市、县）启动贵州省二级妇幼保健机构评审工作，实施国家妇幼健康优质服务示范工程。

4. 加强市、区（市、县）两级卫生监督机构和市、区（市、县）、乡（镇、社区）三级卫生监督网络建设。健全完善医患纠纷调处机制，2015 年成立全市医疗纠纷人民调解委员会，建立警医联动机制。

5. 加强市、区（市、县）院前急救体系建设，升级市级医疗急救通讯指挥调度系统。2015 年完成市级突发公共卫生事件应急指挥决策平台建设。

（五）提高城乡居民医疗保障水平

1. 巩固和扩大城镇居民医疗保险覆盖面，确保参保人数 2014 年达 178 万人，2015 年达 181 万人。出台贵阳市已享受养老待遇的灵活就业人员建立个人账户政策，提高其医疗保险待遇水平，到 2015 年，为已享受养老待遇的灵活就业人员群体划入个人账户金额不低于 1300 万元。

2. 巩固和完善新农合制度，进一步加强新农合基金管理，确保基金封闭运行，使用率控制在 85%–100% 之间。

3. 严格执行国家基本药物制度，最大限度减少药品流通中间环节，促进基本药物从医保目录进入医生处方，使群众用药放心、便宜。

4. 实施医疗、医保、医药和医疗救助“四医联动”，通过“按病种付费、按人头付费、总额控制、总额预算、单病种包干、结余有奖”等复合式医保支付方式，不断完善基本医疗保障制度；探索将健康管理纳入医保支付范围；建立城乡居民重特大疾病医疗救助制度，切实发挥其助困“兜底”作用。

（六）加强城乡医疗对口帮扶

深化“城市支援农村卫生工程”，市属医院每两月不少于1次到对口帮扶区（市、县）的乡（镇）开展巡回医疗服务，各区（市、县）级医院（含中医院）每月不少于1次到村开展巡回医疗服务，缓解农村群众“看病难”。

（七）加快形成多元化办医格局

1. 加强我市与北京安贞医院、天坛医院、儿童医院等医疗机构的合作，提高临床诊疗能力。

2. 出台《贵阳市关于加快促进民营医疗机构发展的意见》，优先支持社会资本举办非营利性医疗机构，支持社会信誉好、管理能力强的民办医疗机构发展，特别是鼓励社会资本参与创办三级医院、高端医疗机构、特色专科医疗机构、特需服务医疗机构、老年病医院、康复护理机构等，构建多元办医新格局。到2015年，全市民营医疗机构的固定资产、实际床位、门诊和住院量分别达总量的15%。

关于解决“养老难”的实施方案（摘要）

一、工作目标

2014年，每千名老年人拥有养老床位数28张。

2015年，每千名老年人拥有养老床位数30张以上，乡（镇）、村（居）老年活动中心运行机制进一步完善。

2020年，每千名老年人拥有养老床位数35–40张，符合标准的日间照料中心、老年人活动中心等服务设施覆盖所有城市社区、90%以上的乡镇和60%以上的农村社区建设包括养老服务在内的社区综合服务设施和站点，基本建成以居家养老为基础、社区服务为依托、机构养老为支撑的，功能完善、规模适度、覆盖城乡的养老服务体系。

二、工作措施

（一）强化顶层设计

1. 加快制定《贵阳市关于进一步加快养老服务业发展的实施意见》，在土地、规划、财政、税费、医疗、产业、价格、服务等方面建立系统性的制度，大力引进知名养老机构建设养老设施并运营管理。

2. 各区（市、县）在制定城市总体规划、控制性详细规划时，要分区分级规划设置养老服务设施。新建城区和新建居住（小）区要根据规划和建设指标要求，配套建设养老服务设施，与住宅同步规划、同步建设、同步验收、同步交付使用。

3. 支持社会力量兴办养老服务业。对按标准建设、依规定运营的民办养老服务机构，按每张床位6000元的标准给予建设补助（分三年给予拨付，每年审核一次）。按养老服务机构入住满一个月的老年人实际占用床位数计算全年平均数，每年每张床位给予不低于600元的运营补贴。

4. 加大政策支持力度。完善高龄津贴、养老服务补贴、护理补贴政策，探索建立长期护理保障制度，保障特殊困难老年人基本生活。

（二）统筹城乡养老服务体系建设

1. 完善政府供养制度。加大政府保障弱势群体兜底力度，保障孤老优抚对象、城市“三无”老人、农村“五保”老人基本生活不低于当地居民平均消费水平。

2. 推行政府购买养老服务。对入住民办养老机构的生活困难、低收入老人由政府购买养老服务，探索建立老年护理补贴、护理保险制度，增强老年人护理照料支付能力。

3. 完善城市农村养老服务设施。2015年建成城市社区居家养老服务中心10个（各区〈市、县〉各1家）、农村老年人互助幸福院10个（各区〈市、县〉各1家），并投入使用。充分运用互联网、物联网等技术，不断提高养老服务信息化水平。

4. 大力支持乡（镇）“五保”供养机构改善设施条件并向社会开放，在确保农村“五保”对象自愿集中供养的基础上，重点对高龄、低保失能、“空巢”老人等特殊对象提供日间托养、短期寄养、配餐等服务，成为区域性养老服务中心。

（三）建立健全以社区为依托的居家养老服务网络

1. 结合城（乡）社区建设，加快建立区（市、县）、乡（镇、社区）和居（村）委会居家养老三级服务网络，城市社区建设居家养老服务中心，农村搭建农村幸福院。

2. 在全市范围内开展居家养老服务工作，居家养老服务站（点）床位数（含医养结合）2015年达2000张。

3. 加快建设日间照料服务中心为老年人提供日间照料、短期托养、膳食供应、健身娱乐等服务。拓展政府购买服务渠道和内容，培育发展居家养老服务中介组织，引导和支持社会力量开展居家养老服务，重点为居家老年人提供生活照料、家政服务、康复护理等服务。

4. 促进医养融合发展，推动养老与家政、保险、教育、健身、旅游等相关领域互动发展。

（四）多措并举开展“空巢”老人关爱行动

1. 深入开展关爱“空巢”老人行动，将家庭子女应尽赡养义务纳入文明村镇、文明单位考评内容，将家庭子女应尽赡养义务纳入普法重点。

2. 加强志愿服务队伍建设，为“空巢”老人提供生活照料、生产帮扶、精神慰藉、文化生活等服务。建立老年人合法权益法律援助制度，做好“空巢”老人养老保障、医疗保障等合法权益的维护工作。

3. 按属地管理原则，乡（镇、社区）对辖区内的“空巢”老人做好登记造册，加大帮扶力度，切实保障“空巢”老人的合法权益。各区（市、县）政府要建立有效帮扶机制，对符合定期救助或低保条件的“空巢”老人及时纳为救助对象，给予定期救助或享受低保待遇。

（五）大力加强养老机构设施建设

1. 合理规划布局全市养老机构，将老年人综合服务中心、养老服务站纳入乡（镇）和社区配套设施建设规划。每个社区服务中心建设 1 所具有老年人托养功能的综合性养老服务设施，依托乡（镇）敬老院建立覆盖所有乡（镇）的区域性养老服务设施。

2. 对养老机构进行改造提升，积极采取“公建民营”“民办公助”“购买服务”“合同外包”等模式，提升养老服务机构在生活照料、医疗康复、文体娱乐、临终关怀、培训鉴定等方面的示范作用，形成一批竞争力强、经济社会效益显著的养老服务机构。

3. 办好公办保障性养老机构，重点为“三无”老人、低收入老人、经济困难的失能半失能老人提供无偿或低收费的供养、护理服务。加强对现有农村敬老院的整合和改造，确保敬老院有生活起居、文化娱乐、康复训练、医疗保健等服务设施。

4. 深入开展“星级敬老院”创建活动，不断提高敬老院管理水平和服务质量。坚持建管并重，以管促建，事前审批和事后监管相结合，保障入住老年人和养老机构合法权益。

5. 大力实施养老服务机构地域布局与功能定位的区域差异性战略。南明、云岩、花溪、观山湖要充分利用自然条件及区域优势，引导社会力量投资建设高档型养老服务机构；乌当、白云要以普通型、护养型为主，在满足本区域养老服务需求的同时，拓展服务对象，扩大服务区域；修文、息烽、开阳、清镇要充分挖掘本区域潜力，大力开发闲置资源，依托中心敬老院，建设综合性养老服务中心，保障本区域养老服务基本需求得到满足，保障辖区内“三无”老人、“五保”老人得到及时妥善安置。

（六）多渠道壮大养老服务队伍

1. 加快培养老年服务管理、医疗保健、护理康复、营养调配、心理咨询等方面的专业人才。推行职业资格认证制度，提高养老服务从业人员的持证上岗率。

2. 通过政府购买服务的方式，在养老服务机构中开发设置社会工作者岗位，鼓励专业人才从事养老服务行业。制定优惠政策，鼓励贵阳护理职业技术学院等大中专院校培养从事养老服务工作的专业人才，2014 年培训护理等专门人才 100 名，2015 年培训护理等专门人才 200 名。

3. 各区（市、县）要根据自身实际，采取公寓式托老站、日托式照料所、晚霞彩带服务、呼叫上门服务等形式，充实社区养老服务队伍。

关于解决“治安差”的实施方案（摘要）

一、工作目标

2014 年底，全市刑事发案总数同比下降 20%，万人刑事发案数降到 75 件左右；破获一批社会影响恶劣的重大刑事案件；人民群众安全感保持在 90% 以上。

2015 年底，全市刑事发案总数比 2014 年下降 10%，万人刑事发案数降到 65 件左右；社会治安治理能力进一步提高，初步形成“打防控一体、人技物相联、点线面互动”的防控模式；人民群众安全感保持在 93% 以上。

2016 年底，全市刑事发案总数比 2015 年降低 10%，万人刑事发案数降到 55 件左右，与贵阳周边省会城市万人发案数相当，人民群众安全感保持在 95% 左右，基本实现“安全城市”建设目标。

二、工作措施

（一）强化基层基础

1. 做强社区（乡、镇）。深入开展平安社区创建活动，2014 年再创建 37 个平安社区，2015 年完成全市 93 个平安社区创建工作。2015 年平安乡（镇）创建率达 80%，2016 年平安乡（镇）创建率达 100%。

2. 做实居（村）委会。2014 年，完成 480 个居委会综治工作站建设。2015 年底，实现综治工作站及警务室建设全覆盖，配齐专职站长及综治、维稳、禁毒专干，确保社区“一居一警”、农村“民警包村”。2014 年建立以居委会为主导的社会联防联控组织 500 个，2015 年建立 1000 个。

（二）保持严打高压态势

1. 依法严惩犯罪分子。依法严厉打击各类刑事犯罪分子，审判、检察机关加大提前介入和导侦力度，依法快捕快诉快判，不定期组织案件现场指认、赃物发还、公捕公判等活动，“稳、准、狠、快”打击刑事犯罪。

2. 加强重点行业整治。强化对旅店业、娱乐业、洗浴业、网吧、废旧回收站点、技术开锁服务、汽车租赁等重点行业的监管、整治；严厉打击赌博违法犯罪和涉黑涉恶涉黄团伙犯罪。2014 年建立重点行业管理工作台账，2015 年全市重点行业登记管理率达 100%。

（三）加强治安防控体系建设

1. 社会面巡逻防控。开展精细化、关联性巡逻防控；加强街面和社区两级巡逻防控，建立巡逻防控责任制，完善民警驻村制、巡防制和包片责任制，落实巡逻、打击、走访、管控责任。2015 年底，按照中心城区每 10 万人配备 200 人治安巡防队伍、其他城区每 10 万人配备 150 人治安巡防队伍。在云岩、南明、观山湖、白云、乌当、花溪区建成 10 个“环筑安保圈”武装卡口。

2. 楼群院落守护。以实施“三年千院”改造为契机，治理“敞风”小区，分类组织开展治安防范。全市企事业单位及其职工住宅区、物业服务公司管理小区落实 24 小时值守率达 100%；重点部位、易发案部位视频监控系统安装率达 100%；2014 年“敞风”小区治理完成达 30% 以上，2015 年完成 50% 以上，2016 年完成达 70% 以上。

3. 完善技防、物防措施。加快“天网”工程建设，推进公交车视频监控系统建设。单元防盗门安装率达到 100%，维修率、合格率达 100%。2014 年，新建的 7000

个视频探头全部投入使用，启动社会视频专线建设；2014年、2015年、2016年，每年新安装、更换超B级防盗锁芯20000户，安装“平安E家”10000户。

4. 机关、企事业单位内部防范。加强单位内部治安保卫工作，严格落实管理责任，重点部位、易发案部位入侵报警、视频监控系统安装率达100%。

5. 沿街铺面安全防范。组织动员沿街门面、小旅店、小超市、小卖部、小发廊、小洗浴等安装监控探头。2014年，视频探头安装率达30%，保安配备率达80%；2015年，监控探头安装率达70%，保安配备率达90%，2016年，监控探头安装率达90%，保安配备率达100%。

6. 农村地区防范。组建护村队、党员干部义务巡逻队和治安巡逻志愿者队伍，开展形式多样的治安巡逻和邻里守望活动。推进村民自治、民警包村、保安驻村、治安联防联治和治保组织负责制等做法，构建专群结合、警民联防的农村治安防控网络，强化农村社会面的控制。

（四）开展禁毒人民战争

1. 推进戒毒康复场所建设。2015年底，建成一批公安和民政共同管理戒毒康复场所。动员社会力量参与，推动一批社会化的康复站建设。

2. 加大禁毒宣传力度。2015年底各区（市、县）在辖区内中学建立一个毒品预防教育园地。启动贵阳禁毒展览馆建设，建立禁毒教育基地。

3. 推进“阳光工程”建设。加强以“阳光工程”为重点的综合产业园就业基地建设，到2015年底集中安置各类吸毒人员达9000人以上。

（五）加强流动人口管理

2014年底前建立流动人口登记和动态管理机制。2015年底完善全员人口信息服务管理平台和相关数据库，全市流动人口和出租屋登记备案率达100%。2016年底完成贵阳市流动人口管理数据库建设。

（六）加强特殊群体管理

1. 实施“育新工程”。2016年，云岩、南明各建成一所工读学校，鼓励和支持其他有条件的区（市、县）建成工读学校。

2. 实施“雨露工程”。2014年底启动对全市流浪未成年人、农村留守儿童、闲散青少年、服刑在戒人员未成年子女、有严重不良行为未成年人等五类重点青少年群体的摸底调查。2015年底建立完善五类重点青少年群体管理台账。2016年底初步建立五类重点青少年群体数据管理库。

3. 实施“回归工程”。完善刑释解戒人员无缝对接机制，到2015年全市刑释解戒人员必接率达100%。加强社区矫治，刑释解戒人员帮教率达100%、刑满释放人员重新犯罪率不超过3%。

4. 实施“安宁工程”。2014年启动开展肇事肇祸等严重精神障碍患者摸底排查工作。2015年，健全摸底排查、救治救助、动态管控工作机制。2016年力争启动“安宁医院”建设。

5. 实施“红丝带工程”。2015年在市第五人民医院开设“特殊病监区”，各区(市、县)在本辖区人民医院建立特殊病人群“特殊病监区”。力争在2016年启动贵阳市特殊病医院建设。

关于解决“住房难”的实施方案（摘要）

一、工作目标

保障性住房建设。2014年，基本建成53.11万平方米公共租赁住房；对已建成的公共租赁住房，基本完善配套设施。2015年，基本建成371.82万平方米公共租赁住房；将人均住房面积在15平方米以下的城市中等偏下收入群体纳入住房保障范围，依申请实现应保尽保。到“十二五”期末，累计完成500万平方米10万套公共租赁住房建设任务。

棚户区改造。2014年棚户区城中村改造开工建设21576套住宅，基本建成8000套住宅，分配入住7600套住宅。2015年棚户区城中村改造开工建设11000套住宅。

农村危房改造。结合美丽乡村、农村住宅环境综合整治及小康房建设，2014年完成农村危房改造5000余户，2015年完成农村危房改造4300余户。

二、工作措施

（一）加快推进保障性住房建设

1. 用足用好国家、省保障性住房建设支持政策，积极协调解决项目推进中的问题和困难，把保障性住房建成优质工程、廉洁工程。

2. 全面落实普通商品住房配建公共租赁住房政策，从2014年起不再集中大规模新建保障性住房，主要通过在商品房项目中配建和市场收购储备等方式筹集房源。加大对在市场租赁住房居住保障家庭的租赁补贴发放力度，努力实现应保尽保。

3. 加快配套基础设施建设，完善辖区内保障性住房的供水、供电、燃气、道路、排污、学校、通讯等配套设施，让保障家庭住得进、住得下、住得好。

4. 积极探索建设“新徵公共租赁住房”，解决新就业大中专学生和产业园区技术工人阶段性住房困难。

（二）强力推进棚户区改造

1. 坚持市区联动，因地制宜、加强协调、分工合作，共同推进棚户区改造。由市级统筹规划、资金、改造时序，区级负责房屋征收，配合实施单位完成项目建设。

2. 积极鼓励、支持和引导国有平台公司及社会资金参与棚户区改造。鼓励支持金融机构向符合条件的棚户区改造项目提供贷款，支持符合条件的国有平台公司通过融资贷款、发行企业债券、引导民间资本等多种方式参与棚户区改造。将棚户区城中村改造与城市危旧房改造、综合体项目、基础设施建设项目有机结合，实行综合开发，并引导老城区人口向一环以外地区转移。

3. 创新棚户区城中村改造安置模式，通过全市统一的安置房源储备库，解决不同地区、不同项目被征收人实物安置中对地段、户型等的个性化需求，推进和谐征收。

（三）创新保障房和安置房源收购储备机制

积极整合资源，搭建全市统一的保障房和安置房源收购储备平台。市相关部门要提供搭建房源信息平台、财政金融扶持、税费减免等支持政策，促进规范房源收购储备招投标、审计、价格评估等采购流程，降低采购成本，缩短征收时限。积极拓展收购储备房屋资金来源，鼓励引导民间资本参与收购储备。从 2014 年 7 月 1 日起，在普通商品住宅开发中配套建设的公共租赁住房交由贵阳市资产投资经营管理有限公司等市级平台公司运营管理；对普通商品住宅配建公共租赁住房交纳的以资代建资金，50% 交由贵阳市资产投资经营管理有限公司等市级平台公司作为收购储备房屋资本金，增强其融资能力。从 2014 年 10 月起，力争用 3 年时间完成覆盖全市的收购储备房源项目库建设。

（四）创新保障性住房分配管理体制机制

1. 进一步优化公共租赁住房公开摇号分配方案，对纳入保障时间早、三次摇号未中签的家庭，在自愿申报实物配租公共租赁住房摇号时可直接分配，公开透明做好公共租赁住房分配入住工作。

2. 继续做好优抚等特殊困难家庭优先纳入实物配租保障工作。

3. 建立保障性住房后续服务管理机制，积极探索公共租赁住房小区与属地社区服务中心多元化服务有效结合机制，形成保障家庭、管理部门、社区服务的良性互动，实现保障性住房小区持续运营。

（五）推进农村危房改造

1. 结合镇村联动建设，引导有条件的农村危房改造户向交通方便、基础设施条件较好的中心区域集中建房，向示范小城镇、产业园区、旅游景区集中建房，突出地方特色和民族特色。

2. 鼓励有条件的农户进一步提升住房品质，使之达到小康房标准。

3. 科学安排改造时序，按照“危房最严重和经济最困难”原则，优先实施特殊家庭危房改造。

（六）规范住房租赁市场

1. 严格执行《贵阳市房屋租赁管理办法》，按照《贵阳市房屋租赁管理工作方案》优化市和区（市、县）两级“房屋租赁物业管理服务中心”运行机制。建立健全市、区（市、县）、社区（乡镇）、居（村）委会四级住房租赁管理体系，形成分级负责、属地管理、重心下移、情况明、底数清、管控好的管理格局。

2. 以贵阳市房地产中介机构管理行业协会为主体，加强对房地产中介企业监督管理，建立企业诚信体制和管理平台，支持讲诚信、重信誉的房地产中介企业做大做强。加大对住房租赁市场的监管力度，将电商平台引入房地产中介服务，促进房地产中介市场的健康和可持续发展。在全市范围内开展打击扰乱房地产中介市场的黑中介、黑地产活动，建立公开、透明、规范的房地产中介市场秩序。

（七）引导商品房市场平稳健康发展

1. 加大对房地产市场的监管力度，积极引导商品房有计划、适度建设，满足不同家庭的住房需求。

2. 督促我市商业银行尽快落实国家放宽对“首套房”的认定标准的相关规定和优惠利率。

3. 加大贵阳市住房公积金贷款资金支持力度，持续推进公积金补息贷款工作，逐步调整年度贷款计划，放宽公积金贷款首套房认定标准，满足刚性购房的贷款需求。对引进的人才，可一次性补缴12个月住房公积金后申请住房公积金贷款，并享受公积金贷款的各项优惠政策。

4. 积极争取省有关部门支持我市健全公积金管理机构工作，尽快实现贵阳市行政区域内住房公积金的统一管理、统一政策、统一核算。

5. 加大财税对房地产业的支持力度，将房地产开发企业销售未完工商品房的计税毛利率调整为10%。

6. 建立房地产企业诚信体系，对信誉好、具有一定开发实力的房地产企业加大政策支持力度，确保房地产市场的平稳健康发展。

7. 大力发展二手房交易市场，满足不同层次群体的购房需求。

关于解决“买菜难买菜贵”的实施方案（摘要）

一、工作目标

2014年，在云岩区、南明区各建成1个农产品二级批发市场，在中心城区新增8个规模较大的生鲜直销超市，建成农产品产地批发市场5个，升级改造农贸市场10个，累计建成160个社区平价生鲜直销店，建成农贸市场蔬菜直销区10个；积极开展农产品电子商务试点和异地保供对接工作。规范提升蔬菜保供基地10万亩，自给率达到75%；新增出栏生猪10万头，自给率提高3个百分点以上；新增出栏肉鸡200万羽，自给率达到100%。

2015年，在乌当区、白云区、修文县、息烽县、开阳县、清镇市原有基础上提升或新建1个区域性农产品二级批发市场；新增30个农产品流通网点；培育1–2家本土农产品电子商务企业；新建标准化蔬菜基地1万亩，生猪、肉鸡自给率分别达到40%、82%以上，鲜奶市场占有率达70%以上。

2016年，农产品销售网点总数达到500个以上，其中生鲜超市比例达到30%以上；新建标准化蔬菜基地1万亩，规范提升重点保供蔬菜基地20万亩，自给率稳定在75%以上；生猪自给率达45%，肉鸡、鲜奶市场占有率分别达到85%、75%以上；稳价保供体系基本建立，初步解决“买菜难、买菜贵”问题。

二、工作措施

（一）优化农产品批发市场布局。编制完善市中心城区农产品流通体系建设专项规划和农贸市场、综合生鲜超市、社区平价生鲜直销店等农产品零售网点发展规划。通过投资入股、产权置换、公建配套、回购回租等方式，改造和新建一批公益性农产品批发市场、农贸市场。在农产品主产区、集散地和主销区，升级改造一批带动力强、辐射面广的大型农产品批发市场和农产品加工配送中心。

（二）完善鲜活农产品直供直销零售网络。2014 年在云岩区、南明区、观山湖区选取 5-10 个农贸市场建立蔬菜直销区，并结合示范小城镇建设，新建 8-10 个标准化乡镇农贸市场；制定出台《贵阳市中心城区新建或旧城改造居住区农副产品流通网点设置管理规定》，在新建居住区和旧城改造中明确强制配套建设综合生鲜超市、社区平价直销店、农贸市场等农产品流通网点，积极探索公益性农产品流通网点建设，力争 2015 年在中心城区建设 1-2 家公益性农产品流通网点，提升流通终端农产品数量、价格调控能力。

（三）强化农产品保供基地建设。一是划定 30 万亩城市保供菜地红线作为一线菜地，建立档案，实行永久性保护，发展满足本地消费的基本品种；将具备补淡、加工功能的 10 万亩次早熟（含秋延晚）、25 万亩夏秋冷凉和 15 万亩加工蔬菜基地作为二线菜地。二是进一步提升完善蔬菜基地水、电、路、沟渠等基础设施，力争到 2016 年建成喷滴灌、大棚、冷库、分检中心等生产设施配套的高标准蔬菜保供基地 3 万亩。三是以城市近郊蔬菜生产小板块为主，规划建设 10 万亩城市蔬菜应急储备基地，按满足城镇居民一周的产品消费总量要求，建立蔬菜动态储备投放机制。四是联合企业建设畜产品生产储备基地，确保年出栏生猪 1 万头、年存栏蛋鸡 10 万羽、年出栏肉鸡 500 万羽。定点 2 家企业发展奶牛养殖和乳制品加工，确保日均提供乳制品 100 万份以上。

（四）建立健全应急稳价保供机制。一是增强政府对农产品市场的调控能力。积极探索由政府出资参股大型农产品批发市场，确保大型农产品批发市场经营方向和保障供应“双不变”；依托市级平台公司组建专门的公益性菜市场经营管理主体，采取公建配套、产权置换、投资入股、回购回租等方式，改造和新建一批公益性菜市场，实现对市场价格的有效引导和调控。二是健全政府稳价保供网络。依托社区平价生鲜直销工程，以政府牵头建立的 500 个农产品销售网点、公益性菜市场、大型超市和农贸市场生鲜直销区为骨干，建立健全政府稳价保供的销售网络，确保特殊条件下蔬菜等居民生活必需品价格稳得住、数量供应足。三是提升应急保供物流运输能力。依托智慧物流公共信息平台，以城市共同配送车队为骨干，以骨干物流企业车队为补充，建立蔬菜等居民基本生活必需品应急配送车队。四是建立临时价格干预机制。对猪肉、大宗蔬菜等居民生活必需品，在价格剧烈波动和面临上行压力大的敏感时期，果断实施最高限价等临时行政干预手段，并通过市场检查、政府约谈警告、市民投诉曝光和价格处罚等多种手段，把价格控制在合理的范围内。

（五）建立异地保供体系。加强与省内黔南、铜仁、毕节等地和云南、海南、四川等主要农副产品产地、批发市场的余缺调剂和产销对接，依托大型骨干流通企业加大采购力度。2015 年继续拓宽省内外异地保供渠道建设，2016 年力争异地保供基地农副产品产销量达 300 万吨。

（六）大力发展农产品电子商务。2014 年开展农产品电子商务试点工作，扩大鲜活农产品网上交易规模。建立鲜活农产品网上对接平台，抓好鲜活农产品京东集团的上线交易。2015 年培育 1–2 家农产品本土电子商务企业，2016 年农产品本土电商企业数量达 5 家。

（七）加强对农产品流通环节的监管。对政府投资建设或控股的农产品市场，按法定程序将有关收费纳入政府定价目录，实行政府指导价或政府定价管理，并依据保本微利的原则核定收费标准。探索政府购买、赎买摊位、财政补贴等办法，完善市场内经营户准入和退出机制。严厉查处不正当交易和竞争行为，打击欺行霸市、投机炒作、价格欺诈、哄抬价格等不法行为。进一步规范批发市场、农贸市场和超市收费行为，清理高额经营权承包费和商业场所转让费。强化农产品流通行业组织的协调服务作用，引导农产品市场及经营者强化诚信建设，维护和规范农产品市场秩序。

（八）推进肉菜流通追溯体系建设。严格农产品产地准出、市场准入和质量监管，建立农产品质量安全投诉举报制度，在 2013 年完成肉菜流通追溯体系管理平台以及肉类蔬菜批发市场、肉类配送中心、供应城区肉品的生猪定点屠宰场和 111 个农贸市场等节点子系统建设基础上，2014 年拓展到城镇农贸市场、超市生鲜门店及主要机关院校、大中型企业、宾馆酒店等单位；2015 年继续完善提高，基本建设形成覆盖全市“来源可追溯、去向可查证、责任可追究”的肉菜质量安全监管系统。

（九）加大资金筹措力度。在市级财政中设立农产品生产、储备调运和流通体系建设专项资金，并且每年政府性投入资金不低于10%增长。充分发挥财政资金引导示范作用，带动和规范民间资本投资农产品流通领域。落实农产品流通税收政策，免征蔬菜流通环节增值税。鼓励和引导金融机构把农产品生产、加工和流通作为涉农金融服务工作重点，为农产品经销商等集中提供初级农产品收购资金，加大对农产品供应链上下游企业和农户的信贷支持。发挥各类涉农担保机构作用，着力解决农户、农民专业合作社和小企业融资担保能力不足问题。支持保险机构研究开发鲜活农产品保险产品，积极引导企业、农民专业合作社和农民投保，有条件的地方可对保费给予适当的财政补贴。

关于解决“活动空间少”的实施方案（摘要）

一、工作目标

2014—2016年，提升改造9个现状城市公园，新增中心城区绿地、广场9万平方米，建成6个湿地公园和19个山体公园，打造1000个绿色文体院落。规划建设高雅文化设施和文化街区，中心城区建成50个“图书馆小站”，80%社区完成公共电子阅览室建设，基本建成较为完善的公共文化服务体系。实施496个乡镇、行政村体育健身工程，全市乡镇、城市社区体育健身工程覆盖率达100%。

2020年，形成较为完善的宜居公园体系，全市建成区绿化覆盖率达50%以上、公园绿地面积提升到4712万平方米、人均公共绿地面积达17平方米。形成覆盖城乡、结构合理、功能健全、实用高效的公共文化体育服务体系，建成城市居民居住区500米半径休憩娱乐和活动健身圈，彻底解决活动空间少的问题。

二、工作措施

（一）推动项目建设，新增活动空间

1.依托棚户区改造，拓展活动空间。一是在非集中成片棚户区改造中新增活动空间。坚持“多拆少建、只拆不建”，实施老城区南浦路、环南巷、蟠桃宫、飞山横街、慈善巷、贵乌南路西侧等25个非集中成片棚户区地块改造，在老旧居民小区和背街小巷腾出地块，建设绿化小广场和小游园，配套完善文化体育设施。2015 年完成 10 个地块改造，2016 年完成 15 个地块改造。二是按照统一规划，采取整体拆迁、成片开发方式，连片打造公园绿地，配套完善文体体育设施，新建一批全民健身路径工程，到 2016 年新增活动空间 30 万平方米。

2. 加强各类建设项目公共活动空间配套。严格执行新建项目绿化用地与总用地比例的规定，督查各类新建项目完成配套绿化建设。按照《公共开敞空间、基层公共服务设施配建奖惩办法》，严格落实大型居住区开发项目公共空间配建。

3. 实施高雅文化活动区域建设工程。在中心城区规划建设“甲秀楼历史文化街区”“文昌阁历史文化街区”“阳明文化街区”3 个大型文化街区。建设观山湖大剧院、贵阳市科技馆、修文阳明文化园等 3 个市级重点文化设施。建设黔灵山公园休闲健身广场（黔灵山公园南门广场）、龙洞堡休闲健身广场、三桥文化广场、小关湖湿地公园生态文化广场、十里河滩湿地公园生态文化广场、洛湾休闲文体广场等 6 个城市文化广场。在未来方舟、大川白金城、观山湖、龙洞堡、花果园建设 5 个以上影剧院、图书馆、文化艺术展示讲学室、休闲娱乐、体育健身广场等综合性功能的大型城市文化中心。建设贵州歌剧院、贵州文化广场、贵州博物馆新馆、贵州非物质文化遗产展示中心（东山古玩城）、孔学堂二期和三期建设工程、多彩贵州城文化活动中心、乌当新庄贵阳城市记忆博物馆等 7 个省级重点文化设施。

4. 完善保障性公共文化服务设施。2016 年全市基本建成市、县、乡镇（社区）、村（居委会）四级文化活动设施网络体系，2020 年实现群众基础公共文化活动空间 15 分钟服务圈全覆盖。

5. 实施体育场馆等基础项目建设。一是 2015 年完善贵阳奥体中心一期配套功能，增加网球、羽毛球练习场，启动贵阳奥体中心二期、贵阳市网球主题公园，以及贵阳市网球夏训基地建设。二是 2015 年完成云岩区全民健身活动中心、修文县综合体育场建设，各区（市、县）级公共体育场馆以“一场一馆一中心”（即 1 个体育场、1 个体育馆或游泳馆、1 个全民健身活动中心）为标准进行配建，2016 年完成乌当区、花溪区、观山湖区、白云区 4 个中心城区全民健身活动中心及体育馆项目建设。三是以社区服务中心为单位配建“社区多功能运动场”，以社区居委会为单位配建“全民健身活动站”（室内室外结合型）。四是加大全民健身工程建设，2014 年起在我市 31 个乡镇和 465 个行政村实施农民体育健身工程，到2016年底实现乡镇、行政村建有体育健身工程覆盖率达100%。五是在城市社区、棚户区、社区院落、山体公园、湿地公园等增设满足市民健身需要的便捷实用的公共体育场地设施，因地制宜发展山地户外活动营地等体育场地设施，力争2016年底人均体育场地面积达1.6平方米。

（二）挖掘潜力，拓展活动空间

1. 加快山体公园建设。充分利用城区森林植被良好、自然条件适宜的山头，在不破坏森林植被的前提下，采取政府主导、财政资金补助和引进社会投资等多种方式，提升景观、增添活动设施、修建登山步道与观景平台，建设具备游览、健身、观赏等功能的山体公园。

2. 加快湿地公园建设。2014年实施花溪国家城市湿地公园二期、十二滩湿地公园、曹关湿地公园建设，2015—2016年实施百花湖、小关湖、松溪河等湿地公园建设，增加活动空间2000万平方米。

（三）优化提升现有活动空间

1. 改造提升现有公园。对全市现有各类公园实施升级改造，进一步完善基础设施、公共服务设施和文化体育设施，提高活动空间质量，为市民提供设施齐备、环境优美的活动场所。

2. 改造提升社区院落。2014年，整合生态文明、文广、体育等部门资金，在云岩区、南明区、花溪区、观山湖区、白云区、乌当区实施200个社区院落改造提升，增加活动空间4.32万平方米；2015年，根据“三年千院”老旧小区改造任务，统筹生态文明、文化、体育等部门资金，实施400个社区院落改造提升，增加活动空间5万平方米；2016年后，继续实施400个社区院落提升改造，增加活动空间5.4万平方米。

各牵头单位、责任单位要深入开展解决“活动空间少”工作的调查研究，保障群众的知情权、监督权，充分采纳正确的意见和建议，统筹兼顾广大市民的利益诉求，制定科学合理的工作目标和措施，按时按质的完成各项工作任务，切实解决好“活动空间少”的民生问题。

A n n e x 附件

贵阳市“两严一降”工作方案

筑党办发〔2013〕17号

“两抢一盗”问题既是社会关注的热点，也是民生工作的重点。市委、市政府决定，在全市范围内开展以严打严防“两抢一盗”，降刑事发案为主要内容的“两严一降”专项斗争。为有力、有序、有效推进此项工作，特制定本方案。

一、指导思想

以科学发展观为指导，坚持依法行政的原则和“打防结合、预防为主，专群结合、依靠群众”的方针，紧密结合“找问题、找差距、找目标”主题大讨论活动的要求，立足当前，以严打、严防为治标突破口，筑牢社会治安防控网，确保群众安居乐业；着眼长远，以制度、机制、能力建设为治本着力点，筑牢社会安全稳定基础，确保社会长治久安，为全市经济社会持续快速健康发展保驾护航。

二、工作目标

年内破获一批重特大刑事案件，抓获一批刑事犯罪嫌疑人，起诉和审判一批刑事犯罪分子，确保刑事发案数同比下降18%（其中“两抢一盗”发案同比下降19%），全市刑事发案总量占全省比例下降3个百分点，人民群众安全感达90%

以上。通过3年不懈努力，全市刑事发案数逐年下降，人民群众安全感不断提升，实现社会治安根本好转。

三、工作措施

（一）严厉打击“两抢一盗”犯罪。充分发挥政法机关协同作用，特别是公安机关的主力军作用，以打开路、以打促防，集中力量组织开展破案大会战、治安大整治、吸毒人员大收戒、“雷霆行动”等行动，坚决打出声威、打出实效。

1. 集中力量开展“两抢一盗”破案大会战。针对人民群众反映强烈的“两抢一盗”犯罪进行深度研判，分析犯罪规律和特点，整合各警种各部门警力资源、信息资源、技术资源，打好合成战、科技战、信息战、证据战。强化情报信息主导侦查破案的工作思路，充分发挥打击情报专班核心竞争力作用，加强警种间协同配合，重点打击系列性、流窜性、团伙性犯罪，力求达到最大限度打击犯罪的效果。按照“一类案件、一个领导、一套专班、一支队伍、一抓到底”的原则，建立类案打击专班，实施专业打击，严厉打击涉车抢劫、飞车抢夺、入室盗窃、盗窃机动车、扒窃等多发性侵财犯罪。建立扁平化指挥快速反应机制，坚决对街面现行两抢案件做到七快（接警快、出警快、联动快、发现快、拦截快、抓捕快、处置快），提高对现行犯罪的抓捕率。加强便衣打击，在易发案、多发案重点区域、重点场所布控、蹲点、伏击，全方位拓展打击“两抢一盗”犯罪的阵地。加强对网上违法犯罪线索的排查梳理，争取发现一批有价值情报线索，及时锁定、抓捕犯罪嫌疑人。开辟监所第二战场，充分发动在押人员检举揭发和提供犯罪线索。加强街面巡逻民警主动进攻式盘查，通过对可疑人员、可疑物品的检查，最大限度提高破案率，最大限度震慑犯罪分子。

2. 集中力量严厉打击毒品违法犯罪。在全市迅速掀起一场声势浩大的禁毒人民战争高潮，集中开展严厉打击毒品违法犯罪专项整治行动，坚决打掉一大批吸贩毒团伙，破获一大批吸贩毒案件，抓获一大批涉毒违法犯罪人员。按照“逢毒必查毒源，查毒源必追上线”的要求，坚持重心立足本地，以打链条、打网络、打零包贩毒为重点，摧毁贩毒网络，斩断销售链条。加强对歌舞娱乐等场所涉毒问题的整治，严厉查处容留吸贩毒行为的经营业主和从业人员，最大限度收戒吸毒成瘾人员，坚决遏制因毒品问题引发的“两抢一盗”犯罪。

3. 集中力量开展社会治安大整治。着力加强情报信息网络建设，加大治安案后研判，切实找准治安重点、难点、热点和治安管理中存在的问题，有针对性地集中排查整治，特别是要加强对城乡接合部、城中村、中小旅馆、出租房屋、高发案区域等重点部位的重点整治，加大对流动人口、重点人员、重点行业及治安复杂区域的清查、管控力度。加强对旅馆业住宿人员信息动态掌控，实名、实数、实时上报，登记率、上传率达100%。通过滚动出击整治，重兵围剿，打团伙、端窝点，不断压缩犯罪人员藏身和作案空间。要结合大整治加大“打黑除恶”力度，坚决对黑恶势力一打到底，对保护伞一挖到底。加强对废旧物品收购、典当行、金银首饰加工业、二手旧货市场等特种行业的监管，从中发现线索。加强阵地控制，坚决遏止收赃、销赃的行为，斩断销赃渠道。充分利用高科技手段强化特种行业市场管理，按规定对特种行业交易实行实名制登记。二手旧货市场等特种行业有条件的要安装视频监控。

4. 集中力量依法严惩犯罪分子。政法机关要高度重视、统一认识、协调一致、形成合力，依法严厉打击“两抢一盗”犯罪分子。审判、检察机关要加大提前介入和导侦力度，既要提高批捕、起诉、审判效率，又要严防冤假错案，依法快捕快诉快判，“稳、准、狠、快”打击“两抢一盗”犯罪。

（二）严密防范“两抢一盗”犯罪。坚持“打防结合、预防为主，专群结合、依靠群众”，全面加强防范，以防促打，编织好社会治安防控网。

1. 严密社会面巡逻防范。加强街面、社区两级巡逻防控。街面巡逻以公安民警为主，继续以市、区主次干道、要害部位、繁华商业区、广场、公交车站、集贸市场及案件高发地段为主，紧紧依托警情特点，科学部署警力，开展精细化、关联性巡逻防控，强化主动进攻式巡逻盘查。强化城区武装卡点对深夜时段可疑人员、车辆的治安盘查。加快配备200辆移动执勤警务车，构筑覆盖城区的社会面治安防控网络。社区巡逻主要以社区巡逻队为主，由区（市、县）组织、筹资，每个社区要有与辖区治安形势相适应的巡逻力量，用于巡逻防范，并由公安民警指导、带领，强化对背街小巷、居民住宅区、楼群院落的覆盖巡逻。建立健全联勤巡逻防控机制。整合各类警种，充分发挥治安巡逻、警情处置、交通管理、服务群众等职能。进一步完善公安机关与贵阳警备区应急分队、武警、民兵的治安联勤巡逻排查制度，强化重点部位、治安复杂区域的巡逻。充分发挥综治志愿者、民兵信息员作用，适时报告临近治安情况。加快天网工程建设，2013年完成 7000 个高清探头建设，接入公安视频共享平台，提高街面防控能力和水平。加强对社会视频探头安装的指导，大力整合金融、商贸、公共场地等社会视频资源。

2. 严密社区防范。落实楼群院落值守。全面摸清楼群院落底数，分类组织开展治安防范。机关、企事业单位及其职工住宅区，按照“谁主管、谁负责”的原则，落实 24 小时值守责任，值守率达 100%。有物业服务的居民住宅区，由物业服务公司负责落实治安防范措施，配足配强保安人员，加强对保安人员的教育培训。物业服务公司主管部门要牵头建立健全对物业服务公司市场行为监督检查考核的机制。对不按要求落实值守责任，造成连续发案、群众反映强烈的物业服务公司，由综治部门提出意见，物业服务公司主管部门对其限期整改，直至依法注销从业资格。没有物业服务的居民住宅区，适合封闭管理的，由区（市、县）筹资，修葺围墙和值班室，组织落实管理措施；没有封闭条件的居民住宅区，由区（市、县）筹资，选择重点部位、主要进出口通道等位置，修建值班室，组织落实管理措施。落实物防、技防措施。大力加强社会治安基础设施建设，“新型社区·温馨家园”公益事业经费要向安保类项目倾斜。按照“群众集资、政府补助”的要求，大力加强门禁系统单元防盗门、“平安 E 家”报警系统、社区监控、超 B 级防盗锁芯等技防措施建设；新装单元防盗门需带门禁功能，升级、更换一批门禁系统，单元防盗门安装率达到 100%，单元防盗门维修率、合格率达 100%。大力实施“亮灯工程”，解决背街小巷、通道、楼道的照明问题。大力实施社区警务战略。推进社区警务一二三四（一室、两会、三到位、四延伸）工作法，开好社区警务联席会和社区警民议事会，同防范、同考核、同守底线。完善 90 个新型社区与公安派出所对应配套建设，1000 名新增警力原则上要配备到公安派出所。社区民警脱离 110 接处警，专职做好社区基层基础工作，建立巡逻防控责任制度，全面落实巡逻、打击、走访、管控责任。辖区党委、政府要将发案情况纳入考核，实行综治牵头，与社区责任捆绑、同守底线。社区和公安派出所要深入开展大走访活动，积极整合社区工作人员、居委会委员、治安积极分子、物业保安等力量参加到治安防范中。

3. 严密机关、企事业单位的内部防范。各级机关、企事业单位、金融网点、大型商场、餐饮酒店、批发市场要按照“谁主管、谁负责”的原则，进一步加强单位内部治安保卫工作，严格落实管理责任，健全落实防范措施，确保人员到位、措施有力、设施完善。重要部位、易发案部位入侵报警、视频监控系统的安装率达到 100%。

4. 严密停车场、沿街铺面安全防范。加强车辆停放安全管理，尤其要强化夜间车辆停放区域的巡逻，降低涉车盗窃案件。对于夜间无人看护停放路面、巷道的车辆，由区（市、县）组织、筹资，落实专人值守。路面规划的停车区域、停车场的收费主管单位要落实 24 小时人员值守。组织楼院值守人员加强居民住宅区内、院内、围墙内停车安全管理。大力推广摩托车、电瓶车防盗技防产品。加快城市公交车辆视频监控探头安装，提高安装率。组织动员沿街门面、背街小巷、小旅店、小超市、小卖部、小发廊、小洗浴等安装“平安在线”社会视频监控探头。营业面积达 500 平方米上以上商场，要配备保安人员。

5. 严格出租屋、特殊人群及重点行业的管理。建立完善出租房屋和流动人口综合信息平台，整合基层服务管理力量，按照流动人口“来有登记、走有注销”、“租有登记、停有核销”的要求，切实做到“以房管人”。进一步推动落实《贵阳市房屋租赁管理办法》，切实提高房屋租赁管控率。加强建筑单位用工监管，实行用工实名登记备案制度。做好刑释解教人员、社区服刑人员无缝接茬、安置帮教，预防和减少重新犯罪。大力实施“阳光工程”，提高社区戒毒社区康复人员就业安置水平。加强工读学校建设，做好有严重不良行为青少年的教育矫治工作。加强行业管理、系统治理，深入开展校园及周边、批发市场、景区、网吧的综合治理。

6. 严密农村地区防范。建立完善农村村规民约，推进村民自治、民警包村、保安驻村、治安联防联治和治保组织负责制等做法，构建专群结合、警民联防的农村治安防范网络。严密防范偷牛盗马、盗窃摩托车和电缆等盗窃案件，大力开展邻里守望、联户联防等防控工作，加强专兼职巡防队伍建设，每个村都要成立专兼职巡逻队伍。大力推广适合农村特点的技防产品。加强治安卡口建设，封住边、卡住口、控住面。

（三）加强队伍建设。牢固树立“抓班子、带队伍”意识，结合“找问题、找差距、找目标”，切实提高执行力、落实力，严格查处政法队伍中的庸、懒、散、慢、浮行为，打造一支党委信任、群众满意的队伍。促进政法队伍把解决民生问题与平安建设、提升群众安全感相结合，坚持依法办案、严格执法、热情服务，改进作风、密切联系群众，不断增强政法队伍的战斗力、亲和力、公信力。强化作风建设，提高广大政法干警的使命感、荣誉感和责任感，树立敢于担当、勇于负责、甘于奉献的价值取向，形成争先恐后、奋发向上的良好环境。强化“警民一家亲”意识，形成“人民警察爱人民、人民警察人民爱”的浓厚氛围。要更加关心、支持、爱护政法干警，切实帮助其解决工作和生活中的困难。

（四）积极营造严打严防声势。加大社会宣传和新闻宣传力度，积极营造良好的舆论氛围。按照全民动员、全民参与的总体要求，充分利用报刊、广播、电视、网络等大众传媒，深入开展对严打严防“两抢一盗”的宣传报道，典型引路、以点带面，最大限度地增加舆论“正能量”。要重点宣传严打严防“两抢一盗”工作中的好做法、好经验和工作成效。充分利用黑板报、宣传栏等宣传阵地，开展治安防范知识宣传，提高居民自防意识、参与意识，在全社会营造严打严防“两抢一盗”的强大舆论声势。

（五）构建严打严防社会参与平台。采取政府搭台、市场运作、社会参与等方式，对参与社会治安综合治理公益服务的各界人士、社会单位给予更大的支持，千方百计地激发各方面社会力量参与严打严防“两抢一盗”的积极性、主动性、创造性，提高人民群众的参与度和认同感。充分发挥好居委会、村委会在群防群治工作中的重要作用，大力加强“红袖标”、治安志愿者等群防群治队伍建设，弘扬见义勇为精神，筑牢严打严防“两抢一盗”最广泛、最可靠、最牢固的群众基础。

四、工作要求

（一）精心组织、加强领导。成立贵阳市“两严一降”工作领导小组（以下简称市领导小组），组长由市委政法委书记担任，常务副组长由市公安局局长担任，下设办公室在市综治办。各区（市、县）党委书记是第一责任人，要高度重视、精心组织，做好统筹，把严打严防“两抢一盗”工作作为推进民生工作的重点来抓，定期听取工作汇报，研究解决工作中的重大问题，及时安排部署，确保组织到位、措施到位、保障到位、责任到位。各级机关、企事业单位的主要负责人是本单位的第一责任人，要按照“谁主管、谁负责”的原则各负其责，切实抓好本单位治安防范工作。各区（市、县）、市直有关部门要结合实际制定具体工作方案，层层动员，统一思想，扎实推进。

（二）落实责任、加强保障。要强化责任意识，一级抓一级，层层抓落实，切实推进相关工作的顺利开展，确保完成目标任务。市、区（市、县）要进一步加大投入，足额保障“两严一降”工作所需经费。

（三）注重实效、完善机制。及时提炼固化“两严一降”工作中的好做法和好经验，进一步建立健全严打严防长效工作机制，形成“党委领导、政府负责、综治协调、公安主力、社会协同、公众参与、法治保障”的工作格局。

（四）加强督查、强化考核。要把“两严一降”工作纳入社会治安综合治理目标考核管理，严格检查考核、兑现奖惩。由市督办督查局牵头，市领导小组办公室参与，定期或不定期对全市各级各部门“两严一降”工作情况进行督查并通报，督促落实各项工作措施。对在“两严一降”工作中失职、渎职，或未完成禁毒严打工作任务，造成“两抢一盗”案件不降反升的各级领导干部，由纪检监察机关依纪依规严肃追究责任。

各区（市、县）、市社会治安综合治理委员会成员单位要将具体工作方案于2013年9月20日前报市领导小组办公室，并于每周五报送工作周报，每月底前报送工作月报，重要工作信息随时报送。

中共贵阳市委办公厅
贵阳市人民政府办公厅
2013年9月16日

A n n e x 附件

贵阳市经济组织履行社会责任暂行规定

筑委厅字〔2013〕172号

第一章 总则

第一条 为进一步推进经济组织履行社会责任，实现经济组织与环境、社会的协调可持续发展，促进生态文明建设，根据有关法律法规，结合本市实际，制定本规定。

第二条 本市行政区域内经济组织履行社会责任，适用本规定。

本规定所称经济组织，是指在本行政区域内从事生产经营活动的公有、非公有制企业。

第三条 各级党委、政府应当把推动经济组织履行社会责任列入重要议事日程，督促、引导本行政区域内的经济组织依法和按照本规定履行相应社会责任。

有关部门应当按照职责，采取有效措施，督促、引导经济组织履行社会责任。

第四条 推进经济组织履行社会责任应当坚持下列原则：

（一）坚持党政领导，以经济组织为主体；

（二）突出重点，循序渐进；

（三）社会参与，示范带动。

第五条 经济组织履行社会责任应当坚持以下原则：

（一）坚持与本经济组织发展相结合；

（二）坚持与本经济组织实际相适应；

（三）坚持与创建和谐经济组织相统一。

第二章 责任与方式

第六条 经济组织应当依法经营，诚实守信：

（一）遵守法律法规规章和政策、社会公德、商业道德以及行业规则；

（二）依法签订并忠实履行生产经营合同；

（三）不发布虚假广告，不制售假冒伪劣产品和欺诈消费者，保障公平竞争的市场环境；

（四）保护和尊重知识产权，并积极引导消费者尊重知识产权；

（五）依法报送有关统计数据，不得漏报、瞒报、虚报；

（六）反对不正当竞争，杜绝商业活动中的腐败行为。

第七条 经济组织应当保障安全生产，严防安全事故发生：

（一）严格执行国家、省、市有关安全生产的管理规定，结合实际建立健全严格的安全生产管理制度和体系、岗位安全操作规范、事故应急预案，落实安全生产责任追究制度；

（二）在人力、物力、资金、技术等方面为安全生产提供必要保障，健全日常安全管理机制，认真开展安全检查及时排除安全隐患，确保各项安全措施落实到位，不得擅自降低安全保障标准和要求；

（三）坚持预防为主，强化岗位安全培训，采用多种形式增强员工安全意识，严格执行国家有关安全培训规定，做到持证上岗；

（四）发生安全生产事故，应当按照国家规定报告、科学施救、处理善后、协助事故调查、严格落实整改措施和问责规定。

第八条 经济组织应当确保产品质量合格，提供优质服务：

（一）严格执行产品质量的有关标准和规定，切实提高产品质量和服务水平；

（二）规范生产流程，建立严格的产品质量控制和检验制度，严把质量关，禁止缺乏质量安全保障、危害人民生命健康的产品流向社会；

（三）加强产品的售后服务，发现存在严重质量安全缺陷、隐患的产品，应及时召回或采取其他有效措施，最大限度地降低或者消除缺陷、隐患产品的社会危害，妥善处理消费者提出的投诉和建议，切实保护消费者权益。

第九条 经济组织应当注重保护环境，节约资源：

（一）按照国家有关规定，加大对环保工作人力、物力、财力的投入，建立环境保护与资源节约制度，认真落实节能减排责任，积极开发和使用节能产品，不断改进工艺流程，降低能耗和污染物排放水平，实现清洁生产；

（二）通过开展形式多样的宣传教育，不断提高员工环境保护和资源节约意识；

（三）按照国家有关规定收集、贮存、运输、利用工业固体废物和危险废物，加强对废气、废水、废渣的综合治理，建立废料回收和循环利用制度并严格执行；

（四）重视资源节约和资源保护，大力开发利用可再生资源；

（五）按照国家产业结构相关政策，加快高新技术开发和传统产业改造，以技术创新项目为纽带，推动产、学、研合作，促进各种创新要素的有机集成和有效组合，逐步向循环经济转变；

（六）建立健全环境保护和资源节约的管控机制。

第十条 经济组织应当规范财务管理，依法纳税：

（一）根据国家会计制度和本经济组织实际发生的经济业务事项进行会计核算，据实填制会计凭证、登记会计账簿、编制财务会计报告等，向社会和公众提供真实、完整的财务、会计信息；

（二）准确核算应纳税款并及时足额纳税；

（三）按规定取得、开具、保管发票，不符合规定的发票不作为财务报销凭证。

第十一条 经济组织应当依法用工，保障员工权益：

（一）依法签订并履行劳动合同，依法参加社会保险，按时足额支付劳动报酬，依法签订和履行集体合同，建立员工工资科学合理增长机制；

（二）遵守法定劳动时间和休息休假制度，确保员工权利；

（三）尊重员工人格，维护员工尊严，不得有性别、民族、宗教、年龄等各种歧视；

（四）不得使用童工；

（五）积极改善员工的生产生活条件，做好健康管理，预防、控制和消除职业危害；

（六）加强职工代表大会和工会组织建设，维护员工合法权益，积极开展员工职业教育培训，创造平等发展机会；

（七）深化厂务公开，推进民主管理，建立健全符合本经济组织实际多种形式的民主管理制度，保障员工民主权利。

第十二条 经济组织应积极投身构建和谐社会，参与公益事业：

（一）建立健全劳动争议调解组织，完善与社区、乡（镇）的沟通协作机制，积极参与矛盾纠纷排查化解和解决劳资纠纷等工作；

（二）积极创造就业岗位，吸纳高校毕业生、下岗失业人员、农村失地劳动者和残障人员等特殊群体人员就业；

（三）积极参加各种民生工程，支持各类慈善组织的工作；

（四）积极参与边远贫困地区帮扶活动，并为这些地区的教育、文化、卫生等公共事业提供人力、财力、物力等资助；

（五）积极参与社区建设，鼓励员工参与志愿服务活动，热心参与慈善、捐助等社会公益事业，关心支持教育、文化、卫生等公共福利事业，在发生重大自然灾害和突发事件时，积极提供支持和援助；

（六）其他需要参与的公益事业。

第三章 激励与支持

第十三条 各级人民政府及相关部门应当建立健全激励机制，对积极履行社会责任的经济组织予以支持和鼓励：

（一）经济组织的产品被编入国家、省、市名优产品推荐目录，采购人在同等条件下优先采购上述产品；

（二）对发展循环经济和注重环境保护，或者对可再生能源产品开发、资源综合循环利用、节能等有较大促进作用的企业，应当按照规定给予一定财力补助或贴息支持；

（三）对符合开发新技术、新产品、新工艺或者从事环境保护、节能和国家重点扶持的公共基础设施等项目的经济组织，依法享受国家相关税收优惠政策；

（四）从事现行营业税“服务业”税目规定经营活动的经济组织吸纳国有企业下岗失业人员的，按规定享受企业吸纳税收政策；

（五）对自主创业的经济组织吸纳复员退伍军人、就业困难人员、应届大中专毕业生、失地及返乡创业等人员就业的，按照规定享受一定贴息扶持政策性贷款；

（六）能提供较多就业岗位的经济组织，可以按照相关规定享受资金补贴或贴息政策；

（七）在本市管理权限内可以享受的其他优惠政策。

第十四条 对履行社会责任表现突出或在专项方面做出一定贡献的经济组织，要积极推荐参加省、市优秀企业和“贵阳市五一劳动奖状”等荣誉称号的评选。

对前款所指经济组织中做出突出贡献的人员，有关部门要积极推荐参加优秀经营者或劳模等社会荣誉的评选，同时作为推荐各级人大代表、政协委员、荣誉市民候选人的重要参考。

第十五条 各级党委、政府要在本行政区域内选择一批有代表性的经济组织，开展经济组织履行社会责任试点示范工作，及时总结经验，逐步推广。

按照前款规定被选择为试点示范的经济组织，由本级政府提供一定的财力补助。

第四章 监督与引导

第十六条 各级党委、政府应当建立联席会议制度，定期研究督促、引导经济组织履行社会责任的相关工作，明确专门机构具体负责日常工作。

第十七条 负责日常工作的专门机构应当牵头建立健全经济组织履行社会责任的评价机制，明确评价指标、评价标准、评价方式、奖惩措施等内容，作为对经济组织履行社会责任的衡量标准，并根据评价结果进行奖惩。

第十八条 有关部门应当按照各自职责，制定相应措施，认真履行监督管理职能，严格执法，督促、引导经济组织依法和按照本规定履行社会责任。

负责日常工作的专门机构应当将有关经济组织履行社会责任情况纳入信用管理。

第十九条 负责日常工作的专门机构应建立经济组织履行社会责任信息披露机制，对经济组织履行社会责任的情况要通过一定方式向社会公布。

鼓励行业组织、消费者组织及其他社会团体、新闻媒体、金融机构等根据实际情况建立经济组织履行社会责任信息披露机制。

有条件的经济组织应向社会发布经济组织社会责任报告，公布本经济组织履行社会责任的承诺、取得的成绩、存在的问题和改进的措施，接受社会监督。

第二十条 充分发挥经济组织党组织的政治核心作用，广泛动员和引导广大党员带头履行社会责任，营造有利于经济组织履行社会责任的良好氛围。

第二十一条　各级工会应当推动经济组织工会建设，提高经济组织工会的覆盖面，维护员工劳动权益，支持经济组织工会依法代表和组织员工参与本单位的民主决策、民主管理和民主监督。

第二十二条　相关职能部门应当引导各类商会、行业协会将经济组织履行社会责任纳入行业自律范围，通过制定公约、行规或者发布倡议书等形式积极履行社会责任。

第二十三条　相关职能部门应当帮助经济组织建立和完善履行社会责任的体制机制，健全内部管理机制，把履行社会责任纳入自身治理，融入自身发展战略，落实到生产经营各个环节。

第二十四条　新闻舆论单位要加强对经济组织履行社会责任的宣传，及时宣传、报道典型事例，刊登、播放相关公益广告，并加强对经济组织履行社会责任的舆论监督，增强公众参与意识，营造良好氛围。

第二十五条　对不依法和按照本规定履行社会责任的经济组织，有关部门应当通报并要求其整改，向社会公开曝光，取消所享受的有关优惠政策和获得的荣誉称号；属于违法行为的，依法追究相应责任。

第二十六条　相关职能部门按照相关法律法规的规定，对缺乏信用、制假售假、侵害员工权益、污染环境、破坏生态、危害公共安全等情况的经济组织加强监管，查证属实的，依据有关法律法规严肃处理。

第二十七条　相关职能部门及其工作人员在履行监管职能中滥用职权、玩忽职守、徇私舞弊的，由其上级主管部门或者其他有管理权限的部门责令改正，对直接责任人和其他责任人员依法处理。

第五章　附则

第二十八条　本规定自发布之日起执行。

中共贵阳市委办公厅

2013 年 11 月 22 日

A n n e x 附件

贵阳市支持与促进社会组织履行社会责任暂行办法

筑委厅字〔2013〕173 号

第一章 总则

第一条 为支持与促进社会组织履行社会责任，发挥好社会组织在我市经济社会发展中的积极作用，根据《中共贵阳市委、贵阳市人民政府 < 关于加强和创新社会管理工作的实施意见 >》（筑党发〔2011〕17 号）、《中共贵阳市委办公厅、贵阳市人民政府办公厅 < 关于加强和创新社会组织登记和管理工作的意见 >》（筑党办发〔2011〕28 号）文件精神，制定本办法。

第二条 支持与促进社会组织在本市履行社会责任，适用本办法。

本办法所称社会组织，是指在各级登记管理机关依法登记的社会团体、基金会和民办非企业单位，以及按规定纳入备案管理的社区社会组织。

第三条 各级党委、政府支持与促进社会组织履行社会责任应坚持培育发展、权责明晰、突出重点、分类指导、依法监督的原则。

第四条 社会组织应当遵循依法自治、规范运行、以人为本、公开民主、优质服务的原则。

推进社会组织民间化、去行政化，逐步实现社会组织自愿发起、自选会长、自筹经费、自聘人员、自主会务，真正发挥社会组织提供服务、反映诉求、规范行为的积极作用。

第二章 责任与方式

第五条 依法自律建设：

（一）坚持正确的政治方向，遵守宪法和法律、法规，维护国家的统一和民族的团结，不得损害国家、社会、集体的利益和其他公民合法的自由和权利；

（二）建立以章程为核心的各项内部管理制度，完善民主选举、民主决策、民主管理、民主监督的运行机制，逐步建立现代社会组织体系；

（三）根据组织使命和目标，为服务对象提供优质高效服务，树立良好社会形象，提升组织的公信力；

（四）向社会公开服务程序、业务规程、服务项目、公益服务等信息。接受社会捐赠、政府资助或政府向其购买服务的社会组织，定期公布资金使用情况、财务审计报告，自觉接受社会监督，提高公益财产的使用效益；

（五）遵守非营利性财务会计信用管理规定。社会组织的资产及收入应全部用于章程规定的业务范围，不得用于分配和分红。工作人员工资福利开支应在合理的比例内，不得变相分配该组织的财产；

（六）健全会员代表大会、理事会和监事会制度，主动接受登记管理机关和有关职能部门的指导管理，以及会员、理事和社会的监督；

（七）加强组织树立服务社会的发展理念，逐步培养和增强社会组织主要负责人和员工的责任意识，提升服务能力。

第六条 发挥服务民生作用：

（一）围绕城乡社区居民基本生活服务需求，积极提供多层次、多样化、高质量的社会服务；

（二）广泛参与社会公益事业，综合运用专业知识、技能和方法，为居民提供养老助残、慈善帮困、就业援助、教育培训、医疗卫生、科技文体、心理疏导和法律咨询等服务；

（三）关注社会弱势群体，积极支持扶危济困，协助解决弱势群体的基本民生问题；

（四）有效承接和完成政府委托的社会服务项目，参与政府公共服务体系建设，拓展公共服务的空间并提高其效率。

第七条 社会治理协同责任：

（一）有序参与解决群众最关心、最直接、最现实的利益问题，协助维护好群众合法权益，协助规范社会行为和反映公众诉求，协助对社会进行有效管理；

（二）发挥桥梁纽带作用，通过采取多种途径、方式化解社会矛盾；

（三）积极吸纳大学生就业，帮助转岗分流人员、下岗失业人员、农民工、其他困难人群、社会富余人员就业和再就业；

（四）利用专业优势，有效动员并组织社会公众参与城市建设与服务管理，为志愿行动提供各种机会。

第八条 社会组织应当加强与机关、企事业单位和社会公众有关生态环保的沟通合作与生态环保的社会倡导，加大对员工环保意识教育和培训力度，减少不可再生资源的消耗，建立和实施规范、有效的节能办公管理体系。

组织运行可能影响生态环境保护的，应当采取有效措施预防和减少不利影响；对造成破坏的，应当依法予以修复和补偿。

第九条 社会组织应主动发布社会责任报告，报告内容应当真实完整，实事求是，并听取捐赠人、员工、服务相对人、监管部门等的意见和建议。

社会责任报告应当包含公益服务、促进就业、员工权益保护、慈善捐赠、环境保护和资源节约等主要内容。

第三章 支持与保障

第十条 完善社会组织工作协调机制：

建立培育发展社会组织工作联席会议制度，加强对培育发展全市社会组织的协调领导。

明确部门职责分工，加快制定培育发展社会组织的具体方案和政策措施。

（一）党委群工委（综治委）负责宏观指导社会组织建设与发展，牵头拟订并组织实施社会组织建设的规划和政策措施，协调推进社会组织改革和发展工作；

（二）民政部门负责加强对社会组织的登记审查和监督管理；

（三）组织部门负责牵头拟订并组织实施社会组织党建工作的规划和政策措施；

（四）机构编制部门负责牵头推动社会组织政社分开、管办分离，将政府职能转变中适宜由社会组织承担的社会公共服务与管理事项，按规定逐步有序向社会组织转移；

（五）财政部门负责牵头建立健全政府购买服务制度，制订并公布各级政府年度购买社会服务与管理事项目录，负责培育发展社会组织的资金保障；

（六）宣传部门和有关新闻单位应坚持正确舆论导向，增强政治责任和敏锐性，加强社会组织的宣传引导工作；

（七）公安部门积极配合登记管理机关及其他有关行政主管部门依法对社会组织违法行为进行查处，维护社会治安秩序；

（八）社会组织业务主管单位负责监督、指导社会组织遵守宪法、法律、法规和国家政策，依据其章程开展活动。

第十一条 深化社会组织培育发展机制：

（一）建立健全社会组织孵化培育平台和机制，为建立初期的社会组织提供场地、资金、信息、推介等支持，积极开展服务项目设计和社会组织人才培训；

（二）按照权责明晰、突出重点、结构合理的原则，编制本市社会组织设立导向目录；

（三）坚持“宽审批、严监管”的原则，重点培育、优先发展行业协会商会类、科技类、公益慈善类，城乡社区服务类及符合本市生态文明城市建设、产业发展需要的社会组织。工商经济类、社会福利类、公益慈善类、社区服务类社会组织依据国家相关规定直接向民政部门依法申请登记；

（四）建立社会组织信息网络体系，逐步实现网上申请、网上年检、网上变更、网上公布信息，为社会组织提供优质高效服务；

（五）建立和完善社会组织党建工作制度，对符合建立党组织条件的做到应建尽建，充分发挥党组织的政治核心和引领作用，推动基层社会组织依法建立和完善工会、共青团、妇联组织；

（六）建立健全社会组织履行社会责任的制度，为社会组织的健康有序发展提供制度保障。

第十二条 优化政府购买服务机制：

（一）逐步依法将政府相关职能和工作事项转移和委托给具有相应资质、社会信誉好的社会组织实施；

（二）各级政府要建立政府购买服务制度，发挥政府资金导向作用，通过公益创投，项目招投标和资助补贴等方式，加大政府购买社会组织公益服务和社会资源配置的力度；

（三）政府有关部门做好标准化建设、资质审查、跟踪指导、绩效评估等工作，为社会组织参与公共服务创造条件。

第十三条 建立公共财政对社会组织的扶持机制。落实好国家对社会组织相关税收优惠政策。优化社会组织筹资渠道，鼓励金融机构为符合条件的社会组织提供信贷支持。

对公益性服务类社区社会组织，经评审后给予项目补贴，或根据绩效评估考核情况，给予项目奖励。项目补贴、奖励费用按照"替谁办事、由谁买单"的原则，由市、区（市、县）财政承担。

具有符合政府专项资金扶持事项的社会组织，按照规定享有相关优惠政策。

第十四条 民主权益保障：

（一）拓宽参政议政渠道，逐步增加社会组织代表在党代表、人大代表、政协委员中的比例，鼓励社会组织参政议政，表达合理诉求；

（二）各级政府应加强与社会组织的信息沟通，建立与社会组织信息交流制度；

（三）各级政府及部门在制定公共政策、编制发展规划、进行重大决策过程中，应当采取调研、咨询、听证等形式，认真听取，吸纳社会组织的合理意见和建议。

第十五条 加强社会组织人才的培育扶持：

（一）研究制定社会组织专职工作人员权益保障政策，保障社会组织从业人员的合法权益；

（二）发展壮大社会组织专业人才队伍，将社会组织人才发展纳入我市中长期人才发展规划，完善社会组织人才继续教育和在职培训制度，加强社会组织人才培训；

（三）拓展社会组织服务领域，增设社会服务工作岗位，大力引进相关专业人才进入社会服务领域。

第十六条 推广社会组织引领志愿者模式，充分利用社会公益组织的社会动员能力，广泛建立志愿者团队，创新志愿服务方式，把社会组织类型、服务项目、社区需求与志愿者的专业特长有机结合，充分发挥志愿者的潜能，提升志愿者服务水平。

第四章 监督与管理

第十七条 健全综合监管体系：

（一）坚持法律监督、政府监督、社会监督与自我监督相结合的社会组织监管体系；

（二）将年检工作和日常监管、绩效评估、信用建设及执法查处相结合，完善对社会组织的监督管理制度；

（三）登记管理机关应当会同有关职能部门整合信息资源，建立科学、规范、高效的社会组织监管信息系统和服务信息网络，定期向社会公布社会组织的年检、等级评估、执法查处、履行社会责任等情况。

第十八条 健全完善评估机制：

（一）建立健全社会组织规范化和能力建设评估体系，将社会责任的履行作为社会组织等级评估的重要参考依据，提高社会组织评估工作的准确性和科学性；

（二）广泛宣传和利用评估结果，更好地发挥评估的导向、约束和激励作用。将评估结果作为政府向社会组织购买服务的重要依据和条件；

（三）建立优胜劣汰的退出机制，依法重组和改造不适应当前经济社会发展需要的社会组织，对名存实亡或存在严重问题的社会组织做出相应处理。

第十九条 社会组织登记管理机关及有关职能部门在引导社会组织履行社会责任过程中，有滥用职权、玩忽职守、徇私舞弊，或者其他违法行为的，依法追究相关责任人员的责任。

社会组织在履行社会责任过程中，有违背宗旨、非法牟利、腐败或有其他违法行为，将视情节轻重给予社会组织、相关责任人员相应的责任追究；构成犯罪的，将依法追究刑事责任。

第五章 附则

第二十条 本办法自发布之日起执行。

中共贵阳市委办公厅

贵阳市人民政府办公厅

2013年11月22日

贵阳市公众参与社会管理办法（试行）

筑党办发〔2012〕40号

第一章 总则

第一条 为提升公众在社会管理中的参与度，不断完善“党委领导、政府负责、社会协同、公众参与、法治保障”的社会管理体制，根据中央、省委、市委关于加强和创新社会管理的要求，结合我市实际，制定本办法。

第二条 公众参与社会管理遵循依法有序、民主平等、公开诚信、便捷有效、广泛性与递进性结合的原则。

第三条 各级党委、政府应围绕强化城乡社区“服务群众、凝聚人心、优化管理、维护稳定”的功能，鼓励和引导公众有序参与社会管理。

第二章 公众参与基层民主管理

第四条 公众参与基层民主管理应当坚持党的领导和依法办事原则，遵守《中华人民共和国宪法》、《中华人民共和国城市居民委员会组织法》、《中华人民共和国村民委员会组织法》、《贵阳市社区管理暂行办法》等法律、法规、规章和有关政策规定。

第五条 加强村（居）民自治。在村（居）委会选举工作中，负责选举的机构应当按照《中华人民共和国城市居民委员会组织法》、《中华人民共和国村民委员会组织法》的规定，组织村（居）民有序参与有关选举工作；凡涉及多数村（居）民利益的事项，应当通过村（居）民会议或村（居）民代表会议协商决策。

第六条 加强社区民主管理。在社区选举工作中，应当组织辖区内居民有序参与社区党委书记及社区服务中心主任的公推直选工作。社区涉及居民利益的事项，应当通过“三会一评”（意见收集会、议题讨论会、议事决策会，述职评议）等形式协商办理，并对办理过程进行监督、对办理成效进行评议。

第七条 加强乡（镇）民主管理。乡（镇）应加强调查研究，畅通沟通渠道，全面掌握社情民意；应当按照有关规定，对涉及辖区群众利益、群众普遍关心的事项进行公开，接受群众查询和监督。每年组织辖区内“两代表一委员”、村（居）两委成员、群众代表等对乡（镇）党委、政府工作情况进行民主评议。

第三章 公众参与企事业单位民主管理

第八条 企业应推进厂务公开并接受监督：

（一）公有制企业要将重大决策、生产经营、劳动合同、领导班子建设和廉政建设等事项公开。

（二）非公有制企业要将工资发放、保险缴纳、劳动安全措施、合同签订和履行情况，以及涉及职工权益的其他事项公开。

第九条 企事业单位应当完善职工代表大会（下称职代会）民主管理制度，按照下列规定让公众参与其民主管理，切实保障职工的民主权利。

（一）职代会每年至少召开一次，确保按期换届。

（二）以下规章制度应当经过职代会审议通过：企业改组、改制和破产时职工的安置方案；职工工资调整、奖金分配方案；安全卫生和职业卫生及女职工特殊保护措施；集体合同草案、工资协议草案、专项集体合同草案；职工奖惩办法及其他重要规章制度。

（三）成立职代会专门工作小组，负责办理职工代表大会交办、审议通过和决定的事项，对于不能落实的应向职工做出合理解释。

（四）职工代表定期对职代会行使职权、民主程序等方面的情况进行评议。

（五）国有及国有控股企业、事业单位实行业务招待费向职代会报告制度；坚持职代会每年至少一次民主评议本单位领导人员，评议要公开透明、程序规范，评议结果提供给组织人事部门，作为干部奖惩任免参考依据。

（六）国有及国有控股企业工会主席、副主席应作为职工董事、职工监事的首选候选人，经职工代表大会民主选举产生，通过法定程序进入董事会、监事会。

第四章 公众参与公共决策

第十条 各级各部门应以扩大有序参与、推进信息公开、畅通表达渠道、加强议事协商、强化权力监督为重点，拓宽公众参与的范围和途径，丰富内容和形式，保障公众享有更多的民主权利。

第十一条 引导公众参与的主要事项：

（一）地方性法规、政府规章、规范性文件制定；

（二）有关决策的立项、论证或听证；

（三）社会稳定风险评估；

（四）其他需要公众参与的环节。

第十二条 推进信息公开，引导公众参与的主要方式：

（一）向社会发布征求意见公告，广泛征求群众代表、利益各方意见，必要时应征求有关专家学者和人大代表、政协委员意见；公共决策主体应当按照有关规定及时向公众反馈意见建议采纳情况及理由。

（二）在实施公共决策的过程中要按照有关规定引入公众监督机制，公共决策主体应当在决策前后主动向公众公布有关信息。发布信息的主要方式为：

1. 政府公报、政府门户网站、电子政务网站；

2. 百姓——书记市（区〈市、县〉）长交流台、12319 公共服务热线；

3. 新闻通气会、新闻发布会；

4. 公开发行的报刊或者广播、电视、网络等便于公众知晓的方式。

（三）结合决策事项特点制定公众测评指标对实施效果进行测评。

第十三条 畅通民意表达渠道，引导公众有序参与公共事务。

（一）公众可以通过以下渠道向党委、政府及其工作部门就公共事务提出意见和建议：

1. 百姓——书记市（区〈市、县〉）长交流台、市长信箱、12319 公共服务热线；

2. 各级各部门门户网站；

3.“微贵阳”系列平台，各级各部门其他官方微博；

4. 邮件、信件；

5. 其他合法方式。

（二）各级各部门应有效处置和反馈公众提出的意见和建议。

1. 建立定期收集、梳理、汇总、处置和反馈意见和建议的工作机制，并形成报告供领导决策参考；

2. 对能处置的，应立即处置并予以反馈；对不能处置的，应将工作的进度或有关情况及时告知公众，并于处置后立即予以反馈。

第五章 公众参与社会组织活动

第十四条 公众可申请加入的社会组织类型：

（一）在民政部门登记的社会团体；

（二）在民政部门登记的民办非企业单位；

（三）纳入备案管理的社区社会组织；

（四）其他合法社会组织。

第十五条 社会组织应当按照政社分开、权责明确、依法自治的要求，组织其成员有序参与经济建设、政治建设、文化建设、社会建设、生态文明建设等各个领域的服务、管理和监督，发挥协助政府、维护稳定、促进和谐的作用。

（一）积极参与慈善和公益事业；

（二）提供信息咨询、业务培训、行业交流等服务；

（三）根据社会组织承接的政府转移职能，积极参与社会事业服务；

（四）积极参与相关领域立法、决策、行业规定和标准制定的论证咨询；

（五）倡导行业从业人员理性表达合理诉求，推进行业信用建设、促进行业守信自律和公平竞争，引导形成良好的社会风尚。

第六章 公众参与志愿服务

第十六条 公众可通过以下途径加入本市志愿者队伍：

（一）在贵阳市志愿者协会进行登记或注册；

（二）到当地乡（镇、社区）申请加入辖区内群众工作志愿者队伍；

（三）党委、政府部门，人民团体以及慈善、救助等社会组织，根据开展社会公益活动、应急援助以及举办文化、体育、科技等大型活动的需要招募志愿者时，按照活动规定报名参加；

（四）共产党员可到所属机关党组织和所联系、帮扶或居住地区的基层党组织报名参加共产党员志愿者服务队。

第十七条　志愿服务活动应当参照贵阳市志愿者协会《关于印发贵阳市“绿丝带”志愿服务活动组织办法（试行）的通知》、贵阳市委群工委《关于在全市组建群众工作志愿者队伍的通知》、各级机关党组织关于共产党员志愿者服务队的工作要求，以及有关应急救援、社会公益活动方案等组织开展。

第十八条　鼓励为老、弱、病、残和失业人员等有困难、需帮助的社会群体和个人提供志愿服务；倡导在党委、政府及其职能部门的组织下有序参与基层走访、应急处置等群众工作；提倡在科学、教育、文化、卫生、环保等领域以及社区服务、应急援助和社会公益活动中开展志愿服务活动。

第七章　组织保障

第十九条　各级群工委（综治委）应当发挥统揽作用，加强对有关机制的建设指导和公众参与社会管理能力的培养提高，鼓励、推动和规范公众参与社会管理工作。

第二十条　各级各部门应当为公众参与社会管理提供支持，形成整体工作合力。

（一）各级人民政府应当采取措施，引导、支持和促进本地公众参与社会管理各项工作的开展；

（二）市属高校、中等职业学校、中小学校应当将培养志愿服务意识理念等纳入教学内容，鼓励学生参加适合自身特点的各种志愿服务活动；

（三）广播、电视、报刊、网站等媒体应当积极宣传“社会管理、人人有责”的理念，为公众参与社会管理营造浓厚氛围。

第八章 责任追究

第二十一条 对在推进公众参与社会管理工作中违反相关规定的单位及个人，要根据有关法律、法规、规章追究责任：

（一）具有社会管理职能的主体未按相关规定组织引导公众参与社会管理，引发大规模集体上访或影响社会稳定的，追究相关领导和直接责任人责任；

（二）具有社会管理职能的主体及其工作人员在引导公众参与社会管理的过程中，有滥用职权、玩忽职守、徇私舞弊、失职渎职等行为的，追究相关领导和人员责任；

（三）公众在参与社会管理过程中捏造事实、散布谣言、扰乱公共秩序或有其他违法行为的，追究当事人责任。

第九章 附则

第二十二条 本办法自2013年1月1日起施行。

中共贵阳市委办公厅
贵阳市人民政府办公厅
2012年12月13日

A n n e x 附件

贵阳市“社会治理创新奖”评选方案（试行）

筑社群组发〔2014〕3号

为贯彻落实《中共贵阳市委 贵阳市人民政府关于加强群众工作创新社会治理的意见》（筑党发〔2014〕18号）精神，进一步总结推广我市在加强社会建设、创新社会治理工作中的成果和经验，激发社会各界参与社会治理的活力，不断提高我市社会治理的能力和水平。经市社会建设和群众工作领导小组研究，决定每年开展“社会治理创新奖”评选活动。

一、评选范围

市直各有关部门，各区（市、县）、社区（乡、镇）、村（居）委会，社会组织等在矛盾纠纷预防化解、解决“民生十困”、社区治理、乡村治理、社会领域党建、社会组织发展、社工人才队伍建设等社会治理和群众工作中形成的，具有改革创新精神，经实践证明有成效、有特色、有推广价值的新机制、新载体、新平台、新理念、新模式、新措施、新方式和新方法。

二、申报条件

（一）具有创新性。在市内、省内甚至国内社会建设领域处于领先地位，其工作理念、体制机制、工作模式、工作方法、工作举措等某一方面或多方面，具有一定的突破性、新颖性和前瞻性，对于解决特定社会问题能够提供良好经验。

（二）具有实践性。符合贵阳市社会建设总体的要求，也契合当前贵阳市的发展形势和现实需要，有利于解决特定时期、特定区域存在的社会治理、社会发展难题，能够在当前和今后一段时期具体实施并产生实际效果，得到服务人群的广泛认可。

（三）具有借鉴性。其经验做法操作性强，在本辖区、本行业或本单位广泛知晓，各种社会力量积极主动广泛参与。可以复制，能够为其他地区、单位和社会组织所借鉴采用，具有现实的推广意义。

三、奖项设置

社会治理创新奖共设矛盾纠纷预防化解创新奖、民生改善创新奖、社区治理创新奖、乡村治理创新奖、社会组织创新奖五大类别，共评出 10 个创新奖、10 个提名奖。

四、奖励时间、方式及标准

在每年召开的全市加强群众工作创新社会治理大会上，以市社会建设和群众工作领导小组名义向获奖单位授牌颁发证书，对创新奖每个给予 3 万元资金奖励。经费从市社会治理常设专项资金中列支。

五、评选程序

（一）申报时间：每年 11 月上旬

（二）申报方式

1. 市直各有关部门负责本部门及系统单位的创新奖申报，各单位在梳理审核的基础上，推荐优秀的项目统一向市委群工委（市社工委、市社会办）申报，申报材料须经本单位办公会审核同意后上报，每家成员单位每年申报数一般不超过 3 个。

2. 区（市、县）部门、社区（乡、镇）、村（居）委会申报材料由各区（市、县）群工委负责审核并统一上报，每个区（市、县）申报总数一般不超过10个。

3. 市级社会组织的申报材料由市民政局负责审核并统一上报，申报总数原则上不超过10个；区（市、县）级社会组织、社区社会组织的申报材料经各区（市、县）民政局审核后，由各区（市、县）群工委统一上报，每个区（市、县）申报总数原则上不超过5个。

4. 各申报单位按照一事一例的要求，认真填写《贵阳市“社会治理创新奖”申报表》，并在表中说明创新名称、创新概要（主要反映项目的背景、做法和成效，800～1000字），推荐单位填写推荐意见，并加盖印章后（一式两份）报市委群工委（市社工委、市社会办）。同时，将全套资料电子版（申报表、相关图片5—10张、媒体报道等）一并发至电子邮箱gysqgw@126.com。

（三）初审。11月中下旬，由市社会建设和群众工作领导小组办公室对所有申报项目进行第一轮初审和遴选，初选出50个候选项目，在报刊、网络等媒体进行公示。

（四）复审。12月中下旬，市社会建设和群众工作领导小组对50个候选项目进行打分综合评估，评选出20个项目进入终审，并提出10个创新奖、10个提名奖建议名单。

（五）终审。12月下旬，将10个创新奖、10个提名奖建议名单提交市长办公会审议后再提交市委常委会审定。

六、宣传展示

（一）宣传报道。由市级以上媒体，对创新成果进行深度报道和持续宣传。

（二）汇编成册。将创新成果进行整理汇编、总结经验、结合媒体记者采访报道、专家学者点评等制作成册。

（三）流动展示。制作播放素材宣传片和流动展板，在市内主要公益广告媒体终端、公共场所和各区（市、县）进行展示。

七、工作要求

（一）市社会建设和群众工作领导小组办公室即市委群工委（市社工委、市社会办）要加强统筹协调和工作指导，认真组织好此次评选活动，将各单位工作开展情况纳入年终社会治理和群众工作目标考核。

（二）各级各有关部门要积极参与、精心组织，按要求认真抓好评选活动的组织、申报等工作。

贵阳市社会建设和群众工作领导小组

2014 年 10 月 11 日

A n n e x 附件

贵阳市社会治理大事记

2010 年 10 月，贵阳市被列为全国社会管理创新综合试点城市。

2010 年 11 月 26 日，贵阳市政府举办“智慧城市与服务创新”贵阳论坛。

2011 年 3 月 25 日，贵阳市和谐贵阳促进会正式成立。

2011 年 5 月 3 日，省编办批复同意贵阳市设立市委群众工作委员会。

2011 年 5 月 9 日至 10 日，习近平同志在贵州视察时指出：贵阳市成立群众工作委员会和群众工作中心，是加强和创新社会管理的有益探索和尝试，我们是鼓励和支持的。从中央这个层面来说，将会密切关注，希望贵阳市在这方面大胆探索。

2011 年 5 月 13 日，贵阳市爱心助残志愿者服务队被评为全国志愿助残示范基地。

2011 年 5 月 19 日，贵州省首家少数民族法律援助机构——贵阳市法律援助民族工作部成立。

2011 年 5 月 24 日，市委印发《关于明确市委群众工作委员会成员单位的通知》、《关于印发 < 中共贵阳市委群众工作委员会工作制度（试行）> 的通知》，建立健全工作机制。

2011 年 6 月 1 日，贵阳市妇女儿童活动中心启用。

2011 年 6 月 11 日，贵阳市群众工作中心启用。

2011 年 6 月 16 日，红湖老年公寓项目在贵阳启动。项目总投资约 38 亿元，可容纳 3 万名老年人入住。

2011 年 6 月 21 日，中共贵阳市委召开八届十一次全体（扩大）会议，对加强和创新社会管理、做好新形势下群众工作进行安排部署。

2011 年 6 月 22 日，市委印发《中共贵阳市委、贵阳市人民政府关于加强和创新社会管理工作的实施意见》。

2011 年 6 月 26 日，孟建柱同志在贵阳视察“阳光工程”就业基地工作。

2011 年 7 月 28 日，刘云山同志在贵阳市群众工作中心视察，亲切慰问了当时参加信访接待工作的汪晓迅律师，并对贵阳市律师参加信访接待工作给予了高度评价。

2011 年 8 月，出台《关于加强和创新流动人口服务管理工作的实施意见》，将流动人口以治安管理模式为主“防范型”管理体制向统筹协调、综合服务“统筹型”管理体制转变。

2011 年 8 月 18 日，王岐山同志在市政务服务中心视察，详细了解市政务服务中心工作开展情况。

2011 年 8 月 22 日，王乐泉同志在贵阳市群众工作中心、清镇市阳光家园等地考察。

2011 年 8 月 29 日，印发了《关于在全市组建群众工作志愿者队伍的通知》，在每个区（市、县）组建不少于 100 人，每个社区不少于 30 人的群众工作志愿者队伍，就地就近开展矛盾化解、法制宣传、民情收集、扶贫济困活动。

2011 年 9 月 6 日，市委群工委召开第一次全体会议，审议通过了《贵阳市重大事项社会风险评估办法（试行）》、《贵阳市群众工作目标考核奖惩方案（试行）》。

2011 年 10 月 31 日，贺国强同志在贵阳市群众工作中心视察。

2011 年 12 月 20 日，贵阳市获“全国文明城市”和“国家卫生城市”称号。

2011 年 12 月 24 日，贵阳市残疾人康复托养中心开工建设。

2011 年 12 月 27 日，贵阳市“百姓—书记市长交流台”获人民网全国网民留言办理工作先进单位称号。

2012 年 1 月 7 日，市委副书记、市委群工委书记王保建到中央政法委汇报贵阳市加强和创新社会管理工作开展情况。

2012 年 1 月 30 日至 2 月 1 日，民政部副部长姜力一行到贵阳市调研基层群众自治和城市基层社会管理体制改革工作。

2012年2月7日至8日，时任省委常委、市委书记李军出席在北京召开的全国社会管理创新综合试点工作座谈会，并汇报贵阳市创新社会管理工作情况。会上，明确把贵阳、深圳、宁波作为从整体上推进加强和创新社会管理的三个典型培育城市进行重点蹲点指导。

2012年2月15日，中央综治委社会管理创新典型培育第四蹲点调研指导组林祥国组长一行在我市开展蹲点调研指导工作。

2012年2月18日，时任省委书记、省人大常委会主任栗战书，时任省委常委、市委书记李军，时任市委副书记、市长李再勇陪同中央综治委第四蹲点调研指导组在息烽指导工作。

2012年3月，贵阳市建立了医疗纠纷、道路交通事故等7个行政调解专业调解委员会及137个调解工作室。

2012年3月12日，贵阳市成立整体推进社会管理创新工作领导小组。

2012年4月11日，国务院参事室参事王石奇到市委群工委视察座谈。

2012年4月14日，时任中央综治委副秘书长、中央综治办主任陈训秋一行来筑调研贵阳市加强和创新社会管理工作。

2012年4月23日至24日，时任省委常委、市委书记李军向原中央政法委副书记王乐泉汇报贵阳市加强和创新社会管理工作情况。

2012年4月26日，贵阳市出台“十二五”加强和创新社会管理规划。

2012年4月30日，贵阳市49个街道办事处全部撤销，建立90个社区。

2012年5月29日，贵阳市出台社会管理工作目标考核办法和贵阳市社会管理工作问责办法。

2012年6月1日，由中央党校党建教研部主办，中共贵阳市委、当代贵州杂志社承办的“改革城市基层管理体制、加强区域化党建理论研讨会”在贵阳召开。

2012年6月7日，贵阳市决定开展城市新型社区网格化服务管理试点工作。

2012年7月20日，在全国社会管理综合治理工作会议上，时任市长李再勇作贵阳市经验交流发言，并播放了《新型社区 和谐家园》专题片。

2012年8月，贵阳市列为全国第三批城市少数民族服务管理体系建设试点城市。

2012年8月7日，全国人大常委会法工委调研组调研贵阳市城市基层管理体制改革工作。

2012年8月10日，贵州省委书记赵克志等省领导到贵阳市视察社会管理创新和维稳工作。

2012年9月20日，贵阳市委副书记、市委群工委书记王保建带队参加社会管理大庆年会。

2012年10月14日，李长春同志在贵阳市碧海社区服务中心等地视察。

2012年12月4日，胡锦涛同志在观山湖区碧海社区视察，与前来社区服务中心大厅办事的群众亲切交谈。

2012年12月7日，贵阳市荣获由新华社《瞭望东方周刊》、复旦大学公共绩效与信息化研究中心共同发起评选的“中国幸福城市社会管理创新最佳实践案例”。

2012年12月，贵州省首家通过政府购买服务方式运转的专业性、职业化社会服务工作机构——贵阳市乌当区创新蔚蓝社会工作服务社在创新社区服务中心挂牌成立。

2012年12月13日，出台《贵阳市公众参与社会管理办法（试行）》文件。

2013年1月1日，贵阳市“12319”公共服务热线正式开通。

2013年1月15日，贵阳市建立社会稳定风险联动预警机制。

2013年3月1日，贵阳市《干部联系群众实施细则》正式施行。

2013年3月6日，贵阳市委、市政府决定全市社区开展“三创一强一提升”活动，力争到2015年，全市80%以上的社区建成群众满意的“新型社区·温馨家园”。

2013年3月5日，印发《关于进一步规范全市社区服务中心标识的通知》。

2013年3月27日，俞正声同志在贵阳市观山湖区碧海社区视察。

2013年4月1日，刘延东同志在花溪区青岩龙井村视察，了解农村教育及计生卫生等工作情况。

2013年5月，李源潮同志在贵阳视察时对“幸福万家”服务平台给予了肯定，勉励贵阳市妇联要善于利用网络为广大妇女服务，提高“幸福万家”的服务实效和影响力。

2013年5月31日，贵阳市在深化平安中国建设工作会议上荣获全国社会治安综合治理最高奖项——“长安杯”。

2013年6月1日，《贵阳市流动人口积分入户管理暂行办法》正式开始实施。

2013年8月14日，贵阳市建立重大决策社会稳定风险评估专家库。

2013年8月23日，贵阳市建立涉及群众利益重大决策定期报告制度。

2013年8月24日，《人民日报》对贵阳市“新型社区·温馨家园”公益事业项目建设的创新做法进行了题为《“政府配餐”变为“群众点菜”》的报道。

2013年8月27日，省委常委、市委书记陈刚到市委群工委调研，强调既要抓好当前，千方百计解决好老百姓身边的、现实的利益问题，更要立足长远，着力研究社会发展规律，理顺工作体制机制，强化基层基础工作，以更大力度推进社会管理创新。

2013年9月26日，贵阳市荣获2013年度“中国城市管理进步奖”。

2013年9月16日，中共贵阳市委办公厅、贵阳市人民政府办公厅印发《贵阳市“两严一降”工作方案》。

2013年9月29日，贵阳市召开“两严一降”动员大会。省委常委、市委书记陈刚出席会议并讲话。

2013年9月30日，印发了《贵阳市人民政府办公厅关于进一步加强城市流浪乞讨人员救助管理工作的通知》，规定对流浪未成年人、生活不能自理的老人等三类特殊人群，实施有针对性的分类救助。

2013年10月，贵阳市观山湖区世纪城社区卫生服务中心和碧海社区卫生服务中心获得了“全国示范社区卫生服务中心”授牌。

2013年10月18日，由贵阳市委群工委、贵州省歌舞剧院共同开展的2013年“文化惠民贵阳社区行”文艺巡演启动。

2013年11月22日，中共贵阳市委办公厅、贵阳市人民政府办公厅印发《贵阳市经济组织履行社会责任暂行规定》和《贵阳市支持与促进社会组织履行社会责任暂行办法》。

2013年11月25-26日，省委常委、市委书记陈刚，市委副书记、市委群工委书记王保建带队，赴广东珠海参加“加强社会建设，创新社会治理”（广东）年会，会议明确2014年年会由贵阳市承办。

2013年11月25日，贵阳市出台经济组织履行社会责任暂行规定和贵阳市支持与促进社会组织履行社会责任暂行办法。

2013年12月1日，全国首部社区工作专项法规——《贵阳市社区工作条例》正式施行。

2013年12月13日至14日，市委副书记、市委群工委书记王保建带队赴北京市学习考察社会建设工作。

2013年12月15日，省委常委、市委书记陈刚，市委副书记、市委群工委书记王保建参加由国家创新与发展战略研究会、社会建设与社会治理研究中心、北京市社工委共同举办的社会建设、改革、治理专题座谈会。

2014年1月24日，市长刘文新作政府工作报告，提出要紧紧围绕保障和改善民生深化社会体制改革。

2014年2月，中共贵阳市委群众工作委员会加挂“中共贵阳市委社会建设工作委员会”和“贵阳市社会建设工作办公室”牌子。

2014年2月，贵阳市花溪区马铃乡留守学生之家获得了团中央等中央级单位颁发的“全国青少年维权岗”的荣誉称号。

2014年2月27日，印发《中共贵阳市委办公厅关于印发<市委常委会定期研究全市重要工作制度>的通知》，决定逢单月最后一周，市委常委会专题研究推进社会建设工作。

2014年2月8日，贵阳市乌当区被列为“全国社会组织建设创新示范区”。

2014年3月20日，贵阳市决定把信访维稳工作作为全市党的群众路线教育实践活动反“四风”的“一号工程”。

2014年4月15日，贵阳市召开加强群众工作创新社会治理大会，并印发了《中共贵阳市委、贵阳市人民政府<关于加强群众工作创新社会治理的意见>》，省委常委、市委书记陈刚出席会议并讲话。

2014年4月21日，贵阳市选送《创新城市基层社会管理的“贵阳经验”》案例获中国延安干部学院、人民日报社政治文化部、人民网中国共产党新闻网共同举办“群众工作典型案例”优秀奖。

2014年5月6日，贵阳市印发《关于着力解决民生“十困”的实施方案》，着力办好一批群众看得见、摸得着、感受得到的实事。

2014年5月7日，公安部禁毒局副局长陈绪富代表国家禁毒办，向清镇市禁毒委员会颁发了“全国社区戒毒社区康复示范点”的牌匾。

2014年6月17日，贵阳市开展“和谐贵阳·社工同行”社会工作专业人才队伍建设发展宣传推介活动。

2014年6月26日，《贵阳市云岩区：大数据全方位激发社会活力》案例荣获中国治理创新百佳经验。

2014 年 7 月，贵阳市委群工委被评为全省人民满意的公务员集体，并记集体二等功。

2014 年 7 月 1 日，贵阳市委群工委机关党支部荣获贵州省五好基层党组织称号。

2014 年 7 月 4 日，贵阳市 7 家人民团体和 4 家社会组织被认定为第一批市级枢纽型社会组织。

2014 年 7 月 30 日，贵阳市召开加强群众工作创新社会治理工作推进会，研究部署全市社会建设、社会治理工作。

2014 年 8 月 29 日，贵阳市支持社会组织参与社会服务项目最终立项 77 个，拟资助资金 311 万元。

2014 年 9 月 26 日，贵阳市召开践行群众观、提升安全感、提高满意度工作推进会，公布了《贵阳市群众安全感和政法机关满意率考核办法》（试行）。其中指出，完成目标任务的区（市、县）最高可获奖励 150 万元。完不成任务的，主要领导要受罚。

2014 年 10 月 11 日，贵阳市决定设立“社会治理创新奖”。

2014 年 10 月 16 日，贵阳市选送的《“加减乘除”法解社会治理》、《贵阳市开阳县：合力富民合群惠民合心聚民》两个案例分别荣获全国创新社会治理“最佳案例奖”和“优秀案例奖”。

p o s t s c r i p t 后记

党的十八届三中全会将“完善和发展中国特色社会主义制度、推进国家治理体系和治理能力现代化”确立为全面深化改革的总目标。准确把握这一战略目标，既需要理论层面的深化研究，更需要实践层面的积极回应。积极推进这一战略目标，既需要宏大的制度构建，更需要关照每一个“人”的需求。当我们用全新的视角来观察、来理解、来定位“治理”的时候，治理的理念也就开始“生根发芽”。

从基层的角度来看，治理的活力来自政府改革。基层是改革的最前沿，贵阳作为我国西部地区欠发达、欠开发的城市典型，近年来，始终以自觉的姿态站在改革的最前沿。贵阳立足于“转型升级、科学发展的机遇期，社会矛盾、社会问题的凸显期”这两大阶段性特征，适应新形势、新要求，应对新问题、新挑战，围绕社会治理体系和治理能力现代化建设的目标，在理顺领导体制、夯实基层基础、创新社会协同、重点领域社会管理等方面进行大胆探索和创新，走出了一条富有贵阳特色的社会治理新路子。这种改革探索，为基层社会治理创新注入了活力，赢得了空间，明晰了基层治理的路径、成效与标准。

从人本的角度来看，治理的成效在于持续发展。如果说治理体系与治理能力“现代化”应该有一个统一的衡量标准的话，那么，促进社会发展和人民福祉，就是走向现代化的重要标志。贵阳之所以能在社会治理领域取得突出成绩，是与其“以民生为根本、以服务为核心、以基层为重点、以发展为支撑、以生态为底线”的发展导向分不开的，与其“抓好一个主题、整合两大资源、坚持三管齐下、坚持四个强化、提升五种能力、深化六种改革”的发展思路分不开的，与其坚守“两条底线”，推动经济发展与生态改善“双赢”的发展模式分不开的。贵阳抓住了推动基层社会治理创新的根本，那就是实现可持续发展。

从社会的角度来看，治理的根本就是多方互动。治理说到底就是通过政府、市场、社会的良性互动，特别是发挥市场组织和社会组织的作用，构建一个多元的治理格局。贵州大学贵阳创新驱动发展战略研究院是本书的编撰者。贵阳研究院由中共贵阳市委、贵阳市人民政府批准，贵阳市、贵州大学、北京国际城市发展研究院、中国银行贵州省分行共同组建的跨学科、专业化、开放型非营利性智库机构，其本身也是贵阳社会治理创新的一个重要成果。从成立之初，贵阳研究院就以独立的立场对贵阳在社会治理领域的探索和实践进行跟踪研究，致力于搭建一个社会治理的开放式协作创新平台，成为贵阳基层社会治理创新的观察者、参与者，既对社会治理“贵阳实践”进行全面总结，也为我国西部地区乃至全国城市推进治理体系和治理能力现代化建设提供借鉴参考。

正是基于以上三个方面的视角，我们编撰研究《贵阳社会治理体系和社会治理能力发展报告》，从社会治理体系和治理能力发展背景、发展形势、发展思路、发展实践、发展经验和大事记 6 个方面，对近年来贵阳市社会治理改革情况进行回顾和总结。本书成稿之时正值党的十八届四中全会召开之际，四中全会明确提出了全面推进依法治国的总目标，从顶层设计上为社会治理创新指明了方向，也对我们的研究工作提出了新的要求。无论是研究还是实践，在推动贵阳社会治理法治化方面都还需要做出更大的努力。

本书的编写工作得到了贵阳市委市政府、各级各部门和各区县党委政府的大力支持，特别是市委群工委的鼎力相助，在这里一并表示诚挚感谢。由于时间关系和水平有限，如有不当之处，敬请各位专家、学者和广大读者批评指正。

编 者

2014 年 10 月 29 日